本书受到云南师范大学一流学科建设经费资助

彝族古代社会思想研究

杨树美 ◎ 著

中国社会科学出版社

图书在版编目（CIP）数据

彝族古代社会思想研究/杨树美著 . —北京：中国社会科学出版社，2019.7

ISBN 978－7－5203－4737－2

Ⅰ.①彝… Ⅱ.①杨… Ⅲ.①彝族—社会学—思想史—研究—中国—古代 Ⅳ.①K281.7

中国版本图书馆 CIP 数据核字（2019）第 149442 号

出 版 人	赵剑英
责任编辑	孙 萍
责任校对	李 莉
责任印制	王 超

出 版	中国社会科学出版社
社 址	北京鼓楼西大街甲 158 号
邮 编	100720
网 址	http://www.csspw.cn
发 行 部	010－84083685
门 市 部	010－84029450
经 销	新华书店及其他书店
印 刷	北京君升印刷有限公司
装 订	廊坊市广阳区广增装订厂
版 次	2019 年 7 月第 1 版
印 次	2019 年 7 月第 1 次印刷
开 本	710×1000 1/16
印 张	17
插 页	2
字 数	237 千字
定 价	79.00 元

凡购买中国社会科学出版社图书，如有质量问题请与本社营销中心联系调换
电话：010－84083683
版权所有 侵权必究

目　　录

绪　论 ··· (1)
　一　研究少数民族社会思想的价值 ························ (1)
　二　研究彝族古代社会思想的意义 ························ (5)
　三　彝族古代社会思想的研究任务 ························ (7)
　四　彝族古代社会思想的研究方法 ······················ (11)

第一章　彝族古代社会起源思想 ···················· (14)
第一节　天地万物起源思想 ····························· (14)
　一　神创造天地万物 ··· (15)
　二　龙虎化生天地万物 ····································· (18)
　三　阿赫希尼摩孕生天地万物 ··························· (22)
　四　万物影子生 ·· (24)
　五　气是事物的总根子 ····································· (26)
第二节　人类起源思想 ····································· (28)
　一　没有人类大地美不了 ································· (28)
　二　人类的起源 ·· (29)
第三节　社会生产生活起源思想 ······················ (38)
　一　男女说合成一家——社会生活的起源 ·········· (39)
　二　盘庄稼造工具——社会生产的起源 ·············· (43)
　三　兴奠祭立典章——社会规范的起源 ·············· (48)

· 1 ·

第二章 彝族古代社会演化发展思想 (52)
第一节 社会演化思想 (52)
一 万物在动中演变 (53)
二 人类从独眼睛时代到横眼睛时代演化 (56)
三 理和德是人类社会演化的根据 (62)
第二节 社会进化思想 (67)
一 从天地不分到天地相分 (67)
二 从男不知娶女不知嫁到男娶女嫁 (71)
三 从居树林食野果到盖房子种庄稼 (79)
第三节 社会形态变迁发展思想 (84)
一 从生子不见父到生子可见父 (85)
二 从哎哺时代到君臣师时代 (88)

第三章 彝族古代社会分层和社会流动思想 (92)
第一节 社会分层思想 (92)
一 性别分层思想 (93)
二 血缘分层思想 (99)
三 职业分层思想 (106)
四 社会声望分层思想 (113)
第二节 社会流动思想 (120)
一 社会流动的基本状况 (121)
二 社会流动的基本特点 (129)
三 社会流动思想的内容 (133)

第四章 彝族古代社会控制思想 (142)
第一节 血缘宗族控制思想 (142)
一 血缘控制思想 (143)
二 宗族控制思想 (146)

第二节　宗教控制思想 …………………………………… (151)
  一　万物有灵与鬼神信仰 ………………………………… (151)
  二　亡魂归祖与祖先崇拜 ………………………………… (153)
  三　宗教仪式与社会运行 ………………………………… (156)

第三节　伦理控制思想 …………………………………… (158)
  一　人靠礼桶靠箍 ………………………………………… (159)
  二　人生三次幼人生三次学 ……………………………… (163)
  三　重知尊师敬长 ………………………………………… (165)
  四　要畏惧官吏 …………………………………………… (169)

第五章　彝族古代社会规范思想 …………………………… (172)
第一节　彝族古代社会习俗 ……………………………… (172)
  一　社会习俗的起源 ……………………………………… (173)
  二　社会习俗的多样性 …………………………………… (177)
  三　社会习俗的功能 ……………………………………… (179)

第二节　道德规范思想 …………………………………… (181)
  一　道德的神圣性与至上性 ……………………………… (182)
  二　道德是人之为人的根据 ……………………………… (186)
  三　基本的道德规范 ……………………………………… (190)
  四　道德规范的学习与践行 ……………………………… (199)

第三节　宗教规范思想 …………………………………… (202)
  一　笃信与敬畏鬼神 ……………………………………… (202)
  二　严格履行宗教义务 …………………………………… (205)
  三　毕摩宗教禁忌 ………………………………………… (208)
  四　毕摩宗教规范的社会功能 …………………………… (210)

第六章　彝族古代理想社会构想 …………………………… (213)
第一节　彝族先民对现实社会的反思与批判 …………… (213)

一　对彝族古代社会频繁迁徙的反思……………………（214）
　　二　对物质生活匮乏状况的揭露……………………………（217）
　　三　对社会不平等现象的反思与批判………………………（220）
第二节　世俗理想社会构想……………………………………（227）
　　一　世俗理想社会——邦安国治……………………………（227）
　　二　实现世俗理想社会的路径………………………………（233）
第三节　终极理想社会构想……………………………………（238）
　　一　终极理想社会——祖界生活……………………………（238）
　　二　实现终极理想社会的路径——亡魂归祖………………（244）

结束语　彝族古代社会思想的特点与启示………………（250）
　　一　彝族古代社会思想的基本特点…………………………（250）
　　二　彝族古代社会思想的当代启示…………………………（254）

参考文献…………………………………………………………（258）

绪 论

社会思想是世界各民族在其社会生活与生产实践中形成的关于人类共同生活及其问题的观点、理论和思想，以及关于未来理想社会模式的设计或构想，是世界各民族在认识或反思社会存在、人与社会的关系、构想未来理想社会时形成的。由于世界各民族所处的地理环境、历史境遇、经济社会发展情况各异，所创造和传承的思想文化各异，因此，不同的民族必定会有不同的社会思想，或者说世界民族的多样性必然导致社会思想的多样性；随着社会思想研究的深入，必然要求研究世界上不同民族的社会思想。中国是个多民族的国家，中国各民族在其历史发展过程中，必然形成具有本民族特点的社会思想，各民族独具特色的社会思想都是中国社会思想的重要组成部分，或者说，完整、全面的中国社会思想应该包括中国各民族的社会思想。不论从中国社会思想史研究拓展与深入的视角看，还是从少数民族思想文化研究的需要来看，都应该运用社会学的理论和方法，开展少数民族社会思想研究。

一 研究少数民族社会思想的价值

作为社会学的重要分支学科，中国社会思想及其发展史的研究肇始于20世纪初。随着西方社会学在中国的传播和发展，以孙本文为代表的老一辈中国社会学者提出了社会学本土化或中国化的历史命题，据此提出了研究中国社会思想及其发展史的课题："中国社会思想，为研究中国社会学者必须研究之材料"①，并开始着手整理中国社会思想史料、研究中国传统文化中所蕴含的社会思想，由此开启了中国社会思想（史）研究和学科建构的历史。虽然老一辈社会学者明确提出研究中国社会思想、编撰中国社会思想史的任务，也有一些学者开始了相关研究，但直到1948年，"社会学界关于中国社会思想史的研究仍处于起步阶段，尚无较有分量的成果问世。"②中华人民共和国成立后，由于社会学在高等学校院系调整中被取消，大陆的中国社会思想（史）的研究也中断了。20世纪70年代末，随着社会学的恢复重建，大陆的中国社会思想（史）的研究逐步开展起来，特别是伴随着中国理论社会学的发展，深入研究中国社会思想（史），为社会学中国化提供思想资源和理论支撑的现实需要，中国社会思想（史）的研究日益受到学界重视，一批学者投身于其中。中国社会思想（史）经过几十年的研究，取得了令人瞩目的进展，这主要表现在以下几方面：

一是基本理论和研究方法问题的研究。主要包括关于中国社会思想史的概念界定、研究对象、研究范围、研究方法、学科性质，以及中国社会思想史学科与相邻学科的关系等问题的研究。据王处辉的统计，关于社会思想的定义有60多种。如王处辉认为"社会思想是人们在社会生产和生活实践中所形成的关于社会生活秩序的构建、管理及理想社会模式的观点、构想或理论"，③并从此出发界定中国社会思想史，认为中国社会思想史属于理论社会学的范畴，其研究方法包括指导性方法和技术性方法。郑杭生等人从社会运行的视野构建中国社会思想史的理论分析框架，认为中国社会思想是"中国历史上人们在社会实践中形成的关于社会运行与协调发展的思想"，历代思想家

---

① 孙本文：《社会学原理》，商务印书馆1935年版，第684页。
② 王处辉：《中国社会思想史研究的历史回顾与瞻望》，《社会学研究》2000年第1期。
③ 王处辉主编：《中国社会思想史》，中国人民大学出版社2009年第2版，第3页。

求治去乱的思考和实践是中国社会思想的主导线索。① 在对中国社会思想（史）的内涵进行界定的同时，学者们对中国社会思想（史）的研究对象、研究范围、研究方法、学科性质等基础理论也展开了探索和研究。

二是中国社会思想通史研究。中国社会学恢复重建以来，在收集整理中国社会思想资料、对中国社会思想（史）的基础理论进行研究的同时，中国社会思想通史的研究受到学界的高度重视，其中最重要的成果就是出版了多部中国社会思想史的论著。如王处辉主编的《中国社会思想史》（两版）、陈定闳的《中国社会思想史》和郑杭生主编的《中国社会思想史新编》等，这些著作从社会学的视域出发，用社会学的理论和方法梳理了从原始社会到西方社会学传入中国前的中国传统社会思想及其发展历史，甚至有部分著作将其研究的视野扩展到晚清和民国时期。通过这些通史类论著的梳理和系统研究，中国社会思想不仅得以全景式的展现，而且还从不同层面概括揭示出中国社会思想的特质。如王处辉提出中国社会思想具有早熟的特征；郑杭生主编的《中国社会思想史新编》，就在绪论部分提出了作者对中国社会思想史几个主要问题的看法：个人与社会关系是中国社会思想史的核心，治乱兴衰是中国社会思想史的主线，人治思想是达到治世的方式，社会控制思想是乱世治理的手段，理想社会的构建是中国历代社会思想中最诱人的果实等，② 这些理论观点或看法，实质就是作者对中国社会思想及其发展历史的特点的概括和归纳，表现出力图通过社会思想通史的研究揭示或呈现中国社会思想的民族文化特质。

三是中国社会思想的专题研究。随着中国社会思想史研究的深入，部分学者开始关注并着手研究中国传统社会的福利思想、社会保

---

① 郑杭生、江立华主编：《中国社会思想史新编》，中国人民大学出版社2010年版，第2页。
② 同上书，第6—12页。

障思想、社会控制思想、民间社会思想等问题，开启了中国社会思想的专题研究领域。如王处辉研究了中国社会思想的早熟特性，田毅鹏对中国社会思想中的福利思想及其发展历史进行了专题研究，孟天运对先秦社会思想进行了专题研究。传统的中国社会思想研究，学者们主要关注"经典思想"或"精英思想"，有些学者则开始把研究的目光转向了民间社会思想，如王处辉和胡翼鹏通过分析《水浒传》所蕴含的社会思想，观察传统中国下层民众的社会理想。还有学者提出可以从小说、话本、戏曲、年画等方面研究中国社会思想。

根据文献检索，有韩国学者宋荣培撰写了《中国社会思想史》，把中国古代社会概括为以土地私有制为基础的"儒家式社会"，以取代之前流行的"亚细亚生产方式论"。

总之，中国社会思想（史）在社会学恢复重建以来，受到了学术界的重视，同时学者们开展了相关问题的深入研究，取得了丰硕的理论成果，并在社会学中国化和中国社会学国际化的过程中起着重要的推动作用。作为多民族的国家，中国的各民族在其社会生产生活实践中都不可避免地要反思社会生活及其问题，进而产生相应的关于社会的观念、思想或理论，这些观念、思想或理论，应该成为中国社会思想的重要内容，即中国的社会思想应当包含各民族的社会思想；或者说，少数民族社会思想应该是中国社会思想的有机组成部分，完整、全面的中国社会思想（史），应该包括少数民族社会思想（史）。但是，迄今为止，少数民族的社会思想未能引起学术界的关注。我们认为，从中国社会思想（史）未来发展看，一方面，研究少数民族社会思想，能够拓展和丰富中国社会思想史的研究视域，能够拓展中国社会思想（史）的发展空间；另一方面，完整、全面的中国社会思想（史），必须深入研究中国的少数民族社会思想，因为没有包括少数民族社会思想的中国社会思想，是不完整、不全面的。总之，研究少数民族社会思想是中国社会思想（史）研究的题中应有之义。

二 研究彝族古代社会思想的意义

彝族是中国西南地区较古老、人口较多的少数民族之一。据2010年全国第六次人口普查统计，我国现有彝族8714393人，主要分布在云南、四川、贵州三省和广西壮族自治区。在各省区中，又以云南的彝族人口为最多，云南彝族人口约有502万人，约占彝族总人口的3/5，彝族也是云南人口最多的少数民族。在彝族形成发展的历史过程中，它既与西南地区的汉、白、哈尼、傈僳、拉祜、纳西、普米等民族有同源共根、交流融汇的关系，彝族与汉族、白族的民族关系甚至成为云南地区多元一体民族关系的核心和纽带,[①] 影响着云南地区的民族关系发展和社会稳定，但与此同时，彝族又在长期的历史发展中、在与其他民族交往交流交融的过程中保持和巩固着自己独特的民族性。这种独特的民族性既表现在彝族的传统文化中，更表现在彝族独具特色的社会思想中。

彝族在其形成发展的漫长历史过程中，形成了有自身民族特色的历史传统，创造了丰富灿烂的思想文化，其中就包含着彝族在其社会生活与生产实践中形成的关于人类共同生活及其问题的观点、理论和思想，以及关于未来理想社会模式的设计或构想，即彝族社会思想。这些彝族的社会思想，承载于彝族丰富灿烂的传统思想文化中，特别是彝族众多的创世史诗、毕摩经典、理论著作和口承文化中，都有着非常丰富的社会思想内容。

对彝族古代思想文化的关注和研究，已逾百年，最早是由西方传教士开始的。当西方传教士来到西南彝族聚居地区传教时，为了便于传教，西方传教士们开始了解和研究彝族。他们当时主要是收集彝文文献、介绍彝族社会历史、语言文化、风俗习惯等，目的是为他们的

---

① 张刚、伍雄武：《云南民族关系的历史与经验》（前言），社会科学文献出版社2014年版，第6页。

传教活动服务。如法国传教士保禄·维亚尔编纂了《法倮字典》，尝试用彝族古代传说诠释基督教教义，以方便彝族人认识、理解和接受基督教。现今仍有如美国学者郝瑞、法国的魏明德、日本的樱井龙彦等学者，对彝族的宗教、家支制度、祖先崇拜、教育、语言文字等进行研究。后来，中国的学者们也开始关注和研究彝族思想文化，在这个研究领域，聚集了较多的研究者，如丁文江收集、整理、翻译出版了《爨文丛刻》、马学良主编了《增订爨文丛刻》等，这些前辈学者们不仅收集整理、翻译出版了众多的彝文文献、口传史料，而且形成了众多的研究论著，如杨成志著有《云南民族调查报告》《罗罗族巫师及其经典》《罗罗太上消灾经对译》等，林耀华著有《凉山夷家》《凉山彝家的巨变》等，马学良著有《云南彝族礼俗研究文集》、左玉堂、陶学良编有《毕摩文化论》、胡庆钧著有《凉山彝族奴隶制社会形态》等等。因此研究彝族传统思想文化在少数民族思想文化研究领域被称之为"彝学"，"彝学"被认为是少数民族思想文化研究中的"显学"。"彝学"论著从语言学、民族学、民俗学、哲学、宗教等视角对彝族思想文化进行了多方面的研究。如杨成志在20世纪二三十年代对彝族的社会及家族组织、宗教信仰、婚姻丧葬等问题进行了调查研究；林耀华在20世纪40年代三上凉山追踪调查彝族社会历史变迁和彝族文化；马学良对彝族语言进行了系统研究；伍雄武对彝族哲学思想史进行了深入系统的研究，易谋远对彝族历史进行了全面深入的研究，等等。

总之，彝族传统思想文化研究从19世纪末20世纪初受到了学术界的关注，一些国内外学者随之对彝族传统思想文化开展了调查研究工作，这些研究零散地涉及了彝族的社会组织、社会变迁、社会制度等彝族古代社会思想问题。但是，上述研究也存在着明显的不足：学者们研究古代彝族思想文化，没有从社会学的视角系统研究彝族古代社会思想。因此，非常有必要运用社会学的理论和方法系统地研究彝族古代社会思想，揭示彝族古代社会思想的概念系统、理论框架、逻辑结构和主体内容，概括总结其特色与特点，分析揭示彝族古代社会思想与其他民族社会思想的关系。另外，从中国社会思想史学科建设发展的层面看，研究彝族古代社会思想，不仅能够建构彝族古代社会思想的理论体系，揭示其思想内涵和特质，促进对彝族古代思想文化的认识和了解，进而认识和了解彝族古代社会秩序是如何构建和管理的，其经济社会是如何运行的，为彝族地区的社会治理提供思想资源和文化支持；而且可以促进运用社会学的理论和方法系统地研究少数民族社会思想，形成少数民族社会思想是中国社会思想（史）的有机组成部分的理念，拓展中国社会思想史的研究视域，有助于建构完整的包括中国56个民族的社会思想内容的中国社会思想史学科体系。

从中国的民族地区社会建设和社会治理的实践看，了解、认识和研究少数民族地区的社会思想，可以为民族地区的社会建设和社会治理提供思想资源和文化支持。作为西南地区人口最多的少数民族，彝族的分布较广，且与多个民族交错而居，研究彝族古代社会思想，有助于我们认识彝族，了解彝族与其他民族的关系，进而有助于为制定社会建设和社会治理政策提供民族社会思想资源和民族文化支持，使制定出的政策能够更好关照到民族地区的民族社会关系实际，最终则有利于促进民族平等的政治原则的实施，有利于构建和谐的民族关系。

三 彝族古代社会思想的研究任务

彝族古代社会思想，形成于彝族的社会生活与生产实践中，以彝族传统文化为载体而内蕴于其中。彝族传统思想文化的丰富多样，决定了其社会思想的丰富多样。

作为中国西南地区最为古老的民族之一，彝族创造了自己民族的古老的语言和文字，有自己的传统民族宗教——毕摩教，有历史久远而发达的天文学和医学，有异彩纷呈的文学艺术，有独具特色的文艺理论等等，即彝族创造并发展了丰富灿烂的民族文化。彝族传统文化的表现形态是多种多样的，如天文、地理、哲学、历史、文学、宗教等。我们以彝族传统文化的创造主体、物质载体和传承方式为依据，将彝族传统文化划分为毕摩文化和民间文化两大类，而毕摩文化是其主体和核心。毕摩文化"是由彝族原始宗教祭司即毕摩创造并传承，以彝族原始宗教为核心和一种源远流长且内涵丰富的文化现象"。①毕摩文化的核心观念是祖先崇拜和鬼神信仰，古代彝族民众的精神生活是围绕祖先崇拜和鬼神信仰而建构的，社会生活和生产的许多制度和规范也是围绕祖先崇拜和鬼神信仰而展开的；彝族古代社会的社会关系建构和运行受到祖先崇拜和鬼神信仰思想观念的深刻影响，彝族先民反思社会共同生活、解决社会问题的思路与方式也受到祖先崇拜和鬼神信仰思想观念的影响。即认识和研究彝族古代社会思想，其主线应是毕摩文化及其思想观念。

彝族的民间文化，是彝族民众在社会生活与生产实践中创造并以口耳相传或文字记载方式传承的思想文化，如云南大姚、姚安一带民间口传的创世史诗《梅葛》，流传在云南弥勒县西山一带的彝族支系阿细人中的史诗《阿细的先基》，凉山地区口传的神话史诗《勒俄特依》等，就是彝族古代民间文化的集大成者，它们都是彝族传统文化不可或缺的、重要的组成部分。彝族的社会思想也散见于这些民间文化中。

综观彝族传统思想文化，不论是民间文化还是毕摩文化，都从不同层面反映着、体现着彝族古代社会思想，却没有系统化、体系化的彝族古代社会思想理论著作或专门的社会思想文献，即彝族古代社会思想只是内蕴于彝族传统的民间文化和毕摩文化中，需要学者们运用社会学理论和方法对其做进一步的概括和梳理。因此，研究彝族古代社会思想，既要运用社会学的理论和方法，通过收集、整理进而梳理

---

① 楚雄彝族自治州人民政府编：《彝族毕摩经典译注》第一卷，云南民族出版社2007年版，《总序》。

其中内蕴的社会思想内容，建构彝族古代社会思想的理论框架和逻辑结构，又要揭示其理论特色。根据我们掌握的彝文文献、口传史料，本书主要从以下方面分章揭示和论述彝族古代社会思想的理论框架、逻辑结构和主要内容：

第一章彝族古代社会起源思想。彝族有着深厚的根源意识和寻根思维传统，在认识和反思一切事物和现象时，往往从其发生或起源入手，在认识和反思人类社会共同生活及其问题时也不例外，彝族先民是从反思和解释社会起源问题入手的。因此，社会起源思想是彝族古代社会思想的逻辑起点，也是研究彝族古代社会思想的逻辑起点。本章分彝族古代天地万物起源思想、人类起源思想、社会生活起源思想三个部分，主要分析、梳理彝族创世史诗中所蕴含的关于社会物质生活、人类、社会生产生活起源的思想和观点，据此呈现彝族古代社会起源思想。

第二章彝族古代社会演化发展思想。彝族在对人类社会共同生活及其问题进行反思的过程中，从一切事物和现象都是相分相配的思想观念出发，认为人类社会从其产生时起就处于演化、发展的过程中，即人类社会是不断变迁发展的。本章分彝族古代社会演化思想、社会进化思想、社会形态变迁发展思想三个部分，分别揭示彝族先民关于社会从无到有产生的社会演化思想、社会从低向高发展的社会进化思想、社会形态经历不断变迁发展思想等，进而呈现彝族古代非常丰富且独具特点的社会变迁发展思想。

第三章彝族古代社会分层和社会流动思想。根据彝族文献记载，彝族先民较早就认识到人类社会现实存在着人处于不同层级的现象，如男人与女人的性别分化现象及其社会地位的不同、人们的社会声望有高低差异、家支或宗族据不同血缘而有贵贱之分等；进入奴隶社会后，彝族社会就出现了根据职业及职位把彝族人分为君、臣、师、匠、民不同层级的现实社会分层，即彝族先民较早认识到人类社会由于性别、血缘、社会声望、职业等不同而现实存在社会分层现象，并据此认识和思考了关于社会分层的问题。社会流动与社会分层是紧密联系的两种社会现象，在研究了彝族古代社会分层思想后，本章还将进一步分析研究彝族古代社会流动的概况、特点和彝族古代社会流动思想的内容等问题。

第四章彝族古代社会控制思想。在中央王朝难以通过政治、法律手段有效实施控制的西南彝族地区，彝族特有的社会控制对于维护彝族地区的社会运行和社会稳定具有重要意义。彝族古代社会运行是以血缘宗族组织为基础和核心的，社会控制的目的就是维护和巩固彝族血缘宗族组织的稳定、有序运行；彝族古代社会的社会控制思想和社会控制手段，主要是围绕血缘宗族组织及其思想建构的。本章分血缘宗族控制思想、宗教控制思想、伦理控制思想三个部分，论述彝族古代社会以血缘为基础建立起来的家支、家族等社会组织、毕摩宗教和毕摩文化、宗教规范和道德规范等对于彝族先民的行为、价值观念等方面实施的控制及其社会控制思想。

第五章彝族古代社会规范思想。彝族古代社会运行过程中，需要各类规范对社会关系进行调整、对人们的言行进行规制，以建构社会生活和生产秩序，并维持社会的运行与稳定，因此，彝族古代社会产生了类型多种多样的社会规范，彝族文献把它们概括称之为理与德，其中包括社会习俗、道德规范、宗教规范等；彝族对于各类社会规范产生的根源、为什么必须遵循这些规范等问题进行了反思，形成了具有彝族特点的关于社会规范的思想。本章分彝族古代社会习俗、道德规范、宗教规范三个部分阐述彝族古代社会规范思想。

第六章彝族古代理想社会构想。彝族关于未来理想社会的构想，是以对现实社会问题的反思与批判为出发点，既提出了邦安国治的世俗理想社会目标、实现世俗理想社会目标的路径，又从毕摩宗教的思想观念出发，构建了祖界生活这一终极理想社会目标，以及回归祖界、实现终极理想社会的路径。世俗理想社会与终极理想社会构想都同时存在于彝族古代先民对于未来理想社会的向往与追求中。本章分彝族先民对现实社会的反思与批判、世俗理想社会构想、终极理想社会构想三个部分论述彝族古代理想社会思想。

本书结束语部分是对彝族古代社会思想特点与当代启示的概括总结，包括概括归纳彝族古代社会思想的特点，分析彝族古代社会思想对于边疆社会治理、特别是西南民族地区社会治理的启示和意义，并揭示彝族古代社会思想的局限性等。

本书通过上述社会思想内容的梳理，尝试建构起彝族古代社会思想的分析框架和逻辑结构，揭示其主要内涵和思想特点，从而开启少数民族社会思想研究的新视阈，这正是本书的主要理论研究任务。

四 彝族古代社会思想的研究方法

从少数民族社会思想是中国社会思想不可或缺的组成部分的理论视角出发，对我国西南地区具有重要影响的彝族古代社会思想进行研究，进而开启我国少数民族社会思想研究的序幕，这样的理论研究任务和研究内容，必然要求以马克思主义的唯物辩证法和唯物史观为基础，用社会学的理论和方法，对彝族文献进行系统分析与整理，进而揭示和研究彝族古代社会思想的逻辑框架和思想内容。

（一）马克思主义科学方法是研究彝族古代社会思想的方法论

马克思主义的唯物辩证法和唯物史观是分析和研究社会历史发展及其规律的科学方法，为我们研究彝族古代社会思想提供了科学的思想理论和研究方法。只有运用马克思主义的立场、观点和方法指导我们去科学地梳理、分析和研究彝族古代社会思想，才可能较好地认识和揭示彝族古代社会思想的理论框架、主要内容和思想特点，才能深入地认识和研究彝族古代社会思想发展的特殊规律性。马克思主义的方法论具体表现在这三个方面：一是要求我们要历史地看待彝族古代社会思想。彝族古代社会思想的形成、发展过程，由特定的经济基础所决定，受特定的社会历史条件制约，受特定的思想文化影响，必定会形成彝族特有的思想内容与民族特质，在研究过程中，必须实事求是地对彝族文献资料加以梳理和诠释。二是要遵循彝族古代社会思想发展的内在逻辑。彝族古代社会思想作为彝族先民对于彝族古代社会进行认识与反思形成的观点、理论、思想，有自己的生成逻辑与发展规律，我们要分析和研究彝族古代社会思想，必须遵循它的内在逻辑与发展规律。三是必须从马克思主义的民族观出发。民族平等是马克思主义认识和解决民族问题的基本原则和根本立场，研究彝族古代社会思想，必须秉持这一基本原则和立场。

（二）社会学的理论与方法是研究彝族古代社会思想的基本方法

从社会学视域出发、用社会学的理论和方法系统梳理、阐释彝族传统文化中内蕴的古代社会思想，系统揭示彝族古代社会思想的理论框架、逻辑结构、主要内容、思想特点与当代启示是本课题的主要研究任务。要完成这样的理论研究任务，基本的研究方法就是把社会学理论作为分析工具，如社会运行思想、社会分层思想、社会流动思想、社会控制思想、社会规范思想、理想社会思想等都是本研究所运用的社会学基本理论或者理论研究工具。本研究基于社会学的理论分析框架，将彝族古代社会思想的主要研究内容进行了分析和梳理，尝试建构彝族古代社会思想的研究框架，揭示其内在逻辑结构，以此呈现彝族传统文化中所蕴含的社会思想丰富内容。

（三）文献研究是研究彝族古代社会思想的具体方法

彝族古代社会思想是以彝族传统思想文化为载体、内蕴于彝族多种传统文化形态中，对它的系统梳理、概括与研究，主要路径就是通过收集、整理大量的彝族文献，通过文献研究的方法，获取彝族古代社会思想的相关信息和内容，所以，本研究属于理论社会学的范畴，所采用的具体研究方法就是文献研究。

彝族的文献资料种类繁多、形式多样，数量更是不计其数。结合本研究的主要研究任务，所涉及的彝族文献资料主要包括彝族的创世史诗、毕摩经典文献、文史哲理论著作、民间歌谣等彝族文献，如《阿赫希尼摩》《物始纪略》《梅葛》《查姆》《勒俄特依》等彝族创世史诗，《指路经》《赊豆榷濮》《夷僰榷濮》《裴妥梅妮》等毕摩经典文献，《宇宙人文论》《彝族源流》《西南彝志》《苏巨黎米》等理论著作或教育经典等等，通过各类文献的梳理和研究，揭示彝族古代社会思想的概念系统、理论框架和主要思想内容，以期相对系统地呈现彝族古代社会思想的全貌。

第一章　彝族古代社会起源思想

　　彝族有着深厚的根源意识和寻根思维，他们认为任何事物或现象不是从来就有的，都有一个从无到有发生或起源的过程，即认为世间万事万物和一切现象皆有其起源或发生。因此，彝族先民认识所有事物或现象的逻辑起点都是追寻其起源或发生，即追寻和探究所要认识的事物或现象的根源是彝族认识的起点。在认识和反思我们生活于其中的社会时，彝族也不例外，他们首先思考并追问的问题是：天地万物从哪里来？人类如何产生？社会生产生活现象怎样发生？因此，追问、探索和反思社会如何产生、人类从哪里来、婚丧嫁娶等各种社会生活现象如何形成等问题，即认识和思索社会的起源问题，是彝族古代社会思想的逻辑起点。

　　通过梳理彝族的创世史诗、毕摩经典、理论著作等，我们可以看到彝族先民以极大的热忱和执着来对天地万物、人类、社会生产生活现象等进行追根溯源、寻根究底的认识和解释，从而开启了彝族古代社会思想的发生、发展历程。

第一节　天地万物起源思想

　　天地、日月星辰、山川河流、花草虫鱼等构成了人类赖以生存和发展的物质生活环境和条件，即人类社会形成和运行所必备的物质生活条件。在彝族先民的思想观念中，首先必须有天地日月、山川河

第一章 彝族古代社会起源思想

流、花草虫鱼等人类赖以生活生产的物质生活条件，然后人类才能产生，进而展开人类的生产和生活实践，即天地万物是先在于人类发生或起源的。彝族先民对这些先在于人类的社会物质生活条件是怎样发生或起源的，给予极大的热忱去探究并试图进行解释，形成了"神创说""化生说""孕生说""气生说"等多种多样的关于天地万物、人类起源的思想。实质上，彝族的创世史诗开篇就是在追问和述说天地万物是如何发生或起源的，追问和解释天地万物的发生或起源也是毕摩文献和理论著作的重要内容之一。

一　神创造天地万物

关于天地万物由神创造，即"神创说"主要是由彝族创世史诗表达出来的思想观念。与其他民族相比较，彝族不仅有创世史诗，而且创世史诗的数量非常多，有口头传承的创世史诗，也有用彝文传抄的创世史诗。现今已搜集、整理、翻译出版的彝族创世史诗就有多部，如云南彝族地区流传的《阿细的先基》《查姆》《梅葛》《阿赫希尼摩》《尼迷诗》《尼苏夺节》《洪水泛滥》《居次勒俄》等，大小凉山彝族地区流传的《勒俄特依》《布此拉俄》等，贵州彝族地区流传的《洪水纪》《洪水与笃米》《物始纪略》和《彝族创世志》等，这些起源于原始时代而保存至今的创世史诗的共同的主旨或核心思想，就是追问、探索和解释天地万物从无到有的发生或起源问题。云南楚雄彝族地区流传的《查姆》是较有代表性的彝族创世史诗，当地彝族人把记述一个事物或现象的起源叫一个"查"，"查姆"按其意义翻译成汉语就是"万物的起源"之义。

彝族的创世史诗在追寻天地万物的起源时，不同地区、不同创世史诗具有共同性或普遍性的观点就是认为远古的时候既没有天，也没有地，更没有世间万事万物，是神创造了天地和万物，即秉持"神创说"的思想观念。

《梅葛》的"开天辟地"篇是这样说的："远古的时候没有天，

远古的时候没有地。"①《查姆》第一章"天地的起源"这样说："远古的时候,天地连成一片。下面没有地,上面没有天;分不出黑夜,分不出白天……空中不见飞禽,地上不见人烟;没有草木生长,没有座座青山;没有滔滔大海,没有滚滚河川;没有太阳照耀,没有星斗满天;没有月亮发光,更没有打雷掣闪。"②《勒俄特依》开始就说:"远古的时候,上面没有天,有天不结星;下面没有地,有地不生草;中间无云过,四周未形成。"③《尼苏夺节》说:"俄谷出世前,世间没有地,世间没有天。整个宇宙间,天地都不分。"④《阿赫希尼摩》也说:"没有希尼时,上方没有天,下方没有地,日月和星宿,所有生物,一样都没有,一片混沌。"⑤总之,在追寻天地万物的根源时,彝族先民一致认为:远古的时候既没有天也没有地,天地没有形成,万物也就不可能产生。那么,天地万物是如何从无到有地形成或起源的?他们以极大的热忱和执着去追溯和解释这些问题,于是彝族的创世史诗基本都是以"开天辟地"或"天地的起源"作为追问并回答的第一个问题。

对于天地万物的起源或"生成",彝族大部分创世史诗都认为是神创造了天地和天地间的万物。《梅葛》这样解释天地万物的起源："要造天啦!要造地啦!哪个来造天?哪个来造地?格滋天神要造天,他放下九个银果,变成九个儿子,九个儿子中,五个来造天……这是造天的儿子。格滋天神要造地,他放下七个金果,变成七个姑娘,七个姑娘中,四个来造地……这是造地的姑娘。"⑥认为天和地是万物

---

① 楚雄州文联编:《彝族史诗选·梅葛卷》,云南人民出版社2001年版,第3页。
② 楚雄州文联编:《彝族史诗选·查姆卷》,云南人民出版社2001年版,第233—234页。
③ 《勒俄特依》,见《凉山彝文资料选译》第一集,内部资料,1978年版,第1页。
④ 云南省少数民族古籍整理出版规划办公室编:《尼苏夺节》,云南民族出版社1985年版,第6页。
⑤ 云南省少数民族古籍整理出版规划办公室编:《彝族创世史·阿赫希尼摩》,云南民族出版社1990年版,第7页。
⑥ 楚雄州文联编:《彝族史诗选·梅葛卷》,云南人民出版社2001年版,第3—4页。

中最早产生的，而天和地从无到有的产生，又是通过神来创造的。天和地是依循这样的顺序从无到有产生的：天神用银果金果先变出造天和地的儿子和姑娘，然后五兄弟开始造天，四姊妹开始造地；由于五兄弟造天时偷懒，四姊妹造地太勤快，天造小了，地造大了，怎么办？"格滋天神知道了，告诉四姊妹：'不要心焦，不要害怕，地做大了，有人会缩；天做小了，有人会拉。地缩小，天拉大，天就能盖地啦！'""阿夫会缩地，阿夫会拉天。请阿夫的三个儿子，抓住天边往下拉，把天拉得大又凹。"① 然后又请了麻蛇、蚂蚁、野猪、大象等来缩地、咬地边、拱地等，不仅把地缩小了，还使地上"有了山来有了箐，有了平坝有了河。天拉大了，地缩小了，这样合适啦，天地相合啦。"② 在这个充满神奇色彩的造天造地解释中，不仅回答了天地如何产生的问题，而且也表达了天地要相合的观念，同时也进一步解释了必须相合的天与地为什么形状不一样，特别是为什么大地不是平坦的，而是有山川、河流等多种多样的地形地貌。

《查姆》在描述天地万物起源时，也认为是神创造了天地万物，并且是由神仙之王涅侬倮佐颇召集众神仙一起来造天地和万物："涅侬倮佐颇，是所有神仙之王。他召集众神仙……众神聚一起，共同来商议：要安排日月星辰，要铸就宇宙山川，要造天造地……"③ 在众神仙的共同努力下，造出了天地和万物："神仙之王涅侬倮佐颇，开口来指点：地要造成簸箕样，天要造得篾帽圆。篾帽、簸箕才合得拢，篾帽、簸箕合成地和天。"④ 有了天和地，需要造出天地间的万物，于是又由造人之神的女儿涅滨矮："设法造河川。造下洪波万顷的大海，造下纵横的沟渠河川，造下湖泊和清泉，造下绿水和深

---

① 楚雄州文联编：《彝族史诗选·梅葛卷》，云南人民出版社2001年版，第8页。
② 同上书，第9页。
③ 楚雄州文联编：《彝族史诗选·查姆卷》，云南人民出版社2001年版，第234页。
④ 同上书，第237页。

潭。"① 接着，其他神仙又造出花草虫鱼、为天地带来阳光雨水等等，天地万物就由众神仙合力创造出来了。

总之，众多的彝族创世史诗在追寻天地万物起源或形成时，一方面，认为天地万物不是从来就有的，所有事物都有其发生或起源、都经历了从无到有的发生或起源的过程；另一方面，认为天地和万物都是由神创造的，但在神创造天地和万物的观念中又表现出多样性，既由什么神创造天地万物、神如何创造天地万物，在不同的创世史诗中有不同的描述。

二 龙虎化生天地万物

在追寻天地万物起源问题时，体现出了彝族思想观念的多样性、多元性。除有着丰富多样的"神创说"外，一些彝族地区还流传着龙或虎创造或化生天地万物的传说。龙虎创造或化生天地万物与神创说都有着神秘的氛围和色彩，但它与神创说又有不同，认为是由龙创造或由龙虎化生天地万物，这种思想观念我们暂且称之为"化生说"。由于认为是龙或虎形成了我们生活于其中的天地或万物，流传这些传说的彝族地区就把龙虎作为图腾加以崇拜。彝族创世史诗《尼苏夺节》《查姆》和《梅葛》是龙虎形成天地万物的思想观念的经典文献。

《尼苏夺节》认为天地万物经历了从无到有起源或发生的过程，从万物的起源看，是龙创造了天地万物："很久很久以前……世间没有地，世间没有天。整个宇宙间，天地都不分。"从既没有天也没有地的时候开始叙述，似乎是彝族关于天地起源的创世史诗和神话传说的共同的切入方式。"距今亿万年，有一条老龙，头有九个围，身长八万拿，尾有七百绕，手有九千九，脚有八万八，眼有九千双。"这个长得十分特殊的龙是一种特别的存在："这是什么龙？这是造天龙，

---

① 楚雄州文联编：《彝族史诗选·查姆卷》，云南人民出版社2001年版，第237页。

这是造地龙……四千年造天,三千年造地,一共七千年,造好了天地。"① 这种造天造地的龙,外形极尽彝族人的想象,极其特殊,它用了非常漫长的时间最终造出了天和地,有了它的辛苦创造,人类赖以生存和发展的地理环境也才具备了。

《彝族毕摩经典译注》中的《查姆》则认为天地是由龙神俄罗俸也嫫造出的,而万物则是由龙神俄罗俸也嫫化生的。彝族先民认为,最初的时候没有天也没有地,一片混浊与漆黑,什么也没有、什么也看不见:"远古的时候,没有天和地。没有日与月,也没有星辰,也没有万物……混浊浊一片,漆黑黑一片,啥也看不到,一片混沌状。"② 造天造地的龙神俄罗俸也嫫首先用他的超凡能力、昼夜不停息的劳动,造出天与地:"俄罗俸也嫫,有手九千九,九千九只手,捡海边石子,捡石来填海。夜里捡石子,白昼做泥巴,造了一层地。俄罗俸也嫫,有脚八万八,八万八只脚,夜里做泥巴。九千九只手,白昼用泥糊,糊出了蓝天。造地三千年,造天四千年,昼夜不停歇,造了七千年……造天杵着地,造地顶着天。"③ 这里的造天和地的叙述存在矛盾的地方:在什么都没有的时候,俄罗俸也嫫用石子填海、用泥造天和地;天和地造出后,俄罗俸也嫫的使命并没有结束,而是在他死后,用他的身体化生出天地间的各种事物:"俄罗俸也嫫,死在水之中,身体躺水面……俄罗俸也嫫,身体当地心。头上两眼珠,变成了日月,月亮当伙子,太阳做姑娘。""俄罗俸也嫫,嘴里的牙齿,变成了星辰,星辰挂天上,""他的气流嘛,变成了云雾,变成了风雨。那一对耳朵,成天上的神。那一条舌头,变绿龙红龙。俄罗的脸颊,变成大石岩。那一对乳房,变成大小山。那一双腿脚,一只

---

① 云南省少数民族古籍整理出版规划办公室编:《尼苏夺节》,云南民族出版社1985年版,第1页。
② 楚雄彝族自治州人民政府编:《彝族毕摩经典译注》(第七十一卷查姆),云南民族出版社2010年版,第12页。
③ 同上书,第13页。

分东方，一只分西方。那一双手臂，一只分南方，一只分北方。脚趾和手趾，变大小山梁。脑门变平坝，心成了中央。骨成了石头，小肠成小溪，大肠变江河，肚子成大海。俄罗的肉嘛，变成虎和豹，变成獐和鹿，活生生动物，是他肉所变。"①总之，俄罗倮也嬷死在水中后，他的身体化生出世间万事万物，没有一样东西不是他所化生的，即"俄罗变万物"。在这部文献中，似乎综合了彝族创世神话的许多因素：用泥造出天与地，造天和地的过程就是一个不断的、艰苦的、漫长的劳作过程，即是像人类的生产劳动一样创造天与地；同时，俄罗死在水中，在水中化生出万事万物，这又与其他创世神话所说的人从水中生的思想有类似的地方。另外，俄罗造天造地死后由身体化生出各种各样的事物，又与汉族的盘古开天辟地、尸体化生为各种事物又有异曲同工之处。

《梅葛》在认同神创造天和地的同时，认为天地之间的万物则是由老虎化生的。它说格滋天神变出造天造地的五兄弟、四姊妹造出天和地，天造小了，地造大了，在把天拉大地变小、天地相合后，由于没有撑天柱，天还在摇摆，怎么办？"格滋天神说：'山上有老虎，世间的东西要算老虎最猛……用虎的脊梁骨撑天心，用虎的脚杆骨撑四边。"②造天的五兄弟抓住了老虎，老虎被杀死了，用老虎的"四根大骨作撑天的柱子……肩膀作东南西北方向。把天撑起来了，天也稳实了。"③天造出后不稳实，是用老虎的骨头撑住了天，又用老虎的肩膀分出了东西南北方向，之后，又用老虎尸体的其他部分化作了天上地下的各种事物。在老虎化生为各种事物前，天上地下什么也没有："天上没有太阳，天上没有月亮，天上没有星星，天上没有白云彩，天上没有红云彩，天上没有虹，天上什么也没有。""地上没有

---

① 楚雄彝族自治州人民政府编：《彝族毕摩经典译注》（第七十一卷查姆），云南民族出版社2010年版，第13—14页。
② 楚雄州文联编：《彝族史诗选·梅葛卷》，云南人民出版社2001年版，第11页。
③ 同上书，第12—13页。

树木，地上没有树根，地上没有大江，地上没有大海，地上没有飞禽，地上没有走兽，地上什么也没有。"① 只有天和地，但没有天地间的各种事物，这显然不能成为人生存与发展的地理环境，需要接着创造和生成其他人类生存和发展、即人类社会运行所需要的物质生活条件。那么，天上地下的万事万物又是怎样从无到有产生或者起源的？《梅葛》这样回答："虎头作天头……虎尾作地尾……虎鼻作天鼻……虎耳作天耳。""虎眼莫要分，左眼作太阳，右眼作月亮……虎须作阳光……虎牙作星星……虎油作云彩……虎气成雾气。""虎心作天心地胆……虎肚作大海……虎血作海水……大肠变大江……小肠变成河。肋骨作道路。""虎皮作地皮……硬毛变树林……软毛变成草……细毛作秧苗……骨髓变金子……小骨头变银子……虎肺变成铜……虎肝变成铁……连帖变成锡……腰子作磨石。大虱子变成老水牛，小虱子变成黑猪黑羊，虮子蛋变成绵羊，头皮变成雀鸟。"② 总之，除了老虎肉分给各类小动物之外，老虎身上所有的部分都变成天地间的各种事物，包括天上的日月星辰，地上的江河湖海树林草木、牛羊动物、金银铜铁，甚至阳光、云彩、雾气、道路等都是由老虎尸体的某一部分变成的。也就是说老虎的尸体变成或生出了天地间的万事万物。如果没有老虎，世间各种事物也就不可能起源或产生，人类社会生存和发展所必需的物质条件也就不可能存在。因此，一些地区的彝族就自称是虎的民族，进而把老虎作为崇拜的对象。

  彝族的龙虎形成天地万物的神话传说所表达的思想观念，与汉族的盘古开天辟地的神话传说所表达的思想观念，比较相似或类似，但彝族的龙虎形成天地万物的传说又有彝族自身的特点或特色。另外，从彝族的龙虎形成天地万物的神话所包括的内容看，有后来的人根据社会生活和生产发展实际状况进行修改的痕迹，如形成金银铜铁的内

---

① 楚雄州文联编：《彝族史诗选·梅葛卷》，云南人民出版社2001年版，第13页。
② 同上书，第13—16页。

容，但这并不影响它对于天地万物起源的反思和述说的初衷。

三 阿赫希尼摩孕生天地万物

在彝族多种多样的关于天地万物起源的神话传说中，流传于滇南哀牢山下段彝族地区、用彝族文字记载的《彝族创世史·阿赫希尼摩》，记录了另外一种关于我们生活于其中的社会是如何起源的思想：由万物之母阿赫希尼摩以怀孕的方式生出天地和万物，我们把这种关于天地万物起源的思想谓之为"孕生说"。这种由天地万物之母"孕生"天地万物的思想观念是独树一帜的。

这部创世史诗在第一部分"万物的起源"之"序歌"中写道："追寻希尼源，源出希白勒。天地人世间，物种万万千千，追寻祖宗源，源出希尼摩。"①文中所说的希白勒是彝语音译，它是彝族传说中悬挂在苍穹里的一个球状物体，阿赫希尼摩就生长于其中。孕生出天地万物的阿赫希尼摩长得非常奇特："头似狮子头，身体像座山，大腿黑漆漆，背上长龙鳞，鳞片花斑斑。身子两侧面，花纹数不尽，……耳有十四只，眼睛有六双。昂首一声吼，地动天也摇，身重九千九，尾长八十八，双腿长又粗，骨节有十二，筋骨九十九……"②长相奇异的阿赫希尼摩有着神奇的能力，孕育、生出了天地和万物："没有希尼时，上方没有天，下方没有地，日月和星宿，所有的生物，一样也没有，一片混沌沌。"③这部创世史诗同样认为在阿赫希尼摩出现前，没有天没有地没有万物，整个世界处于混沌之中，通过阿赫希尼摩的孕育、生养，天地万物才产生与成长。这部史诗把阿赫希尼摩孕生天地万物分成三个阶段：第一阶段是孕育，第二阶段是生养，第三阶段是取名。

---

① 云南省少数民族古籍整理出版规划办公室编：《彝族创世史·阿赫希尼摩》，云南民族出版社1990年版，第1页。
② 同上书，第5页。
③ 同上书，第7页。

史诗这样描述阿赫希尼摩孕育天地万物："世间所有物，绿红黄黑白，所有空心的，所有藤状的，凡是有眼的，凡是喝水的，还有冬眠的，样样装肚中。"即世间一切事物，不论颜色是什么、形状如何、生性怎样，一个不差的都被装在了阿赫希尼摩的肚子中。而且，装在肚子中的所有事物都分公和母："肚中储存物，件件分公母。公象与母象，公龙与母龙，全部在肚中。""阿赫希尼摩，肚中孕万物，何止这一些，长有翅膀者，翱翔天空的，有脚会走的，有嘴会吃的，凡是有血者，有胆有肺的，有头有尾者，天空千万物，地上万万千千，样样都具备，希尼肚中育。"至于阿赫希尼摩到底孕育了多少时间、孕育了多少事物，是没有办法讲清楚、没有办法讲得完的："希尼怀多少，希尼怀几代，无法讲得完。……到底有几代，无法讲得完。"[①]从这些描述中，可以看出，不论是天与地、还是天地间的所有事物，都是阿赫希尼摩孕育的。

之后，阿赫希尼摩孕生天地万物进入第二阶段"生养"："希尼万物母，肚中的万物，绿红黄黑白，各色各种物，全部生下来。苍天和大地，日月和星星，白云和浓雾，还有那彩霞，还有风和光，所有这些物，样样生下来。"原来在阿赫希尼摩肚子中孕育的所有事物都需要生出来。包括苍天、大地、日月、星辰等，更为特别的是，彝族传说中的天地间的各种神灵也是阿赫希尼摩生下来的，包括天神、地神、分天地的神、管各种神的神等等，都是由阿赫希尼摩生下来的："生下奢俄木（统管天地间众神灵的神），生下奢则黑（天宫的神），生下斯俄木……雷神和雨神，年神和月神，云神和风神……都是希尼生……个个是她生。"[②]不仅神灵和天地万物是阿赫希尼摩生的，甚至彝书、汉书和八卦都是阿赫希尼摩生的："生下铁旨后，开始有彝

[①] 云南省少数民族古籍整理出版规划办公室编：《彝族创世史·阿赫希尼摩》，云南民族出版社1990年版，第6—7页。

[②] 同上书，第6—8页。

书,开始有汉书,彝书先出世,汉文后产生。开始有八卦,有了十二卦。"孕生彝书和汉书、八卦等应该是进入文明社会后由后人附会加上的,但却表明了彝族先民认同阿赫希尼摩是万物之母、并将这种观念坚持到底的思想。阿赫希尼摩生出天地万物后,并不是由它们自生自灭,而是积极的哺育、喂养:"万物不喂奶,无法能成长。奶充天和地,奶育日月星,又喂风云雾……苍穹到大地,凡是世间物,都吮她乳汁……天地千万物,没有哪一样,不吃希尼奶。"① 得到希尼喂养的所有事物,都成长长大了。

从孕育到生养天地万物,看起来和人类孕育生养后代相类似,不知是否是受到人类繁衍后代的启发而形成这种关于天地万物起源的"孕生说"的?阿赫希尼摩在孕育、生养天地万物之后,由她孕育、生养的"奢古白勒神"为天地万物取名:"奢古白勒神,也是希尼生,万物长大后,是他来命名。给天取下名,天名叫阻陆;给地取下名,地名叫阻斯;太阳和月亮,同取一个名,名字叫伍阻……凡是天地间,全部所有物,一样也不漏,各有各的名……奢古白勒神,取名给万物,万物有了名。"② 为什么要给天地万物取名?取名是为了什么?彝族创世史诗《阿赫希尼摩》没有进一步的叙述,我们也不得而知,但是因为有了给天地万物取名这一阶段,使阿赫希尼摩创造天地万物有了更为独特的方面。

四 万物影子生

对于人类社会赖以生存和发展所必需的天地万物——社会物质生活条件如何发生、如何起源的问题,既是彝族古代社会思想的逻辑起点,也是始终伴随彝族古代社会思想发展的问题。这个问题是彝族创

---

① 云南省少数民族古籍整理出版规划办公室编:《彝族创世史·阿赫希尼摩》,云南民族出版社1990年版,第10—11页。

② 同上书,第12—13页。

第一章 彝族古代社会起源思想

世史诗最重要的问题,但彝族的创世史诗没有也不可能最终完成对这一问题的索解,它仍然贯穿于彝族先民对人类社会认识和反思的始终。即天地万物是如何起源或发生的问题,依然是毕摩经典、理论文献等探究的主要问题之一。"万物影子生"是彝族毕摩经典在深入探索世界本源问题时形成的一个重要思想观念。

在彝族先民对天地万物的本源进行探索和解释的过程中,从毕摩教的信仰观念出发,他们认为天地万物都是由影子(灵魂)生的:"影从额纳来,万物影子生,影子成灵魂。"① 也就是说,天地万物没有例外的都是由影子生成的,先有影子,影子形成灵魂,有了灵魂,才有天地万物。那么,影子又是从哪里来的呢?"影子从天来,太阳影子祖,日月生在前,发光照大地,灵魂才始有。"②《裴妥梅妮·苏颇》有类似的表述:"太阳放光芒,天地始明亮。影子出现了,灵魂从此有。万物得产生,"③ 从中可看到,彝族关于"万物影子生"的社会物质生活条件发生或起源的思想,遵循这样的认识路径:太阳→影→魂→万物。这种思想,在《赊豆榷濮》等文献中也有表述:"远古混沌时,茫茫漆黑天,昏昏地不明,天地难辨清。不知过几时,远处夷恍恍,近处㮰闪闪,夷与㮰始生。夷㮰成天地,天地育父母,父母育后裔,"④ 即夷和㮰结合形成了天地万物。"夷"与"㮰"都是彝语的音译,"夷"的汉语意思是影子或灵魂,"㮰"的汉语意思是光、光亮或形。这是一个非常清晰的宇宙生成图式:混沌→夷㮰→天地→父母→万物,从这个宇宙生成图式中,我们能清晰地看到天地万物的本源都在于夷与㮰的结合,即光与影、灵魂与形体的结合的认识结论。

---

① 云南省少数民族古籍整理出版规划办公室编:《指路经》,云南民族出版社1989年版,第46页。
② 同上书,第48页。
③ 云南省少数民族古籍整理出版规划办公室编:《裴妥梅妮·苏颇》,云南民族出版社1988年版,第38页。
④ 云南省少数民族古籍整理出版规划办公室编:《赊豆榷濮》,云南民族出版社1987年版,第1页。

"万物影子生",既反映了彝族的万物有灵、有灵魂才有万物的思想观念,又体现了彝族先民在认识、理解和解释天地万物从哪里来的问题时,已开始探究和追溯天地万物的本源是什么的问题,其社会起源思想已显示出由具象、感性走向抽象、概括的特点。

五 气是事物的总根子

如果说,在彝族先民的创世史诗中,是以具象直观的形象、以推测想象的方式试图探索和解释社会物质生活条件的起源的话,那么,在彝族毕摩经典和一些理论著作中,如《宇宙人文论》《西南彝志》《彝族源流》《土鲁窦吉》《裴妥梅妮》等文献中,彝族先民已经开始运用抽象概括、逻辑推理的方式来认识和解释社会物质生活条件的本源问题,并形成了气是天地万物形成的本源的思想观念。

《宇宙人文论》以"气"为宇宙万物的"总根子":"却说天地产生之前,清气熏熏的,浊气沉沉的。清浊二气互相接触,一股气、一路风就兴起了;两者又接触,形成青幽幽、红彤彤的一片,青的上升为天,浊的下降为地,哎和哺同时出现,且和舍一并产生。天地之间,日月运行,高天亮堂堂,大地分为南、北、东、西四方。"[①] 并明确指出:"万事万物的总根子是清浊二气。天地由它形成,哎哺、且舍由它产生,天地人和各种事物都出现了。"[②] 由此可看出,在《宇宙人文论》中,已把清浊二气作为天地万物起源的根本,认为天地万物都是由清浊二气演变生成的。

《西南彝志》也把清浊二气(彝语把清浊二气名为"啥额")作为产生天地万物的根本:"上古天未形成,哎哺还未产生,先有啥额。啥出青油油,额出红彤彤,青变黑黝黝,红变明朗朗……啥额未产生时,什么都没有。啥额产生后,啥影如绾美髻,额影如生美辫,苍天

---

① 罗国义、陈英翻译:《宇宙人文论》,民族出版社1982年版,第11页。
② 同上书,第59页。

现美影。"①"轻轻的啥,沉沉的额内,产生了哎哺……哎哺形成了,清风习习……苍天日晴朗,大地现月像。共产生五样,是哎哺形成的……轻轻的啥,沉沉的额,为哎哺(氏族名称)君业之根。"②"天地未生时,且舍未生时,先有清气,先有浊气,它俩相结合,青气和赤气,与浊气交错。从此以后,产生宇宙四方,产生冬春四季……阳气上升,阴气下降,清气腾升,浊气下沉。它两者间,有日月星云。出现人类,有了福禄。"③《彝族源流》认为气是天地万物的本原:"远古天未形成,地未产生时,哎未产生,哺未出现时,先有清浊气。出现徐徐清气,沉沉浊气。清气青幽幽,浊气红彤彤……青的翻来变成哎,红的覆来变成哺……清浊阴阳气……徐徐的清气,沉沉的浊气,它俩相配合……乾的层次形成了……坤的层次形成了。"④《土鲁窦吉》也认为清浊二气是天地万物的本源:"远古天未形成,地未产生时,哎未产生,哺未出现时,先有清浊气。徐徐清气,沉沉浊气。清气青幽幽,浊气红彤彤。青幽幽清气,红彤彤浊气先产。青的翻来变成哎,红的翻来变成哺。"⑤ 这都表明:清浊气是天地万物产生和形成的本源,先有清浊气,由清浊气变化产生哎哺,哎哺变化产生形成天地万物。

清浊气是天地万物的本源,是贵州地区彝族毕摩经典和理论著作中较有普遍性的思想观念,这种思想观念在云南的毕摩经典中也有表现,如在《裴妥梅妮·苏颇》中有这样的表述:"清气升为天,浊气沉为地。"⑥ 之后就主要描述太阳发出光与热,产生了影,有了魂,

---

① 王运权等编译修订:《西南彝志》第一、二卷,贵州民族出版社2004年版,第7—9页。
② 陈长友主编:《西南彝志》第三、四卷,贵州民族出版社1991年版,第404—407页。
③ 同上。
④ 毕节地区彝文翻译组翻译:《彝族源流》第一至四卷,贵州民族出版社1989年版,第1—8页。
⑤ 王子国整理翻译:《土鲁窦吉》,贵州民族出版社1998年版,第1—2页。
⑥ 云南省少数民族古籍整理出版规划办公室编:《裴妥梅妮·苏颇》,云南民族出版社1988年版,第2页。

然后产生了天地万物,其中心在于解释和说明天地万物必须有魂才能产生,特别是如人类的生命现象,必须有魂才能产生。

在彝族关于气是天地万物——社会物质生活条件产生的本源的思想中,可以清晰地看到,伴随着彝族认识能力的提升,其对社会问题的思考和解释也逐步走向抽象概括。

第二节 人类起源思想

人是社会历史的主体,没有人、没有人的形成或起源,人类社会就不可能产生和存在,也不可能出现社会运行问题,人类的起源问题是彝族先民探寻和思考的重要问题。一方面,彝族先民认为人不是从来就有的,而是存在从无到有发生或起源的过程;另一方面,彝族先民认为人的存在与发展是历史的必然,具有其发生或起源的合理性、必然性。因此,彝族先民在以神话或其他方式诠释天地万物的起源或发生后,接着就用极大的热情去解释或说明人从哪里来、或者人是如何起源的问题。一旦人产生或形成,就意味着人类社会最终形成,人的社会生活也就开启了其历史进程。

一 没有人类大地美不了

在彝族先民的思想观念中,人不是从来就有的,但在天地万物形成后,应该也必须有人、人类的存在,世界才算完整、也才完美,即人、人类的产生和出现,具有必然性和合理性,这几乎是所有的彝族创世史诗共同的观点。《物始纪略》明确地表示:"若没有人类,大地美不了。"[①] 大地之所以美丽,就是因为人类的产生和出现!《查姆》也有类似的思想:"有了日月星辰,有了宇宙山川,不能没有人

---

① 贵州省毕节地区彝文翻译组译:《物始纪略》第一集,四川民族出版社1990年版,第56、57页。

烟,有了江河湖泊,有了种子粮棉,不能没有人生活在天地间。"①即天地间的日月星辰、山川河流、种子粮棉都是为了人类而产生和存在的,人类必须产生和出现,天地万物存在才有其价值和意义,天地万物和人共存的世界才是完整、美满的。《阿细的先基》描述神创造了天地万物后,男神阿沙去游天,女神阿兹去游地,但因为没有人的存在,两位神也就失去了游天游地的意愿了:"男神阿沙去游天……游到东边去,东边没有人;游到南边去,南边没有人;游到西边去,西边没有人;游到北边去,北边没有人。到处都游遍了,一个人也见不到,见不着人嘛,没有什么游头了……女神阿兹去游地……游到东边去,东边没有人;游到南边去,南边没有人;游到西边去,西边没有人;游到北边去,北边没有人。到处都游遍了,一个人也见不到,见不着人嘛,没有心肠游了。"②在神灵创造了天地万物后,神审视其创造出来的一切,总觉得还不完满,为什么?就是因为没有人,即在神那里,他所创造的一切都是为了人而创造的,没有人的存在,他的创造也就失去了意义。这实质是以男女神灵的名义、借助神灵的感受阐明世界不能没有人,即人必须产生和存在,只有人产生和存在后,完整的、美好的世界才算真正形成。

总之,在彝族先民看来,一方面,神和天地万物先于人类产生和存在,天地万物对于人类具有先在性,是人、人类产生及其生存发展的前提和基础;另一方面,人、人类的产生和存在又是必然的、合乎理性的,只有人、人类产生之后,先在于人、人类的天地万物才有存在的价值和意义,神创造的世界才完整,世界也因其完整才变得美好。那么,人、人类又是如何产生的?人是从哪里来的?

二 人类的起源

关于社会历史主体——人的发生或起源思想,彝族有多种多样的

---

① 楚雄州文联编:《彝族史诗选·查姆卷》,云南人民出版社2001年版,第244页。
② 《阿细的先基》,云南人民出版社1978年版,第30—31页。

述说，较有代表性的观点主要包括"神创说"、"自然物"化生说、"气生说"等。

（一）神创造人类

正如世界上绝大多数的民族都有神创造人类的神话故事或创世史诗一样，彝族也有非常多的关于神创造人的神话故事，神创造人的思想观点是彝族创世史诗的基本思想和重要内容。《阿细的先基》《梅葛》《查姆》《诺谷造人神》等彝族创世史诗，都有神创造了人的叙述，虽然在什么样的神灵以何种方式创造人方面，不同史诗的描述不尽一致，但秉持神创造人的基本思想，却是彝族创世史诗的共性所在。

《阿细的先基》详细描述了在天地万物形成后，男神阿热和女神阿咪用泥土造人的过程："男神阿热，女神阿咪，他们来造人。要想造人嘛，山就要分雌雄，树就要分雌雄，石头就要分雌雄，草就要分雌雄。不分雌雄嘛，就不能造人……阿热和阿咪，称八钱白泥，称九钱黄泥；白泥做女人，黄泥做男人。两手造成了，两脚造成了，眼睛鼻子造成了，嘴巴耳朵造成了。完全像人的样子。"[①] 在这部创世史诗中，是神用泥巴造出了男人和女人。但是，神造出的泥人开始时只具有了人的外形，却没有生命力，没有气、不会动、不会说话、不会走路，如何使神造出的人获得生命呢？神造人的工作还得继续："阿热和阿咪，吹他们一口气，这对泥人啊，就能点头了。天上刮起大风，大风吹进泥人的嘴；肚子里呱呱地响，泥人会说话了。天上有太阳，太阳晒得暖和和；晒了七天七夜，泥人晒活了，泥人会走路了。"[②] 这样，男神阿热和女神阿咪凭借自己的气，以及风和太阳等力量，使得造出的人不再是泥人，而是逐步拥有了生命力。"蚂蚁瞎

[①] 云南省民族民间文学红河调查队搜集翻译整理：《阿细的先基》，云南人民出版社1959年版，第34—36页。

[②] 同上书，第37页。

子这代人，就这样造出来了。"《阿细的先基》在讲述人如何造出来时，认为男神女神不是一次性就造出了真正的人，或者说，神创造人不是一蹴而就、一次性完成的，其间经历了复杂的过程；"蚂蚁瞎子那一代，不知是哪一年，有这样一天，空中出了7个太阳，晒了七年七月零七天，世上的人们，一起都晒死了。"① 后来人类又经历了"蚂蚱直眼睛代""蟋蟀横眼睛代""筷子横眼睛代"，即人类不断经历干旱、洪水、大火等各种自然灾害的洗礼，经历不断被灭绝、不断重生繁衍的过程最终形成。

《梅葛》是这样阐述神创造人的："天已造成了，地也造好了，万物已产生，昼夜已分开，世间没人烟，世间没人种。是谁造人种？是谁造人烟？格兹天神呢，是他造人种，是他造人烟。何物造人种？何物造人烟？白雪造人种，白雪造人烟。天上撒把雪，白雪撒三把，落到地面后，变成三代人。初始那一把，变成第一代；撒下第二把，变成第二代；撒下第三把，变成第三代。"② 虽然格兹天神撒下白雪来造人，而且是造了三代人："初始那一代，是代独脚人，身长一尺二。"但这代人却难以存活，难以延续，在"烈日下毙命"了。"中间那一代，身长一丈三"，但这代人也无法存活下去，也被烈日晒死了。最后那一代是直眼人，除了传人种的两兄妹外，也被洪水淹死了。③ 在经历了各种艰难曲折后，人类最终得以产生并延续。

《查姆》在叙述了天地万物的起源后，认为天地间应该也必须有人生活，但天地间没有人，怎么办？神灵继续其创造人类的活动："雾露飘渺在地，变成绿水一潭。水中有个姑娘，名叫赛依列（龙王的姑娘），她说'要造独眼睛时代的人'，就叫儿依得罗娃最先来造

---

① 云南省民族民间文学红河调查队搜集翻译整理：《阿细的先基》，云南人民出版社1959年版，第44页。

② 楚雄彝族自治州人民政府编：《彝族毕摩经典译注》（第一〇二卷梅葛·姚安彝族口碑文献），云南民族出版社2012年版，第85页。

③ 同上书，第85—94页。

人。儿依得罗娃,造出人类第一代祖先,他们的名字叫'拉爹'。他们是天地的儿女,他们是太阳的儿女,他们是月亮的儿女,他们是星星的儿女。"① 造出来的这代人是独眼睛人,还不是真正的人。之后,神灵造出的这代人经历了干旱,独眼睛人变成直眼睛人,直眼睛人又经历了洪水,直眼睛人变成了横眼睛人,到横眼睛时代人类才最终形成。

在彝族民歌《诺谷造人神》中,描述了龙王的儿子诺谷创造人类的过程:"地上无人烟,诺谷造泥人,做只独眼睛,安在正脑门,拿起筛竹达,赶着泥人走。赶到平坝的成汉人,赶到林中的成拉祜,赶到林边的成哈尼,赶到高山的成阿佤,赶到山梁的成尼苏,赶到河谷的成傣家。"② 这段关于龙王的儿子诺谷创造人的阐述,表明了人是由神——诺谷用泥巴造出的,之后,人类通过不断的繁衍而日渐兴旺:"诺谷造了人,诺谷造了神,独眼这一代,一人生十人,十人育百人,天上一个星,地上一个丁,遍地是五谷,到处是人烟。"③ 这里没有进一步阐述人是如何由独眼睛人演化发展成横眼睛人的,但却认为神创造出人后,通过人自身的繁衍人口得以不断增加。

总之,在追溯人从哪里来、人如何产生这一问题时,神用某种自然物创造了人的思想和观念,是被彝族先民普遍接受和信仰的思想观念,或者说,神创造人是彝族先民用来解释和说明人的起源问题时具有普遍性的思想观念。

(二) 自然物演化人类

在人的起源问题上,彝族不仅有着多种多样的神创造人类的传说或解释,而且彝族还有各具特色的关于人由不同的自然物化生而成的

---

① 楚雄州文联编:《彝族史诗选·查姆卷》,云南人民出版社 2001 年版,第 244—245 页。
② 云南省民间文学集成编辑办公室编:《云南彝族歌谣集成》,云南民族出版社 1986 年版,第 30—31 页。
③ 同上书,第 32 页。

思想观念，这类人由自然物变化形成的思想观念，我们把它称为"自然物化生说"。

在彝族的众多的创世史诗中，如《勒俄特依》《阿赫希尼摩》和彝文典籍《夷僰榷濮》《彝族氏族部落史》等文献中，都有人是由各种自然物演化形成的思想。流传于四川凉山彝族中的《勒俄特依》对人的起源问题是这样说的："远古的时候，天上掉下祖灵来，掉在恩介列山，变成熊火在燃烧，九天烧到晚，九夜烧到亮……为了起源人类燃，为了诞生祖先烧。变化变化的，变出一对蠢物来，形怪如矮猪，夜风冷难熬，能否成先人？不能成先人，能否成人类？不能成人类……天上降下桐树来，霉烂三年后，起了三股雾，升到天空去，降下三场红雪来，降在地面上。九天化到晚，九夜化到亮，为成人类化，为成祖先化。作了九种黑白醮，结冰成骨头，下雪成肌肉，吹风来做气，下雨来做血，星星做眼珠，变成雪族的种类。雪族子孙十二种，有血的六种，无血的六种。无血六种是：草为第一种……有血的六种是，蛙为第一种，派生出三类，住在水草地……人为第六种，人类分布遍天下。"[①] 远古的时候，还没有人的生命、没有人类，虽然从天上掉下了祖灵，为了诞生人类变成大火在燃烧，却没有变成人类；天上降下桐树霉烂变成三股雾，化作三场雪下到大地上，雪化成了骨头、肌肉、气、血，变成了雪族，雪族的子孙有十二种，人就是其中有生命中的六种之一。在这个人类产生的复杂、漫长、坎坷的过程中，虽然也有神及其力量在其中，但人却是经由桐树霉烂→雾→雪→雪族→人类这样的演变历程，也就是说，人是由自然物化生演变而成的。

云南流传的《居次勒俄》认为世界上先是风、云、雨、雪生成，而后风、云、雨、雪化生出其他生物，再由这些自然物化生出人类，

---

① 《勒俄特依》，见《凉山彝文资料选译》第一集，内部资料，1978年版，第25—35页。

即:"后来天上降下生育神,附上生育神,降下三年后,飞起三团云,把山头缠绕。山头下起雪,三声红色雪,红雪成肌肉。山顶刮起风,风来生成气。山头起云雾,云变雨下来,雨来生成血,山顶结成冰,冰来生成骨。"① 在经历了红雪生成肌肉、风生成气、雨生成血、冰生成骨后,生物和人还没有真正形成:"如波惹格哟,走路慢腾腾,行动晃悠悠,有气而无力,不能成生物。"② 真正的生物和人的形成又经历了非常复杂曲折的过程,而人最终则是十二雪子中有血的第六种演变成的:"第五是猴子,三个红猴子,落居林下和岩上,成为三百猴子的祖宗。第六是人类,落居于世间,世界人繁衍。猴子变人类,人类居天下",③ 这里,即表明人的肌肉、气、血、骨等与风、云、雨、雪有关系,又认为人最终是由猴子变成的。虽然猴子是经历什么过程最终变成了人,在这部书中没有讲,但这个结论还是让我们很惊讶,而且不止这部彝族文献持有猴子变成人的观念,在彝族的多部文献中我们都可以看到这样的思想,这的确让我们惊叹!

《阿赫希尼摩》在阐述人如何产生和形成这一问题时,用非常多的篇幅描述了人是由动物一步步演变形成的。《阿赫希尼摩》开始时就说:"人祖与猴子,两者有渊源"。④ 这里首先肯定人的祖先与猴子是有关系的、有渊源的,但是,人类的祖先和猴子之间究竟有什么渊源呢?在"人类的起源"部分,是这样解释二者的渊源的:"天翻地又转,白鱼与红鱼,黄鱼与黑鱼,还有那绿鱼,慢慢地演化,日渐变成猴,变成绿色猴,变成红色猴,变成黄色猴,变成白色猴,变成黑色猴。猴子结成队,向着高山攀,睡在多罗岩;穿梭在密林,采摘野果子,腹中来充饥。大猴生小猴,猴群在繁衍,结伍成队走。猴子行

---

① 云南省迪庆藏族自治州民族事务委员会编:《居次勒俄》,云南民族出版社1993年版,第22—23页。
② 同上书,第23页。
③ 同上书,第29页。
④ 云南省少数民族古籍整理出版规划办公室编:《彝族创世史·阿赫希尼摩》,云南民族出版社1990年版,第1页。

第一章 彝族古代社会起源思想

走时，四肢地上爬，行走不方便，抬头立起身，双脚学走路，一时难站稳，站立又摔倒……猴子渐演变，变成了人样。猴子指依若，先把人来变，变成独眼人。阿赫希尼摩，看看独眼人，独手又独脚。只长一只眼，无法认道路；只有一只脚，没法把路走；只有一只手，无法把活做。猴子指依若，变人未变成，不久便夭折。猴子又演变，变成竖眼人，双眼直直竖，双脚一样长，双手一样粗，变化七十二，才把人变成。"① 这些阐述人形成演变的文字中，可以清晰地看到：鱼→猴→人的演化历程，这与《居次勒俄》中的"猴子变人类"的思想是一致的。由此也可看到，"猴子变人类"的思想在彝族思想文化中不是偶然出现的观念。

与《阿赫希尼摩》的人如何产生、演化相类似的思想，在《夷僰榷濮》《彝族氏族部落史》等文献中也有，这两部文献同样阐述了人来自于水中或人起源于水的思想。《夷僰榷濮》说："人祖来自水，我祖水中生"、"凡人是水儿，生成在水中。"② 这里，比较明确地提出了人来自水中、彝族祖先生于水中的思想，但此书没有进一步阐述人是如何在水中产生和形成的。《彝族氏族部落史》也说："六祖水中出，吾自从中来。"③ 这就明确地提出彝族六祖来自水中、人类产生于水中的思想，但人为何来自水中，怎样从水中产生或形成等问题也没有进一步阐述。

在彝族的"自然物化生人"的思想中，最让我们惊叹的就是他们关于人从水中生或人从水中来的思想，以及人的演化发展是经由水中的鱼变为猴、猴又变为人的思想观念。这些思想观念非常贴近当代以考古发现为基础提出或形成的关于地球生命的演化发展及其规律的思

---

① 云南省少数民族古籍整理出版规划办公室编：《彝族创世史·阿赫希尼摩》，云南民族出版社1990年版，第14—17页。

② 云南省少数民族古籍整理出版规划办公室编：《夷僰榷濮》，云南民族出版社1986年版，第15、19页。

③ 杨凤江译注：《彝族氏族部落史》，云南人民出版社1992年版，第3页。

想理论，但我们却不知道彝族先民的这些思想是如何形成的，它的根据是什么？他们的这些思想为什么能够如此接近人类形成、演化的真实历史过程？

（三）气是人的本源

在彝族后期的毕摩文献和理论著作中，如《宇宙人文论》《西南彝志》《彝族源流》《土鲁窦吉》《吾查们查》等文献中，人从哪里来？人类如何产生？这些问题依然是彝族先民关心和关注的问题，但和创世史诗不同的是：彝族已经开始用逻辑推理和抽象概括的思维方式，对人和人类的起源问题进行解释和说明，形成了较有代表性的气是人、人类形成的本源的思想观念。

《宇宙人文论》认为气不仅是天地万物的本源，也是人产生和形成的本源，认为人是在清浊二气运行变化中产生的："当清浊二气充溢，由'五行'而形成天地之后，随着'五行'的变化，形成人体的根本。'五行'中的水，就是人的血，金就是人的骨，火是人的心，木是人的筋，土是人的肉。在'五行'成为人体雏形之后，就开始有生命会动，仿着天体去发展变化，成为完整的人。"[①] 这里，不仅说明清浊二气是形成人的根本，而且描述了清浊二气如何形成人，人的生命如何产生，还进一步指出人这个生命体是仿照天体发展变化，最终发展成为完整的人："天上有日月，人就有一对眼睛；天上有风，人就有气；天会雷鸣，人会说话；天有晴明，人有喜乐；天有阴霾，人有心怒；天有云彩，人有衣裳。天有星辰八万四千颗，人有头发八万四千根；天的周围三百六十度，人的骨头三百六十节。这样看来，人本是天生的，是仿天体形成的。"[②] 也就是说，人体同天体、人体仿照天体的各种变化，有了相应的生理结构和喜怒哀乐。虽然彝族先民只是运用类比的方式推出人体同天体的思想，但人体同天

---

① 罗国义、陈英翻译：《宇宙人文论》，民族出版社1982年版，第95—96页。
② 同上书，第96页。

体的观念却反映了彝族人如何认识人的形成、人的各种生理结构与情绪变化等问题的思维路径：它们源于清浊二气是天地万物包括人类的本源的认识，同时也反映了彝族理论思维的发展历程，特别是逻辑推理和抽象概括能力的发展。

认为清浊二气是天地万物与人的本源，并据此认为"人与天地同"的思想，在《土鲁窦吉》中也有比较类似的阐述。《土鲁窦吉》论述了由清浊气变化产生八卦和五行，又由八卦和五行形成宇宙天地、万物和人类，进而认为人象同于天象的思想："人象与天象，确实是同的……天上有太阳，人就有眼睛，天上有月亮，人就有耳朵，天上有了风，人就有了气，若天有晴朗，人就有喜乐，天上有云彩，人就有穿着，天上有雾霭，人就有脑髓……哲人观察后，天生人本源，要知天本源，识人就知天，知天就识人，确实是这样。"① 即在清浊气是人产生、形成的本源的思想基础上，用拟人化的方式，把自然界的各种事物、现象与人的生理结构和生命现象相对照、相比附，不仅论证了人的产生和出现的必然性，而且还从一个层面论述了人的生命存在的神圣性。

《西南彝志》也认为清浊气是人类产生的本源："天地未生时，且舍未生时，先有清气，先有浊气，它俩相结合，青气和赤气，与浊气交错。从此以后，产生宇宙四方，产生冬春四季……阳气上升，阴气下降，清气腾升，浊气下沉。它两者间，有日月星云。出现人类，有了福禄。"② "轻轻的啥，沉沉的额，为哎哺（氏族名称）君业之根。"③ 在彝族先民看来，不论是人及人类社会的产生、还是人们所追求的福禄的出现，即美好的生活，清浊气都是它们的本源。之后，

---

① 王子国整理翻译：《土鲁窦吉》，贵州民族出版社1998年版，第77—81页。
② 陈长友主编：《西南彝志》第三、四卷，贵州民族出版社1991年版，第404—407页。
③ 王运权等编译修订：《西南彝志》第一、二卷，贵州民族出版社2004年版，第192—200页。

《西南彝志》也进一步论述了五行、八卦如何形成人体的五脏六腑、喜怒哀乐各种情绪等等，并进一步论述人体与天体如何类似等思想。

《彝族源流》论述了气是天地万物和人类的本源的思想："远古天未形成，地未产生时，哎未产生，哺未出现时，先有清浊气。出现徐徐清气，沉沉浊气。清气青幽幽，浊气红彤彤……青的翻来变成哎，红的覆来变成哺……清浊阴阳气……徐徐的清气，沉沉的浊气，它俩相配合……乾的层次形成了……坤的层次形成了。"① 之后，天地万物和人类就在清浊气的变化中产生了。

彝族后期的众多文献、理论著作都较为一致的认为清浊气是人产生的本源，对于清浊气如何变化发展形成人类有着较详细的论述和描写。通过这些思想观念，我们可以看到，随着社会生产力的发展，人们的认识能力和认识水平的提高，人从哪里来的问题虽然还是彝族人关心和关注的问题，但对于这一问题的解释和说明，逐渐脱离了神话传说和想象、逐渐离开早期的具象认识，而更趋向于逻辑思辨与抽象概括，日渐呈现出较高的理论思维水平。这也在一定层面上呈现出彝族古代社会思想的日趋发展。

第三节 社会生产生活起源思想

随着社会历史的主体——人类的产生和形成，以社会生产和社会生活为核心的社会实践活动也就开启了其运行发展的历史进程。遵循着万事万物都是从无到有发生的根源意识，以及认识所有事物和现象都必须首先认识其根源的寻根思维，彝族先民认为，社会生产和社会生活都有从无到有发生的过程、有其最初的源头或根源，因此，要认识人生活于其中的社会，就必须追溯和认识各种生产活动、各种生活

---

① 毕节地区彝文翻译组翻译：《彝族源流》第一至四卷，贵州民族出版社1989年版，第1—8页。

现象的起源。彝族先民一般是从分析探索婚姻家庭如何产生开始认识人类社会的生产生活起源问题的。

一　男女说合成一家——社会生活的起源

在各种各样的社会生活现象中，男女婚配、人的生老病死等社会生活与生命活动是如何起源或发生的，在彝族的创世史诗、直至毕摩经典和理论著作中，都是彝族人最为关心的社会生活现象或社会生活问题。因此，在叙述和探讨了天地万物和人类如何产生之后，他们接着就以极大的热情去探讨、解释这些社会生活现象是如何从无到有产生的，其中，他们又最为关注男婚女嫁这一社会生活现象的起源。

《阿赫希尼摩》中的"婚嫁的起源和演变"，专门叙述人类社会的嫁和娶是如何产生的："阿赫希尼摩，生下万物时，万物分公母，从不成双对，从不兴婚嫁。世间的人啊，东南西北方，没有一个亲，没有一家戚，人与人之间，相互不往来；道路也没有，到处长满树，遍地丛草生。无垠大地上，一派阴沉沉。"[①] 彝族先民认为，在人类的早期，世间万物都分公与母，人分男人与女人，且公与母、男人与女人都是相互分离的，人类也不知娶与嫁，男人与女人是分离的，相互不往来。人类还不知道婚姻嫁娶这种社会生活现象时，人类社会的景象是不美好的，人是孤离的、孤独的，整个世界因此也是没有生机和希望的。为了改变这种景象，天神策埂兹找地神黑得坊商量："雌雁嫁雄雁，你说行不行？"地神黑得坊说："天宫千万物，地上万万千，样样分公母，理应有婚嫁，应该配成双。"天神地神做主为雌雁和雄雁办婚事，让雌雁嫁给雄雁，这是婚嫁的源头，从此后，任何事物都模仿雌雁嫁雄雁，把分成公与母的各种事物进行婚配："自从这时起，婚嫁开始兴，样样学大雁，样样都出嫁。天地日月星，云雾与

[①] 云南省少数民族古籍整理出版规划办公室编：《彝族创世史·阿赫希尼摩》，云南民族出版社1990年版，第71页。

彩霞，九十九层上，八十八层天……生息的万物，全部要出嫁；地上千万物，有翅会飞的，有脚会行的，有嘴会食的，五脏健全的，样样都成婚。"① 通过这种拟人化的描述和铺垫，从世间万物都要嫁娶说起，实质要说明的正是男人和女人必须要有嫁和娶，即在嫁与娶这件事上人类没有例外："自从这时起，天君奢俄木，天宫各神灵，天宫的毕摩，天庭的工匠，个个都一样，有囡皆出嫁。"这虽然说的是各类神也需要男婚女嫁，但最终的结论还是人必须要实行男婚女嫁。从此后，只要是有女儿的，不论身份地位如何，共同的都是必须把女儿嫁出去。若是到了一定年龄，男的不娶、女的不嫁，就会被嘲笑，在社会上会被看不起，没有立足之地，在与他人相处时，就会低人一等："天上的姑娘，芳龄到十五，若是不定亲，二十难出嫁；天上的伙子，到了十六岁，若是不说亲，三十不安家，成年不娶嫁，无人看得起，无脸出家门，无脸去做活，别人看见了，个个来嘲笑。三十不娶亲，若是站地上，没有别人高；若是坐凳上，没有别人大，万物要出嫁，从此嫁娶兴。"② 在彝族先民的思想观念中，嫁娶是普遍存在、也必须存在的现象，从世间万物的公与母相配、各路神灵需要嫁娶，到人类也是需要婚配，世间万物和人类没有不婚配的。

《梅葛》和《查姆》则通过世间万事万物相分又相配的思想，一方面，叙述了人类的婚姻是从兄妹结婚传人种的血缘婚起源的；另一方面，又阐述了婚姻的必然性和必要性，即男大当婚、女大当嫁是天经地义的，是人类不能违抗的规矩。

《梅葛》的"婚事和恋歌"，从相配、说亲开始叙述彝族男女婚嫁的起源，以及现实生活中男女结婚必经的环节与程序："没有不相配的树木花草，没有不相配的鸟兽虫鱼，没有不相配的人。样样东西

---

① 云南省少数民族古籍整理出版规划办公室编：《彝族创世史·阿赫希尼摩》，云南民族出版社1990年版，第73页。
② 同上书，第74页。

第一章 彝族古代社会起源思想

都相配，地上的东西才不绝。""天有天的规，白云嫁黑云；月亮嫁太阳；天嫁给地，男女相配，人间才成对。"① 彝族先民是从万物相分又相配的观念中，从世间万物既相分又相配的普遍法则与道理中，认识到人类既相分又相配的道理：首先人是相分的，人自出生时就被分为男人与女人，男人与女人是有区别的；其次人又必须相配相合，男人和女人必须通过婚配结合为一家，这是人类必须遵守的规矩和法则，因为分成男人与女人的人类，只有通过婚配繁衍子孙后代，才能世代繁衍不灭绝。

《查姆》的"配亲"部分，用兄妹结亲繁衍人类的故事，一方面，以传说的方式，说明人类早期曾经历过血缘婚姻，另一方面，也阐述了人类婚姻的起源。在洪水泛滥后，只有阿朴独姆西兄妹躲在葫芦里存活下来："洪水已经退了，大地一片荒寂，百里无草木，千里无鸟兽，万里无人烟。哥哥看了焦虑，妹妹看了哭泣，"② 只有兄妹俩存活在世上，如何才能使人类生息繁衍下去，不再灭绝？神指点阿朴独姆西："要让世上有人烟，你们兄妹做夫妻。"③ 从这里我们再次看到，在彝族人的思想观念中，男女婚配最重要或最根本的功能就是"传人种"，即使得人类能够生息和繁衍。通过各种形式的拒绝后，阿朴独姆西兄妹发现要使人类不再灭绝，唯一的出路就是他们兄妹二人"结婚传人种"，于是不再抗拒，只有接受这样的现实和繁衍人类的使命。

《查姆》在讲"配婚的起源时"，也认为男女婚配不是从来就有的，它是由龙王的四位姑娘开始婚配，然后教会了世间万物和人类进行婚配，婚姻从此开始起源或发生："蓝天白云下，黑土大地上，笃慕的后裔，结情成婚事，婚配有始源。"④ 这里首先肯定了彝族后裔

---

① 楚雄州文联编：《彝族史诗选·梅葛卷》，云南人民出版社2001年版，第107页。
② 楚雄州文联编：《彝族史诗选·查姆卷》，云南人民出版社2001年版，第297页。
③ 同上。
④ 楚雄彝族自治州人民政府编：《彝族毕摩经典译注》（第七十一卷查姆一），云南民族出版社2010年版，第316页。

| 彝族古代社会思想研究

的婚配是有起源的,那彝族的婚配之事是怎么起源的?它认为,婚配之事是人类向龙王的四位姑娘学习来的。龙王的四位姑娘长大后,"大了无伙伴,不闻情侣声,"于是,她们就走出了龙宫要去寻找情侣,"四个龙姑娘,做好弦子后,把琴扛肩上,走出了龙宫,要去地四方,去找好伙伴,要寻好情侣。"最终四位龙姑娘都找到了自己的伴侣:"四位龙姑娘,带着四个郎,东南和西北,回到四方向,回到自居处,他们不停歇,男女婚配事,传遍了四方。""结情结侣事,配夫配妻事,龙王四姑娘,天地四方神,他们先结侣,他们先配婚,他们所兴始。而今此时代,男女结了情,结情成夫妻,莫把他们忘。"①在这部文献中,是以神先结为夫妻,然后人类向神学习婚配并进行效仿,这似乎又从一个侧面呈现出彝族先民把婚配看成是一件非常神圣的、不能随便为之的事的婚姻观念。

《阿细的先基》以"男女说合成一家"为标题,以男女对歌的形式表达男娶女嫁是人生必经的环节,以此阐明婚嫁如何兴起,男女青年到了一定年龄必须谈婚论嫁的思想。

《物始纪略》在"婚姻纪"部分,认为人类的婚姻是从横目人时代开始的:"横目人时代,连姻传后代,婚配生子女。先是嫁男人,嫁男到女家。"②这里与其他彝族文献不同的地方在于,不仅明确指出婚姻这种社会生活形式是起源于横目人时代,而且早期是男嫁女娶,即男的嫁到女方家,由女人掌权,由女人说了算,这又似乎从另一个层面说明人类的婚姻应该起源于母系社会时期。

总之,在彝族先民的思想观念中,世间任何事物都是相分的,都是分为公与母、雌与雄的,而人则是分为男人与女人的;相分的所有事物都必须相配,人类也不例外,只有通过"男女说合成一家",即

---

① 楚雄彝族自治州人民政府编:《彝族毕摩经典译注》(第七十一卷查姆一),云南民族出版社 2010 年版,第 316—323 页。
② 贵州省毕节地区民族事务委员会编:《物始纪略》第一集,四川民族出版社 1990 年版,第 156 页。

· 42 ·

女娶男嫁或者男娶女嫁，相分的男人与女人结合为家庭，以家庭的形式传宗接代，人类才会生生不息世代繁衍，这是人类必须面对的必然性，也是人类社会生活的必然开端。

二 盘庄稼造工具——社会生产的起源

（一）盘庄稼

有人类就必须有属于人的社会生产活动，只要人类社会不停止运行，人类的社会生产活动就必须持续不断地进行。在彝族先民的思想观念中，属于人类的社会生产活动也是有其起源或源头，或者说，社会生产有其从无到有发生的过程。探寻和解释人类的社会生产是什么时候、怎么发生的，也是彝族社会起源思想的重要内容。

《阿细的先基》在追溯盘庄稼——社会生产活动的起源时，认为人类最早是向蜜蜂学习盘庄稼的，因为蜜蜂是"最早盘庄稼的人"："黄石头里面，住着蜜蜂，那一窠蜜蜂啊，是最早'盘庄稼的人'。蜜蜂有兄弟四个，蜜蜂有姊妹四个。他们成天嗡嗡地叫，他们成夜嗡嗡地叫。他们是初次做活计，他们是初次盘庄稼，才这样不停地叫。"[①] 蜜蜂飞到四面八方去采集花蜜，在彝族人看来，这就是最早的"生产劳作"，人类就是通过学习蜜蜂、模仿蜜蜂，才知道如何进行生产劳动的，即人类社会的生产劳动是通过模仿蜜蜂酿造蜂蜜的活动而起源的："世上的人们啊，不会做活计，快去跟蜜蜂学。学会种庄稼，学会干活计，要做活计了，要盘庄稼了。"[②] 正是通过模仿蜜蜂、向蜜蜂学习，人类学会了盘田种庄稼，人类社会的生产活动也就开始产生或者发生了。

《梅葛》用一种发展变迁的眼光来认识人类的社会生产活动。它

[①] 云南省民族民间文学红河调查队搜集翻译整理：《阿细的先基》，云南人民出版社1959年版，第66页。

[②] 同上。

先叙述了人类最早的生产活动是狩猎和畜牧，后来由于狩猎获得的猎物没有办法养活人们，就提出了进行农业生产活动的现实需要。在彝族先民看来，从事农业生产活动，需要牛来犁地犁田，但是，犁地犁田的牛从哪里来呢？"打的野物不够吃，要去盘田种地收五谷。盘田没有牛，种地没有牛，要去找牛啦。"① 在牛找到后，盘庄稼又是如何发生的？《梅葛》把人类的农业生产劳动的起源描述为因为人类特有的能力，地王决定由人类来进行耕种，即人类所从事的农业生产劳动的起源是由神决定的，但神之所以决定由人来从事生产劳动，则又离不开人所具有的能力。《梅葛》说，在人类学会种庄稼前，大地上到处都是各种杂草和杂树，各种鸟兽虫等都试图砍去杂树杂草，清理出土地来种庄稼但都没有成功："人来砍杂树，先把刀磨好，拿刀来砍枝，几刀便砍倒！地王就决定：人类盘庄稼。"② 于是，人们开始忙着种庄稼，先是烧地，然后撒种子："属龙日来撒，庄稼像龙一样旺；属虎日来撒，庄稼像虎一样好。""哪个来犁地，男人来犁地。哪个来撒种，妇女来撒种。""到了九月土黄天，庄稼盘好了。箐底到山顶，山凹到平顶，没有不种庄稼的地方，到处庄稼都盘好了。庄稼长得好，玉米长得像马尾，荞子长得像葡萄。兽类去看，看了很佩服。鸟类去看，看了很佩服。从此就是人类种庄稼。"③ 在这里，彝族先民认为盘庄稼、种庄稼不仅是从无到有发生的，而且人类也是经历了从不会盘庄稼到神决定由人类盘庄稼的过程。在彝族先民看来，人是在与鸟兽虫的竞争中胜出而获得神的肯定，从而拥有了盘田种庄稼的权力；彝族先民也认识到人类是通过模仿其他的昆虫、动物来进行农业生产活动的，只不过是因为人类的种庄稼能力胜过了昆虫等动物的能力，神选择了人类。也就是说，彝族先民既看到了人类在进行

---

① 楚雄州文联编：《彝族史诗选·梅葛卷》，云南人民出版社2001年版，第63页。
② 同上书，第74页。
③ 同上书，第74—75页。

社会生产活动时，经历了向鸟兽虫学习的过程，也看到了人的能力远远超过鸟兽虫的一面！

《物始纪略》有"农事的起源"部分，专门叙述农业生产活动是如何起源的。它与《阿细的先基》认为是人类模仿蜜蜂学会生产劳动、《梅葛》认为是神决定由人类盘庄稼的思想不同，认为是聪明有智慧的女人首先带领人们开始农业生产："很古的时候，混混沌沌的，不会做农活，食物也不多，有的女人啊，她带领大家，她领去烧坡，烧了许多坡。带领去播种。播了许多种。女的有知识，女的有智慧。从此以后，知道种荞了。女人掌大权，就是这样的。"① 在人类的早期，不会从事农业生产活动，在后来的发展进程中，人们才学会种庄稼、从事农业生产活动，这是符合人类的历史发展实际的；而且最先带领人们学习农业生产活动的不是男人而是女人，即肯定女性是农业生产活动的发明者、创造者，而且进一步肯定因为女人有知识、有智慧，掌握了权力，这似乎与人类首先经历母系氏族社会、之后才进入父系社会也具有一致性；从中也似乎可以看到，在彝族人的思想意识中，农业生产应该是在母系社会时期就已经产生了，而且女性是其发明者。这种肯定女性在人类历史发展进程中的积极进步作用的思想观念，是独树一帜的。

（二）造工具

盘庄稼——农业生产活动需要依靠各种生产工具，在彝族先民看来，各种各样的生产工具也有从无到有发生的过程，因此后人需要知道这些工具是怎么起源的，认识社会生产活动，首先需要认识各种生产工具是怎么来的、怎么被制造的。

《梅葛》对于制造工具的起源和发展是这样认识的："天神来吩咐，盘天种庄稼……没有造农具用的铁，没有造农具用的铜，到处去

---

① 贵州省毕节地区民族事务委员会编：《物始纪略》第一集，四川民族出版社1990年版，第40—41页。

找铁,到处去找铜。"① 在经历了非常困难的寻找过程后,铜和铁终于被找到了,于是造工具的过程也就开始了:"铜的用处多得很,铁的用处多得很;打出铁来一团团,铁团丢进冷水里,再从水里拿出来,拿出就能造工具。先打犁头三大把,用来开田种庄稼;'后打镰刀三大把,用来割谷子;再打一把锯,拿来锯木板。打了锯子打剪刀,剪布裁衣有工具。工具都打好了,九个儿子拿着农具种庄稼,七个姑娘背着刀子放牛羊。"② 这里,用比较诗意的形式,阐述了彝族人思想意识中关于各种农具的起源,虽然还没有离开天神的决定等神秘色彩,但也可以看出彝族人对于工具制造本身的思想认识还是接近生产工具本身发展的历史的。

《物始纪略》在"工匠的根源"中,让我们非常惊讶地看到彝族先民关于各种生产工具起源的思想,它叙述了从石器作为工具到金银铜铁的冶炼的发展变迁过程,从中显示了彝族人认为人类制造工具用于改造自然是个漫长而又逐渐发展变迁的过程的思想观念:"话说手艺人,说来也久远。在那个时候,打石来做刀,用石刀砍物,剐兽皮做裙,羊皮做衣裳。到后来之时,他们常商议,越议技越高。工艺传人间,手艺渐渐多。工匠更多了。自己挖铜铁,打金又打银。"③ 彝族人把制造工具的人称为手艺人或工匠,他们制造出各种各样的工具,手艺人最早制造出的工具是石头打磨成的石刀、用兽皮做衣裳;在制造工具的过程中,手艺人之间不断的商议、讨论、切磋各种制造工艺,工匠们不断改进工艺和技术,可以制造的用具日渐增多,技艺越来越高,逐渐的掌握了冶炼金银铜铁的各种技术,随着工艺增多,工匠也日益增多。这部创世史诗对生产工具起源和发展的历史的论述,应该说是比较接近历史的真实的。

---

① 楚雄州文联编:《彝族史诗选·梅葛卷》,云南人民出版社 2001 年版,第 78—79 页。
② 同上书,第 88—89 页。
③ 贵州省毕节地区民族事务委员会编:《物始纪略》第一集,四川民族出版社 1990 年版,第 48—49 页。

第一章　彝族古代社会起源思想

举奢哲的《彝族诗文论》中，在"谈工艺的制作"部分，认为人类制造和使用工具也是经历了远古时候不知、不会的时期："在那古时候，世间的人们，啥也不知道……不知啥叫美，不知啥叫巧。这些古人呀，怎样来栖身？不是住岩洞，便是住箐林。"① 从这些描写中，可以看到，在人类的早期，人们不会制造和使用生产工具，只能栖身于山洞、树林中。而人类最早制造和使用的工具则是石器："在那古时候，这些世上人，他们打石呀，打石做工具。""石刀锋刃利，能把兽肉剔。这些石刀呀，处处人不离，拿来当刀用，用它来剐皮。"看来，在贵州彝族文献中，不止一部文献提到人类最早制造和使用的工具是石器，经过了这一阶段，人类才逐渐学会冶炼铁铜的技艺，才会制造并使用铜铁之类的生产工具："到了后来呀，人们更聪明，愈加有智慧。技艺高的人，这样产生了。""这些工匠呀，开出了铜矿，便把铜来打；开出了金矿，便把金来打。"② 到人类掌握了铜铁的加工技艺并能制造出铜铁工具时，人类社会的生产力有了较大进步和发展，也标志着人类文明形态的变迁发展。

《查姆》在追溯了天地万物和人类的起源后，认为人类也就开始了创造其社会历史的过程："世上有了人烟，世上分了民族，他们要生存繁衍，他们要认识事物。他们怎样开创历史，他们又怎样创造万物？彝家的兄弟啊，请听后面的根谱。"③ 从这一叙述中，我们可以深深地体会到彝族人的根源意识和寻根思维，即他们认为世间万物都有其发生、有其源头，人类历史也不例外，所以认识人类的历史就必须要认识人类创造万物的根谱。"远古的时候，那时没有金，那时没有银，那时没有铜，那时没有铁，铅锡还没有"，人间没有各种金属制作的工具："世间的农夫，耕作不用铁，耕种不产粮，世人无粮

---

① 沙马拉毅主编：《彝族古代文论精选》，民族出版社2010年版，第38页。
② 同上书，第39—41页。
③ 楚雄州文联编：《彝族史诗选·查姆卷》，云南人民出版社2001年版，第302页。

吃"，这该怎么办？天神地神就派了阿勒和阿德两兄弟去找金银铜铁等，他们不负众望，终于找到了，他们又开始冶炼金银铜铁，其他工匠又用冶炼好的金银铜铁打制工具："白天打银锭，打出银首饰；夜里打金锭，打出金首饰；用铁打农具，打出了斧子，打出了锄头，打出了刀子；用铜打成壶，用铜打成盆，打成了锣锅；""用具十二种，什物十二样，样样都有了。"① 这样，锄头、刀子、铜盆、锣锅，甚至是金银首饰、金锭银锭，各种农业生产所需要的工具就被制造出来了，农业生产也就有了发展的条件。

三 兴奠祭立典章——社会规范的起源

人类社会的运行需要一定的秩序，而社会秩序又需要相应的社会规范来维系。对此，彝族先民也有本民族的认识和理解，他们多以神话传说的方式来述说其思想，提出人类社会的运行需要一定的社会规范，并且认为社会规范也存在一个从无到有发生的过程，即有其起源或发生。

《阿赫希尼摩》以神话的方式，述说了彝族古代社会最重要的规范—祭奠的起源。它首先追述了人类没有兴祭奠时的凄凉景象："遥远古时候，世间的人类，父亲死去了，不为父发丧，不把父尸埋。母亲亡故了，不为娘发丧，不把娘尸葬。尸体丢野外，一片臭气熏，头发鸟做窝，白骨野兽啃；尸体的魂魄，到处吓唬人；尸体的邪气，去把人伤害。惨状不忍睹，惨景不忍瞧。"② 在彝族先民的思想观念中，遥远的古代，人们还不懂祭奠这种社会规范之时，对于死去的父母，不会安葬他们的尸体，先逝的父母的灵魂也不能妥善安置，结果是死者不得安宁，生者也受影响，人类社会的景象一片凄惨悲凉："不兴祭奠时，人死不瞑目，君臣丧了身，魂到阴府来，没有安身处；毕摩

---

① 楚雄彝族自治州人民政府编:《彝族毕摩经典译注》（第七十一卷查姆一），云南民族出版社 2010 年版，第 189—193 页。
② 云南省少数民族古籍整理出版规划办公室编:《彝族创世史·阿赫希尼摩》，云南民族出版社 1990 年版，第 104 页。

和庶民，亡魂到阴府，没有安居处。"① 在彝族人的传说中，认为人类不兴祭奠时，所有死了的人到了阴府都不得安宁：没有房子住，没有衣裳穿，没有饭吃，到处混乱不堪，阴君都无法管理。对于这种景象，应该怎么办？终于有一天，"有个大俄木，俄木细尌酌：母死不埋葬，人类不像人，与畜无区别，怎有此道理！俄木令臣仆：'聪明灵智者，招进京城来，要把祭奠兴，要把经书学'。"② 这里的俄木，应该就是最早意识到人类不能像牲畜一样，人死后必须举行祭奠仪式，必须把死去的父母妥善安置的人。由于认识到不兴祭奠的危害，他招了八位聪明人来学习祭奠的仪式，来读经诵典："学经要认真，学经要刻苦。""所有的经文，全部要学会。从今以后起，人死要埋葬，人亡要祭奠。"这八位聪明人学习的首要任务就是要学习经文，学习人死后如何埋葬的仪式、如何祭奠亡者的规矩等："祭奠的规矩，经中样样有，详细有规定：'舅家有人丧，吊丧要带牛；亲戚亡故了，吊丧带猪羊；家族有人故，吊丧带公鸡；丧者的女儿，吊丧带熟饭，还要带咯补，还要带糯粑。'"③ 当人类懂得人死后要举行祭奠仪式，祭奠要遵循相应的规矩，当人懂得祭奠亡者、祭奠需要遵循一定的规矩时，人类也就开始认识到社会运行必须要有一定的规矩，人在社会中生产生活必须遵循这些规矩。这里说的八位学经的聪明人，应该是彝族最早的神职人员——毕摩，他们学会了祭奠的经文仪式后，就专门去主持祭奠仪式，并在祭奠仪式上念诵经文，为死者的亡灵指路。当人类能够在毕摩的主持下妥善安葬死者、祭奠死者时，不仅死者能够得到安宁和幸福："现在兴祭奠，丧者的魂魄，归到阴府后，不愁吃穿住，愉快又安乐。"④ 而且现实的人类社会才会安宁，才能够有

---

① 云南省少数民族古籍整理出版规划办公室编：《彝族创世史·阿赫希尼摩》，云南民族出版社1990年版，第110页。
② 同上。
③ 同上书，第105页。
④ 同上书，第110页。

序运行:"侬恶突的儿,侬恶突的女,给父指路后,给母指路后,养牛牛兴旺,养羊羊发展,办理各种事,事事很如意,人丁也兴旺,发展到万千。"① 正因为兴祭奠、为亡灵指路,使亡者和生者都各得其所、各得所安,祭奠也就成为人们必须遵循的规矩、制度。彝族社会的基本规范也就从祭奠仪式中产生和形成了。

由丁文江收集整理的《爨文丛刻》中收录的《帝王世纪》,译者认为在人类的早期,没有文字、没有祭奠、没有礼仪,这种状况直到武老撮的时候才有改变:"承蒙上帝差下一祭司密阿叠者,他来兴奠祭、造文字、立典章、设律科,文化初开,礼仪始备。"② 这就明确的指出,在武老撮的时代,彝族人开始兴祭奠、创造出了文字、设立了相应的规章制度,彝族社会因此进入文明时代。在彝族社会的这一系列变迁发展中,密阿叠是一位非常重要的人物,他是彝文的创制者,也是彝族祭祀祭奠的开创者、社会礼仪的创制者。

《尼苏夺节》把文字、伦理的起源合而述之,认为文字的功能就是记载和传承伦理规范,当文字起源时,伦理规范也就相伴而生;之后,文字就被用于记载传承伦理规范。那么,彝族文字又是如何发生或起源的?这部文献认为:"在远古的时候,还没有文字,更没有理书。"③ 是创造文字的天神尼什搓仿照金花银花,与他从东西南北中请来的人共同创造了文字、再用文字编出了"理书":"东西南北中,加上尼什搓,一共是六个。走到花树下,一起来赏花。两眼仔细看,画笔手中拿。一千五金花,朵朵逗人爱。一朵一个样,照样画下来。……三千金银花,变成三千字。写在竹片上,编成六本书……白天写理书,夜晚读理书。"④ 在这部彝族文献中,虽

---

① 云南省少数民族古籍整理出版规划办公室编:《彝族创世史·阿赫希尼摩》,云南民族出版社1990年版,第111—112页。
② 丁文江编:《爨文丛刻》,贵州大学出版社2014年版,第47页。
③ 云南省少数民族古籍整理出版规划办公室编:《尼苏夺节》,云南民族出版社1985年版,第112页。
④ 同上书,第113—114页。

然认为是天神创造了文字,把创制文字的活动披上了神话的色彩,但是,透过这层神话的面纱,还是能够看到其背后的思想观念:文字的创制过程,是模仿自然事物——金花银花创制出来的,这似乎又暗合了文字创造的本来面目!天神创制的文字,又是如何被人们所知晓呢?这部文献进一步认为,是地上"善良的图纳"为人类寻找到能够记载道理的文字与书籍:"图纳出世后,小时没文字,长大不识字。长到十五岁,善良的图纳,朝思又暮想:活在人世间,要是无文字,祖宗不认识,道理更不知。书籍和文字,究竟在人间,还是天上有?我要去寻求。"① 图纳经历了漫长而又艰苦的寻求文字和理书的历程,最终为人们找到了文字和理书,此后,他又在东西南北各地教彝族先民识字读书传伦理的活动:"东天门下,有座尾努城。图纳在那里,教了三年书,传了三年理。"② 接着,他又不断转换地方,不停息的进行教书识文字、传伦理的活动,人类社会因此开始了知书达理、遵守规矩办事的有序发展过程:"图纳善良人,把文字伦理,传遍了京城。从此京城里,官臣和百姓,知书又襄理,官民大欢喜。执法照理办,兵强马又壮。是非能辨明,善恶分得清。……文字和伦理,起源是这样。"③ 人类识得了文字、懂得了道理规矩后,整个社会也就能够有序运行。

总之,伴随着彝族社会开始兴祭奠、立典章,也就意味着具有彝族特点的社会规范开始建立,人们开始有了需要遵循的规矩和制度;通过遵循这些制度和规范,彝族社会进而可以有序运行。

---

① 云南省少数民族古籍整理出版规划办公室编:《尼苏夺节》,云南民族出版社1985年版,第114页。
② 同上书,第125页。
③ 同上。

第二章 彝族古代社会演化发展思想

人类社会形成以后如何运行？人类社会的运行有没有规律？人类社会的运行趋势如何？这些问题，既是人类社会运行变化中的现实问题，也是彝族先民在反思人类共同生活及其问题时必须直面的问题。彝族先民在其社会历史发展过程中，通过对彝族社会生产与生活实践，特别是彝族社会运行和变迁发展等问题的认识与思考，形成了关于社会演化、社会进化、社会形态变迁等思想观念。在彝族的创世史诗、口碑文献、毕摩经典等文献中，有非常丰富的彝族先民关于人类社会从无到有演化、人类社会从低向高进化的思想观念；此外，彝族先民还有人类社会经历了从哎哺时代到君臣师三位一体社会变迁的思想观念。

第一节 社会演化思想

彝族古代社会演化思想，是彝族先民在探索、认识和反思人类社会从无到有发生的过程中形成的思想观念。他们认为，天地万物和人类在从无到有发生或起源的过程中，并不是一次性或一蹴而就形成的，而是要经历复杂、曲折甚至是反复的漫长过程或历程，进而提出"万物在动中生""万物在动中演变"、人类经历了从"独眼睛时代"到"直眼睛时代"再到"横眼睛时代"的变迁发展的思想观念。

第二章 彝族古代社会演化发展思想

一 万物在动中演变

在追溯天地万物和人类如何发生这一问题时，彝族先民向我们呈现出非常强烈的演化、变迁、发展的思想意识。他们认为，天地万物从无到有的产生就是事物不断演化发展的结果。《查姆》在叙述天地万物产生的过程中，明确提出万物在"动中生""动中变"的思想观念："万物在动中生，万物在动中演变。不动嘛不生，不生嘛不长，这就是天地的起始，这就是万物的来源。"[①] 这里所呈现出的万物在动中生、万物在生成的过程中不断演化的思想，在彝族思想中具有一定的典型性和代表性。

《查姆》不仅详细描述了雾露如何翻滚变化形成天地万物，而且认为天地间的所有事物，都是通过不断的运动变化形成的，即"万物在动中生"。它说，远古的时候没有地和天，"只有雾露一团团，只有雾露滚滚翻。雾露里有地，雾露里有天；时昏时暗多变幻，时清时浊年复年。""雾露飘渺太空间。雾露里有地，雾露里有天；雾露变气育万物，万物生长天地间。"[②] 正是雾露的不断变化、不断演化，最终才形成天地和万物，即"万物在动中生"。甚至雾露演化形成的大地本身也需要变化、变迁："大地造成了平原，大地并不美观。地面要有盆地，地面要有高山；既要有雨露滋润，又要有阳光送温暖；这样才能种粮食，人类才能生存发展。"[③] 这就表明，如果大地没有变化、没有多样性，就不适宜于人类生存和发展，即有各种地形地貌，才是最好、最适宜于人类生存发展的。即万物演化、变迁是必要的，具有必然性。

《梅葛》亦有非常丰富的关于天地产生过程中不断演化、变迁的

---

① 楚雄州文联编：《彝族史诗选·查姆卷》，云南人民出版社2001年版，第243页。
② 同上书，第233—237页。
③ 同上书，第239页。

思想。首先，它说天和地是由造天的五个儿子和造地的四个姑娘一天一天、一点一点造成的："耐耐心心来造地，勤勤恳恳来造地。一天一天过去，一点一滴造成。过了很久很久，五兄弟把天造好了，四姊妹把地造好了。"① 这种造天造地的过程，本身就是一个不断发生演化、变迁的过程。其次，由于造天的五个儿子偷懒贪玩，而造地的四个姑娘则心灵手巧又勤快，结果天造小了、地造大了，天地不相合，这种意外的变化怎么办？只有通过拉天缩地这一主动的改变来解决此问题："地做大了，有人会缩；天做小了，有人会拉。地缩小，天拉大，天就能盖地啦！"② 这种把天拉大、把地缩小的活动，实则就是天地本身的演化或变迁，只不过彝族先民是用神话的形式、曲折地表达了天地演化变迁的思想。通过把天拉大，结果天的形状就是"大又凹"，而地则是要缩小，地缩小后，"地面分出了高低，地边还箍得不齐。放三对蚂蚁咬地边，把地边咬得整整齐齐。放三对野猪来拱地，放三对大象来拱地，拱了七十七昼夜，有了山来有了箐，有了平坝有了河。天拉大了，地缩小了，这样合适啦，天地相合啦。"③ 这些描写，充满了想象甚至是神话色彩，但透过其夸张、虚构的部分，我们还是能够深刻地感受到彝族先民试图认识天地本身的演化或变化；这些神话传说，是以想象、具象的方式曲折呈现出彝族先民对于沧海桑田的认识、对于天地万物演化发展的认识。

《阿细的先基》则是特别详细地阐述了人在形成、起源的过程中所经历的一系列演化与变迁。它先描述男神阿热和女神阿咪用白泥和黄泥做出女人和男人，随后就是他们所造的"人"一天天的变化："一天看一次，一天变一次；两天看两次，两天变两次；一天一天地

---

① 楚雄州文联编：《彝族史诗选·梅葛卷》，云南人民出版社2001年版，第6—7页。
② 楚雄州文联编：《彝族创世史·梅葛卷》，云南人民出版社2001年版，第8页。
③ 同上书，第8—9页。

第二章 彝族古代社会演化发展思想

看，一天一天地变。看到十二天的时候，泥人嘴里有气了，只是不会动，还不会说话。"① 神用泥做出的人，不会说话不会动，需要一天一天地演化、变化后，才能一点一点具有人的生命属性，并最终演化形成为能动、会说话的人。这就非常明确地表达了人本身需要不断演化发展的思想。

贵州彝族文献则是通过清气、浊气的变化形成万物的层面，呈现他们关于社会演化、变迁的必然性的思想观念。《西南彝志》（原名《哎哺啥额》）的核心思想就是啥额（清气与浊气）不断发展变化，产生哎哺，哎哺不断发展变化，最终形成天地和万物，并产生人类，即天地万物和人类的产生本身就是气演化、变化的结果。哎哺的内涵比较丰富，有影形之意，又是卦爻名称，还表示天地、乾坤、阴阳等，也是彝族的氏族名称。《西南彝志》开篇就写道："上古天未形成，哎哺还未产生，先有啥额。啥出青油油，额出红彤彤，青变黑黝黝，红变明朗朗。"② 清气、浊气的演化、变化是事物形成的起点。"哎阳与哺阴，起了变化，产生银晃晃的哎，产生金灿灿的哺。哎哺又结合，产生十五层哎，像苍天顶样，努娄则来管理。天空出现这些后，又起了变化，黄哎现日形，日形月象生。"③ 不仅啥额处于不断的变化中，哎哺也是不断变化，正是通过啥额哎哺的不断变化，天地万物才从无到有产生。"阴阳交合变化，遍及大地，东西方出美哎，"④ 这里进一步表明，阴阳交合变化是遍及大地的，具有普遍性的。应该说，阴阳交合变化产生天地万物，就是《西南彝志》的核心思想观念。

---

① 云南省民族民间文学红河调查队：《阿细的先基》，云南人民出版社1959年版，第36页。
② 王运权等编译修订：《西南彝志》第一、二卷，贵州民族出版社2004年版，第7—8页。
③ 同上书，第9—10页。
④ 同上书，第20页。

二 人类从独眼睛时代到横眼睛时代演化

彝族先民不仅认为天地万物在产生过程中是不断演化的，而且认为人类本身也是经过不断的演化发展才最终形成。在云南地区广泛流传的人类的演化发展经历了独眼睛时代→直眼睛时代→横眼睛时代的神话故事较有代表性或典型性。云南地区的创世史诗《查姆》《阿赫希尼摩》《洪水泛滥》等，都较为一致地描述了人类的形成经历了独眼睛时代→直眼睛时代→横眼睛时代等历程。这类神话故事或传说通过人类眼睛的变化，表明彝族先民持有人类的产生和形成经历漫长的演化发展过程的思想观念。

（一）独眼睛时代

彝族先民认为，最早产生的人是独眼睛人，与此对应的"人类社会"就是"独眼睛时代"："远古的时候，蓝天白云下，广袤大地上，诞生一代人。这一代人嘛，只有一只眼，生在脑门上。我们彝家人，称他独眼人。"[①] 独眼人是最早产生的似人但还没有形成真正的人，是人形成的起点，因此彝族先民也把他们称之为第一代人。"猴子渐演变，变成了人样。猴子指依若，先把人来变，变成独眼人。阿赫希尼摩，看看独眼人，独手又独脚。只长一只眼，无法认道路；只有一只脚，没法把路走，只有一只手，没法把活做。"[②] 即最早的第一代人是由猴子演变而来，但却是独眼人，这代人只有一只眼睛、一只手、一只脚，第一代独眼人不仅生理结构上还未成为真正的人，而且也没有办法开展属于人类的很多活动，因此还不是真正意义上的人，真正的人此时还未形成，人在形成的道路上还需要进一步演化和发展。

[①] 楚雄彝族自治州人民政府编：《彝族毕摩经典译注》（第七十一卷查姆一），云南民族出版社2010年版，第58页。

[②] 云南省少数民族古籍整理出版规划办公室编：《彝族创世史·阿赫希尼摩》，云南民族出版社1990年版，第16—17页。

第二章　彝族古代社会演化发展思想

第一代人是独眼睛人，独眼睛人是由猴子演变而成的思想，并不是《阿赫希尼摩》独有的思想，在《查姆》中也有类似的看法："以前独眼人，独眼这一朝，人像猴子样，满地是猴子，是猴子变的。那一个朝代，物种还没有，粮食还没有，粟米还没有。牛羊还没有，猪鸡还没有，火种还没有，人都吃生食。"① 第一代独眼人是由猴子演变而来的，这个时代，很多社会生活生产现象，如种植、畜牧等，都还未曾产生，"人"还不会使用火，真正的人还没有形成。在《洪水泛滥》文献中，也有关于独眼人的记载，只是记载较简略，其主要是说明独眼人没法在天地间生存发展下去，最终被神灵用干旱晒死了。

贵州地区的彝族文献也有用人的眼睛等来形象描绘人的演化过程的思想，它所要表达的也是关于人类的形成和产生不是一蹴而就的，而是经过不断演化发展才最终形成的思想。《物始纪略》中的"野人的根源"，讲述了很古老的时候，野人产生，"野人长独脚，一母生多少，一母生十子，生来不会走。"② 这里没有独眼人的描述，却出现了独脚野人的描述，即此时的人还只是所谓的野人，真正的人还没有最终形成。抛开上述区别，我们还是能够看到云南和贵州两地的彝族，在关于人的产生和形成方面颇为一致的地方：都认为人不是一次性就形成的，第一代独眼睛人或独脚人还不是真正的人，真正的人尚需要经历漫长的演化和发展。

（二）直眼睛时代

在云南地区流传的彝族史诗中，人的演化发展过程中经历的第二代人为直眼睛人或竖眼人，与此相对应的时期被称为"直眼睛时代"或"竖眼人时代"，这是人类演化发展过程中的第二阶段，或第二个"时代"、第二个时期。

---

① 楚雄彝族自治州人民政府编：《彝族毕摩经典译注》（第七十一卷查姆一），云南民族出版社2010年版，第58页。

② 贵州省毕节地区民族事务委员会编：《物始纪略》第一集，四川民族出版社1990年版，第19页。

彝族古代社会思想研究

　　《查姆》中所描述的"直眼睛人"是这样的："那一个时候，有那么一朝，那朝代的人，生有两只眼，两眼直直生，生在脑门上，我们彝家人，称他直眼查。直眼的起源，溯源作一查。"① 从眼睛的形态看，这一时期的"人"，已经生有两只眼睛了，但却是直着生的，彝族先民们把他称之为"直眼睛人"。应该说，从人的生理构造本身看，此时人类也有了进步或变化：从独眼睛或一只眼睛变成了两只眼睛，从眼睛的形态看，此时的人已比较接近真正的人，但还不是真正的人，还需要进一步的演化和发展，才能形成真正的人。在这个时代，"世间住满人，人走若蚂蚁，人坐如蜂蛹，世间住不下，直眼天天增，大地天天窄。"② 此时，不仅仅是人的外在形态有问题，更重要的是直眼人增长太快，超过了大地能够容纳的限度，这个问题如何解决呢？之后，天地发洪水，灭绝了这代人。

　　《阿赫希尼摩》把人类演化的第二阶段称之为"竖眼人时代"。这里的竖眼人应该就是《查姆》所说的直眼人，不过是翻译时用了不同的词语，或者是不同地区的彝族人的不同表达。《阿赫希尼摩》描写道："竖眼人时代，没有年和月，没有日和时，有昼无黑夜，日子无长短。竖眼那朝人，劳作在山间，做活疲惫了，就在山间睡；劳作在山箐，身体劳累了，就在箐里眠；劳作在林间，干活疲累了，就在林间歇。人在山里睡，藤条爬身躯。"③ 这里较为全面地描述了"竖眼人时代"的生活景况：竖眼人还没有能力区分年月日时，即还没有形成时间观念，也没有学会盖房子，而是风餐露宿，此时的社会生产还比较落后，生活也充满艰辛，人类还未进入文明时代。"那朝竖眼人，道路看不见，四肢爬地行。人与人之间，只闻对方音，不见

---

① 楚雄彝族自治州人民政府编：《彝族毕摩经典译注》（第七十一卷查姆一），云南民族出版社2010年版，第115页。
② 同上。
③ 云南省少数民族古籍整理出版规划办公室编：《彝族创世史·阿赫希尼摩》，云南民族出版社1990年版，第17—18页。

对方面。居处摸不着，住处也不知。"① 此时的"人"，在彝族先民看来，究竟是一种什么样的存在？似乎是人类还没有直立行走，还用四肢在地上爬行，还没有形成统一的语言，人与人之间是孤立的，没有形成人与人的交往，也没有固定的居所，这时的"人"，与真正意义上的人还有较大距离。

贵州地区的《物始纪略》有关于"顶目人"的描述："先顶目人时代，后横目人时代。"②，这里虽然没有用"直眼人"或"竖眼人"，但"顶目人"比较类似于云南地区彝族创世史诗所说的"直眼人"或"竖眼人"。

虽然在《物始纪略》里，与人类演化有关的描写只有上述两行五言诗，但它却告诉我们，用人的眼睛的不同形象表征人的不同演化阶段，不是云南地区的彝族特有的思想观念，而是彝族先民中普遍持有的思想观念，也是分布于不同地区的彝族先民，在思想观念方面有着共性、一致性的表现。

（三）横眼睛时代

云南、贵州两地的创世史诗都把人类演化进程中的第三阶段称之为"横眼睛时代"或"横目人时代"。在这一阶段，从人的生理结构看，人的眼睛由直眼睛变成了横眼睛，更为关键的是，人类社会所应该具有并遵循的理与德最终形成，至此阶段人才算真正形成，这也意味着人类社会最终形成。

《查姆》把人类演化发展的第三阶段称之为"横眼睛时代"，这是洪水泛滥后形成的新时期的人："笃慕横眼人，人种没有绝，地上有人烟，世间横眼人，阿普独慕始，现在这朝人，都是笃慕裔。"③

---

① 云南省少数民族古籍整理出版规划办公室编：《彝族创世史·阿赫希尼摩》，云南民族出版社1990年版，第20页。

② 贵州省毕节地区民族事务委员会编：《物始纪略》第一集，四川民族出版社1990年版，第122页。

③ 楚雄彝族自治州人民政府编：《彝族毕摩经典译注》（第七十一卷查姆一），云南民族出版社2010年版，第158页。

彝族古代社会思想研究

在洪水泛滥时躲在葫芦里的笃慕，与仙女成婚生出了横眼睛人，此时，真正的人类才形成，即人从无到有演化发展的历程终于走完，人最终形成了，笃慕成为彝族人的共同的祖先，以笃慕为祖先的彝族社会也形成了。同时，随着横眼睛人的出现，人类社会也产生了各种伦理道德和祭祀活动："横眼这代人，有理就依理，有规就循规，有畜就祭神，有粮就祭神，有粮就请客。"① 不仅人最终形成，而且保障社会能够有序运行的各种规矩也具备了，人们也懂得遵循各种规矩，人类此时也形成了关于神灵的思想观念，且开始举行祭神的活动，这意味着原始宗教开始产生。

在《彝族物源神话》中，认为人类社会的第一个横眼睛人就是彝族的始祖阿普笃慕，并由他开始把横眼人代代生息繁衍下去："那个横眼人，叫阿普笃慕，是个种田人。"② "笃慕的时代，横眼睛人时代，横眼传后代，人烟代代繁。"③ 这就比较明确地指出，由笃慕开始的横眼睛人，一代一代生息繁衍、代代相传直到今天，即当今的人类正是由笃慕为始祖的这一代横眼睛人繁衍而来的。

《阿赫希尼摩》对于人类演化发展的第三阶段的描述，和《查姆》基本一致：认为在洪水泛滥之后，人类的演化进入到第三个时期，即"横眼睛时代"，横眼睛人才是繁衍发展到今天的真正意义上的人。为什么这代人才是真正的人？核心的原因是这代人不仅外形演化成为了真正的人——成为横眼睛人，而且懂得了理和德，能够遵循各种理和德行为处事。《阿赫希尼摩》是这样描写"横眼睛人"和"横眼睛时代"的："洪水泛滥前，人是竖眼人，洪水泛滥后，变成横眼人。那朝横眼人，理德样样知，年岁和月份，日子和时辰，样样分吉凶。"

---

① 楚雄彝族自治州人民政府编：《彝族毕摩经典译注》（第七十一卷查姆一），云南民族出版社2010年版，第158页。
② 楚雄彝族自治州人民政府编：《彝族毕摩经典译注》（第四十七卷彝族物源神话），云南民族出版社2009年版，第56页。
③ 同上书，第58页。

第二章　彝族古代社会演化发展思想

"理德似蛛丝，牛车拉不断，那朝横眼人，样样照理办，事事按德行。"①到了横眼睛时代，横眼睛人已经有了分年月、定时辰的知识或能力，而且能够分出吉与凶，即有了相当的知识和智慧，特别是天文知识；还有了关于理与德的认识，能够区分善与恶，能够按理与德为人处事，这样，社会的有序运行就有了前提和保障。

《物始纪略》对于从眼睛变化的视角来认识和分析人类社会的演化历程有简略的描写："先项目人时代，后横目人时代。横目人会说话，人们在活动。"②在明确人类演化确实是经历了从项目人到横目人的演化发展后，这里只简略地描述了横目人会说话，横目人在活动，但横目人在做什么活动，这些活动对于人类而言意味着什么等问题，这里并没有进一步的解释和说明。根据这些描述，我们只能知道在他们的记忆或想象中，也呈现了用眼睛的神话来解释或说明人类演化所经历的生理构造或者眼睛形态的演化或变迁，但对为什么会产生这样的演化或变迁没有进一步说明，也没有进一步说明"项目人时代"和"横目人时代"，除了眼睛的演化或变迁外，究竟还有什么不同或区别？

《阿细的先基》则把人类演化发展的历程划分为四代或四个阶段：男神和女神用泥做出男人和女人是人类演化发展的第一阶段，阿细先民把这代人称之为"蚂蚁瞎子这代人，就这样造出来了。"③这是传说中最早的一代人，眼睛像蚂蚁一样，看不见、看不远。这代人被晒死了，接着出现第二代人"蚂蚱直眼睛代"，后面又历经蟋蟀横眼睛代、筷子横眼睛代。筷子横眼睛代是第四代人，也是在此基础上繁衍发展出了我们所认为的真正的人类。

---

① 云南省少数民族古籍整理出版规划办公室编：《彝族创世史·阿赫希尼摩》，云南民族出版社1990年版，第59—60页。
② 贵州省毕节地区民族事务委员会编：《物始纪略》第一集，四川民族出版社1990年版，第122页。
③ 云南省民族民间文学红河调查队：《阿细的先基》，云南人民出版社1959年版，第37页。

总之，彝族先民用眼睛的演化与变迁来形象地表现和解释人类从无到有演化过程中所经历的复杂、曲折的过程。从这些描述中，我们可以看到，彝族先民认为只有到了横眼睛时代，形成了横眼睛人，人们懂得了遵循理和德行事，此时，人类的演化形成过程才基本完成，也意味着人类社会真正形成。

三 理和德是人类社会演化的根据

人在从无到有产生和形成的过程中，要经历多次的曲折、反复甚至是毁灭，人才能最终产生，人类社会同时形成，这是彝族较典型和突出的思想观念。那么，人为什么要经历这些曲折、反复，乃至毁灭才能最终形成呢？彝族先民认为，当人没有认识到理和德、没有认识到人应该遵循理与德时，人就会不断遇到各种灾难或打击，直到人认识到理和德、并能根据理和德行为处事时，人才最终形成，人类社会一再遭遇的挫折甚至毁灭也才会停止。由此可以看到，在彝族先民的思想意识中，理和德是人之为人的根据，亦是人类社会不断演化发展的根据。

《阿赫希尼摩》在叙述竖眼人时代的生活景象时，这样写道："人间乱如麻，天下不安宁，大人欺小孩，小孩骗大人。杀猪不祭祖，杀鸡不献神。不把青香烧，也不把烛点。道理全不要，礼节都丢光。"① 由于竖眼人不讲理和德、把礼节都丢光，也不知祭祀祖先和神灵，也没有长幼之分，所以整个人类社会没有秩序、不得安宁，一片混乱。在彝族先民看来，这是要遭到报应或毁灭的！因为："理似蜘蛛丝，牛车拉不断，怎能不讲理，不可不要德。那代竖眼人，不要理和德，怪事频繁生。"② 在这里，彝族先民虽然没有明确地表达出

---

① 云南省少数民族古籍整理出版规划办公室编：《彝族创世史·阿赫希尼摩》，云南民族出版社 1990 年版，第 18 页。
② 同上书，第 19 页。

理和德是维护人类社会有序运行的保障或基础，但他们确实认识到了理与德之于人类社会的重要性，认识到如果没有理和德，人和动物没有区别，人的行为没有规矩，社会都是混乱无序的！神灵看到不讲理和德的竖眼人时代的混乱无序景象，决定把这代人毁灭："天君奢俄木，开口把令宣：'这代竖眼人，不要理和德，天神俄达得，下凡到人间，惩罚竖眼人！'"① 于是，天神俄达得，带着绿、红、黄、黑、白等颜色的锁，把三十六层天给锁起来了，以此惩罚不懂理和德的那代竖眼人！之后，让竖眼人经受洪水泛滥而最终毁灭。竖眼人因不懂理和德而遭受毁灭之灾后，产生了横眼睛人，人类社会亦进入到横眼睛时代，至此，人才最终形成，人类社会曾遇到的毁灭也才告一段落。这一变化是因为什么呢？彝族先民认为，这是因为横眼睛人终于懂得了理和德："洪水泛滥前，人是竖眼人，洪水泛滥后，变成横眼人。那朝横眼人，理德样样知，年岁和月份，日子和时辰，样样分吉凶。到了正月里，杀鸡来祭龙。初一把香烧，十五换洁水。到了六月份，杀牛敬天地；到了腊月份，杀猪献祖宗。""理德似蛛丝，牛车拉不断，那朝横眼人，样样照理办，事事按德行。"② 竖眼人与横眼人、竖眼睛时代与横眼睛时代最根本的区别就在于是否懂得理与德、是否按理与德行为处事。竖眼人因为不懂理与德，其命运和结局就是遭到毁灭，竖眼睛时代因此而终结！而横眼人因为懂得了理与德，事事都能够遵循理和德，能够在不同的时间祭祀不同的神灵，能够较好处理人与神的关系，因此横眼人能够不断生息繁衍、发展，横眼睛时代的人类社会也才能够存续、变迁和发展。

把理和德作为人、人类社会演化的根据或原因的思想，在彝族大多数创世史诗或神话故事中都有不同程度的反映和体现。《彝族物源

---

① 云南省少数民族古籍整理出版规划办公室编：《彝族创世史·阿赫希尼摩》，云南民族出版社1990年版，第19页。
② 同上书，第59—60页。

神话》对此也有较类似且详细的叙述："天神策更兹,地神黑朵方,看到独眼人,不分年头尾,不分月头尾,辨不明方向,分不清里外,世上无道理,人间无常纲,道理说不清,白天不下地,晚上无伦理,人间无章法,粮熟无人收,儿子不认父,女儿不知娘,家族也不分,乱纪又乱纲,世上乱哄哄,独眼这代人,事情就这样。"① 这里所描述的独眼人时代,不仅仅是人的形象与我们现在的人有巨大差别,而且人的知识和能力、社会运行等方面也有较大差异,主要表现在人们没有年月、方位等知识,不认识自然、社会的规律或道理,也没有伦理、规矩,整个人类社会没有制度、没有规范、没有道德,于是出现社会无序运行的状态,即"世上乱哄哄"。此时的人类,本质上和牲畜是没有区别的,或者说还没有完全从一般的动物中脱离出来:"独眼人时代,世间没道理,人畜难分清,日月也不明。"② 彝族先民认识到这些社会问题不解决,人的存在是不可持续的,人类社会是不可能向前发展的。那么,如何解决这些问题呢？在这个神话故事中,依然是通过神灵发现人世间的问题、再通过神灵对人间采取的毁灭性措施或手段来解决这个问题:"天龙龙阿玛,水龙龙塔纪,心里想一想:独眼这一代,养畜不作祭,有粮不待客,伦理也不讲,冒犯天和地,要来治一治,要换这代人。"③ 如何换掉这代不懂理和德的独眼人呢？天神首先是去找"好心人",但在独眼人中没有找到一个"好心人",而是找到一个直眼人是好心人,于是,天神用干旱晒死了独眼人而留下了直眼人:"天上的玉皇,想好了主意,十个大太阳,全都叫出来,一起晒大地,地上独眼人,全都被晒死,世上的万物,全都被晒死,只有直眼人,独剩他一人,独眼这代人,从此被灭绝。"④ 独眼人被

---

① 楚雄彝族自治州人民政府编:《彝族毕摩经典译注》(第四十七卷彝族物源神话),云南民族出版社2009年版,第17页。
② 同上书,第31页。
③ 同上书,第31—32页。
④ 同上书,第33页。

第二章　彝族古代社会演化发展思想

十个太阳晒灭绝了，独眼人时代就此结束，迎来了直眼人时代。但是，直眼人时代依然是没有理和德："直眼人时代，也是不讲理，十五不烧香，初一不拜神，不孝敬父母，不养育子女。父母死了后，放在山头上，白天乌鸦啄，晚上野兽吃，坟墓也没有，实在太缺德。"①天神没想到，虽然找到了一个好心的直眼人，留下他传人种，人类从此进入直眼睛时代。但是，直眼睛人时代并没有因此懂得了理和德，而是依然不懂理和德，怎么办？神灵只能再次毁灭人类，这次使用的方法是洪水灭绝直眼人："直眼不讲理，直眼心不好，天神换人种。"②天神并不想就此把人类灭绝，而是要换掉心不好的直眼人，于是他派出神灵去寻找好心人，找到了一个好心的横眼人阿普笃慕，在洪水泛滥后，人类只留下了好心人阿普笃慕，由他传人种，从此人类社会进入横眼人时代，阿普笃慕也就成为横眼人的始祖："笃慕的时代，横眼人时代，横眼传后代。人烟代代繁。"③到了横眼人时代，不仅人的外在形象演化成为真正的人，更重要的是人类懂得了理和德，懂得了祭祀敬献，不仅能处理好人与人的关系，也能按规矩处理好人与神的关系，于是，社会能够有序而稳定地运行，人类社会也终于结束了不断毁灭的历史。

彝族地区普遍流传的洪水神话故事，其主旨就是阐明理和德是人、人类社会不断演化发展的根据的思想观念。楚雄地区流传的洪水神话故事说："独眼的儿子，吃食不祭神，净水不供佛，佛前不烧香，饭前不祈祷，酒前不磕头，见小不作揖，独眼不礼貌，道理也不讲。"④即由于没有理和德，独眼人就不懂得如何处理人与神、人与人的关系，独眼人既不讲礼貌也不懂道理，所以，天神就用干旱晒死

---

①　楚雄彝族自治州人民政府编：《彝族毕摩经典译注》（第四十七卷彝族物源神话），云南民族出版社2009年版，第55页。

②　同上书，第57页。

③　同上书，第58页。

④　云南省少数民族古籍整理出版规划办公室编：《洪水泛滥》，云南民族出版社1987年版，第1页。

了独眼人，世间万物因此被晒死：“独眼睛时代，遭这场干旱……独眼这代死，竖眼这代生。”① 但是，竖眼人也和独眼人一样不讲理和德：“竖眼的时代，有礼不讲礼，初一不献祭，十五不烧香，大小也不分。”② 因此，竖眼人因为不懂伦理道德，也遭受了洪水泛滥被彻底毁灭了，只剩下阿普笃慕一个好心人：“地上的人类，几乎都死光，唯有老祖先，阿普笃慕剩。”③ 阿普笃慕从神灵那里学到了知识和道理：“天上星主来，所有书带来，送给笃慕读，阿普笃慕啊，天天看圣书，日日学道理。”"读了圣书后，知道分季节，月有大和小，日有长和短。文字与文章，伦理与道德，始于笃慕代。"④ 这里就借神灵之口，说明了笃慕时代有了伦理、道德，区分年月日时的知识，同时表明此时彝族古代文字、伦理和道德都开始产生和形成。随着文字的出现，彝族社会由此迎来文明时代。

  总之，通过梳理和分析彝族先民关于人的演化发展思想，会发现在彝族先民的思想意识中，伦理道德是人类社会演化发展的决定性的因素和力量，人能不能成为真正的人、人类能不能生息繁衍、人类社会能不能延续发展，不取决于其他因素，只取决于人类有没有理和德、人们懂不懂理和德、人们是否能够依循理和德行为处事。由此，我们看到或体会到伦理道德在彝族的思想观念中，具有决定性的作用，它决定着人类的生死存亡，决定着人类社会的产生与存续、稳定和秩序。当且仅当有了理和德时，人才能形成为真正的人，人类社会稳定有序的运行发展才有保障。即彝族先民把理和德看作是人之为人的根据，看作是人类社会能够有序、稳定运行的根本。

---

  ① 云南省少数民族古籍整理出版规划办公室编：《洪水泛滥》，云南民族出版社1987年版，第2页。
  ② 同上。
  ③ 同上书，第12页。
  ④ 同上书，第15—16页。

第二节 社会进化思想

人类社会运行和变迁的路向与趋势问题,是彝族古代社会思想关注并探索的重要问题。在彝族众多的文献中,都比较一致地表达出彝族先民在此问题上所持有的进化论的思想观念,即认为人类社会运行和变迁的基本路向与趋势是不断由低级向高级、由简单向复杂发展,其结果就是人类社会的不断进步和发展。这种社会进化思想正是彝族先民对人类社会正向的变迁发展的认识或反思形成的思想或观念。彝族文献中表达了多种多样的关于社会进化的思想观念,其中较有典型性、代表性的思想就是认为人类社会的早期经历了从天地不分到天地相分、从兄妹结亲到男娶女嫁、从居树林食野果到盖房子种庄稼等方面的进化发展。

一 从天地不分到天地相分

彝族先民的社会进化思想,首先表现在他们对宇宙天地变化发展的认识,以及伴随着对天文地理由不知到知、进而形成彝族特有的天文历法方面。对于宇宙天地,彝族先民不仅认为它们不是从来就有的,而且认为宇宙天地本身也是不断变迁发展的,进而认为天地是有不同方位、其运行发展是有规律的,人类对这种规律的认识和把握,即是学会定年界和月界、区分年月日,彝族的天文历法正是对天地运行规律的认识和把握的反映,也是彝族特有的时间、空间观念的反映。

《阿赫希尼摩》在"天地开始分"中,认为在最早的时候天地是不分的:"苍天和大地,太阳和月亮,天神和人类,若是不分开,宇宙要大乱,不会有安宁。比古和盘古,去把天地分。"[1] 从这段描述

---

[1] 云南省少数民族古籍整理出版规划办公室编:《彝族创世史·阿赫希尼摩》,云南民族出版社1990年版,第23页。

中,可以看到彝族先民对于天地运行变化的思想观念:他们认为,人类曾经历了一段天地不分、人神不分的时期,但这导致了宇宙大乱,人神都不得安宁,或者说,在彝族先民的思想意识中天地不分是不好的,社会运行没有秩序是不行的。因此,天君让比古和盘古去把天地分开:"天地和日月,彩霞和云雾,风雨和星星,各自都分开。分天到高空,周围空旷旷,悬在半空中,分地与天别,地在天空下;太阳和月亮,分到太空里;星星也分出,分到日月间;分云到半空,分雾到山头,云雾在缭绕,分出彩霞来,让他在东方;光泽也分出,照耀宇宙间。"① 这或许是彝族先民较早形成的关于宇宙天地的变化的思想,也可能是他们早期试图认识和揭示宇宙天地运行变化的规律?或是彝族先民早期对宇宙空间、方位的认识,抑或是他们所形成的较早的天文地理知识?天地相分的思想是不是彝族先民进一步形成有关年月等历法知识的前提和基础?因为《阿赫希尼摩》接下来就叙述了如何分年月日的思想:"未定历法时,没有年和月,没有日和时,昼夜也不分。"② 这里所说的未定历法时,应该就是指彝族先民还没有掌握日月运行的规律,没有关于时间的认识和思想观念,即是人本身没有认识到日月运行的规律,还没有天文知识,亦不可能有历法。但彝族先民却是通过神话故事的形式,说明并不是人类没有关于年月日的天文知识,而是太阳、月亮被遮挡住了:"月亮正中心,长着两棵树,一棵是青柏,一棵是黑柏。黑柏那一棵,长得特别快,树梢长得高,树梢顶太阳。树杈一枝枝,蔓延到四方,叶子更茂盛,遮住日和月。大地黑漆漆,看不见阳光,望不见明月,"③ 太阳月亮被遮住了,没有年月日,该怎么办?最终是天君派出了叽依去砍黑柏树,依据青柏树来定历法:"叽依奢则神,喊来了铁旨,喊来了白热,又喊来了

---

① 云南省少数民族古籍整理出版规划办公室编:《彝族创世史·阿赫希尼摩》,云南民族出版社1990年版,第23页。

② 同上书,第25页。

③ 同上。

彻希，来到青柏旁，来把历法定。定下年和月，定下日和时，写下万年历。规定昼和夜，日子分长短。那棵青柏树，根有十二条，年份照根定，一轮十二年；枝有十二杈，月份照枝定，一年十二月；干有十二节，日子照节定，一轮十二日；那棵青柏树，还通十二洞，时辰照洞定，一日十二时；叶子三百六，日子照叶定，三百六十天，定作为一年。年分好和坏，月份分凶吉，日子分好坏，时辰分凶吉。"① 历法就这样由叽依根据那棵青柏树的构造定出来了，从此，彝族先民有了年月日时，有了历法；根据历法，彝族先民又区分出年月日时的吉凶好坏，以此指导他们的生产和生活。虽然这里是用神话故事讲述彝族历法，但它也折射出彝族先民是在观察、模仿自然事物的过程中逐渐确定历法的，而且历法的确定也是曲折复杂的。

在其他一些彝族创世史诗中，也有关于把天地分开、区分东西南北方位、呼唤日月等思想。如《居次勒俄》就描写了造出的天地如何使他们发生改变的情况："碰高山就劈，遇深谷便锤，一处锤成山，作为牧羊山；一山劈成坝，作为斗牛场；一山造平原，来做稻谷田；一山锤成坡，来做苦荞地；一山打成沟，来做流水沟；"② 如果抛开这是天神派遣其他神灵造天造地的过程的话，可以看到这应该是大自然所经历的沧海桑田的景象，即大自然本身的变迁和演化！《居次勒俄》接着就描述"呼六日七月"："圣人迪尼啊，派格阿乃苦，呼叫日月挂天上……唤了九天整，出来七月亮，唤了九夜整，出来六太阳。"③ 呼唤出六日七月有些夸张，但应该是彝族先民对于日月的认识的一种直观反映，从中也可看出他们体会到或认识到天地日月本身也是处于不断变迁的过程中的，而且是向适合人类生产生活所需要的方向进行变迁发展的。

---

① 云南省少数民族古籍整理出版规划办公室编：《彝族创世史·阿赫希尼摩》，云南民族出版社1990年版，第28页。
② 果吉·树华等收集整理：《居次勒俄》，云南民族出版社1993年版，第12—13页。
③ 同上书，第17—18页。

《阿细的先基》则直接叙述了彝族先民根据日月运行情况来分年月的思想："天上有太阳，白天亮堂堂；天上有月亮，晚上明亮亮；天上有云彩，云彩明晃晃的；天上有星星，星星亮晶晶的。有太阳的是白天，有月亮和星星的是夜晚，白天和夜晚，凑起来是一天。三十天叫作一个月，十二个月叫做一年，那长长的一年啊，有三百六十天。筷子横眼睛这代人，就是这样分年月。"① 通过观察日月运行规律，彝族先民掌握了白天和夜晚的区别，区分了白天与黑夜，而且还界定了年月日，即分年月日。为什么要分年月日？分了年月日有什么意义？《阿细的先基》也给出了答案："年月分清楚了，庄稼就能盘了。"原来区分年月日正是为了盘田种庄稼！

《物始纪略》以其特有的方式叙述了天地本身的变迁："很古的时候，在那个时候，没有日和月，天空没有形，大地没有影，天空阴惨惨，大地黑沉沉。在那时间里，神仙常聚议，在空中变化，有的变白云，有的变星星，有的变太阳，有的变月亮，宇宙变光明，光明照山野。太阳和月亮，它就是仙根，它成为神仙，世上没有它，万物长不成，有了日和月，世上有生灵"②。在彝族先民的思想意识中，太阳和月亮不是与天和地同时产生的，但天空和大地却离不开日和月，特别是万物生长离不开日和月；随着天地的运行变迁，宇宙最终产生了日和月，这不仅给宇宙带来光明，而且也为万物生长创造了条件。

彝族先民正是在试图认识和把握天地运行规律的过程中，不仅认识到天地等自然现象本身是发展变化的，同时在掌握天文地理知识、认识和把握日月运行规律的基础上，最终产生了彝族比较发达的天文历法知识，这些知识又指导着彝族先民的农业生产和社会生活的运行发展。

---

① 云南省民族民间文学红河调查队：《阿细的先基》，云南人民出版社1959年版，第62—63页。

② 贵州省毕节地区民族事务委员会编：《物始纪略》，四川民族出版社1990年版，第5—6页。

二 从男不知娶女不知嫁到男娶女嫁

对于人类社会特有的婚配或婚姻形式，彝族先民也有他们的认识和理解：首先，他们认为男女婚配组成家庭是人类的必然选择，通过男女婚配传人种是婚姻的基本功能，即男女婚配的主要目的就是实现人类的世代繁衍；其次，他们认为人类的婚姻和婚姻形式经历了男不知娶女不知嫁到男娶女嫁的发展历程，其中又经历了人神相配或者兄妹结亲的血缘婚配形式，后来再经由男不知娶女不知嫁、女娶男嫁到男娶女嫁的变迁发展，即人类的婚姻形式本身也是随着社会的发展变迁而不断变化发展的，关于婚姻和婚姻形式是不断发展变化的思想观念是彝族古代社会进化思想的重要内容。

（一）人神相配

对于人类的婚姻形式，彝族地区广为流传的洪水泛滥神话故事，有"人神相配"的传说，其核心思想是彝族或者人类的祖先阿普笃慕（或译为笃米、都阿木等）与神之女儿成婚并生儿育女，使彝族和人类得以繁衍生息，人类社会得以继续运行发展。人神相配的具体细节则因流传地区不同而有差异。

《阿赫希尼摩》中的"洪水泛滥"篇是这样描述的：由于那朝竖眼人不懂伦理和道德，所以天神就用洪水泛滥毁灭了竖眼人，只留下好心的都阿木："人种剩一个，就是都阿木。阿普都阿木，东南西北方，到处去寻找，处处找伙伴。百日的路程，不闻狗叫声；千日路途内，不闻鸡啼鸣，不闻人声音……吃的也没有，火种全熄灭，无处把身安。树叶当早饭，树果当午饭，树皮当晚餐。阿普都阿木，号啕在悲伤。"[①] 就是说，在洪水泛滥后，世间的一切生灵几乎都被毁灭了，特别是人，除了都阿木，再没有其他人！都阿木没有伴、没有吃的、

---

① 云南省少数民族古籍整理出版规划办公室编：《彝族创世史·阿赫希尼摩》，云南民族出版社1990年版，第52—53页。

没有住的，生活孤独凄凉。天君得知人类还有都阿木存活下来时，认为人类不能灭绝，人类要继续繁衍，于是派沙生和埂兹两位天神到人世间去探望和寻找都阿木，两位天神看见都阿木正在伤心哭泣，于是就关切询问都阿木："阿普都阿木，为何在伤心，为了想父母，还是念亲戚？"阿普都阿木回答说："不是为父哭，也非为母哭，不是为亲哭，也非为戚哭。不久前几天，洪水峰连天，浪涛连天门。洪水降落后，地上万千物，样样都死绝。只剩我一人，无法来生存，无法传人种，为了此事急，为了此伤心。"① 阿普都阿木由于是好心人，得到神灵指点成功躲过了洪水泛滥的灾难，但只有他一个人活下来，他认识到一个人是无法生存下去，更无法繁衍人类，人类终将面临再次灭亡的景况，这正是都阿木伤心的根源。天神派来的沙生和埂兹，安慰都阿木："不用你着急，不用你伤心，人烟不能断，君裔和臣裔，毕裔和匠裔，一样不能绝，庶裔也如此。人类要繁衍，家园要重建。"② 问题是，只剩都阿木一个人的死寂的现实社会，都阿木和谁结亲，如何繁衍人类？如何重建家园？两位天神回去天宫禀报他们的见闻，把都阿木的问题，其实是人类的问题讲给天君听。为了解决人类繁衍的难题或问题，天君决定让几位仙女们与都阿木结婚繁衍人类："尼木则之女，有个还未嫁；讷木发之女，小女还无伴；尼木革之女，有个还未婚；吐木铁之女，小女也未嫁；沙生你妹妹，有个还无伴；五个天仙女，去把人种传。"③ 得到天君的指令，带着人种不能绝的信念，两位天神就到各地去为都阿木说亲："不久前几天，人间遭洪灾，浪涛连天门，只剩都阿木，其他都淹死，人种无法传。人烟不能绝，人类要繁衍，奢俄木吩咐，你家的小囡，要嫁都阿木。不

---

① 云南省少数民族古籍整理出版规划办公室编：《彝族创世史·阿赫希尼摩》，云南民族出版社1990年版，第54页。
② 同上书，第54—55页。
③ 同上书，第55页。

嫁可不行，一定得允许。"① 就这样，两位天神把天君定的五位仙女找来，还找来天宫的毕摩，为都阿木举行了婚礼。婚后，只有沙生的妹妹，生了男女六对儿女，人类也因此得以繁衍和发展："都阿木的子孙，继续又繁衍，一个变十个，千个变万个，渐渐兴旺了。"② 这些都阿木的子孙也由竖眼人变成了横眼人："洪水泛滥前，人是竖眼人，洪水泛滥后，变成横眼人。"③ 实际上，人类不仅仅是生理构造发生了变化，由竖眼人变成了横眼人，更重要的是横眼人懂得了理和德，人类社会赖以生存和发展、实现有序运行的前提和基础最终形成了，从此也就终结了人类不断遭受的毁灭！

《洪水泛滥》也有洪水淹没大地后，除了阿普笃慕外其他人都被淹死了，为了让人类得以延续、人类的社会生活得以继续，天神派仙女与人间唯一的人种阿普笃慕结婚，即通过人神相配使人类得以延续发展的描述："地上的人种，留着笃慕在……在这大地上，蓝蓝的天空，圆圆的地面，走十天的路，不长一棵树，走了一百天，不见水一塘。地上行千日，不见一家人，一样也不剩。"④ 人种是留下来了，但是，没有树木、没有其他事物、也没有火种，一个人是难以生存和繁衍后代的，怎么办？阿普笃慕的伤心和绝望是可以想见的："阿普笃慕啊，白天哭泣泣，夜晚悲凄凄。高山长独树，深箐出独水，独人难生存，悲伤又伤心。"⑤ 见到此情此景，天神派出仙女与笃慕成亲传人种："天神好仙主，一颗好心肠，派出几姊妹，双双配笃慕……阿普笃慕他，大妻洞房里，生下大儿子；二妻洞房里，育下二儿子；

---

① 云南省少数民族古籍整理出版规划办公室编：《彝族创世史·阿赫希尼摩》，云南民族出版社1990年版，第55—56页。
② 同上书，第59页。
③ 同上。
④ 云南省少数民族古籍整理出版规划办公室编：《洪水泛滥》，云南民族出版社1987年版，第12—13页。
⑤ 同上书，第13页。

三妻洞房里,喜育三儿子,四妻洞房里,生有小儿子。"① 这样,人类就通过人神相配、结婚传人种的方式,得以延续和发展。

彝族人神相配、结婚传人种的神话传说,有可能是对人类开始由血缘婚向与外族通婚发展变迁,即早期婚姻形式进化变迁的历史记忆,只不过彝族先民是以神话传说的方式来述说人类婚姻形式的进化与发展的历史事实。另外,对于人为什么要结婚、要成家的原因,彝族先民直观地感觉到或者体会到这是人类繁衍的需要和必然要求,人类社会必须通过婚姻组建家庭进行人口的再生产,才能继续生存与发展;此外,彝族先民也朦胧地认识到人需要在群体中生存和发展,或者说,彝族先民认识到人不能够离开群体,离开人群或群体,人是无法生存和发展的,即人是具有社会性的动物,人不能离群索居,这是人与其他动物的区别之一;而家庭则是人类群体的初级形式,也是最基本、最重要的群体。通过婚姻组成家庭,也就意味着人的群体生活有了依托,人类的社会生活的展开有了可能。

(二) 兄妹结亲传人种

在彝族的创世史诗中,特别是云南彝族地区的创世史诗,有洪水泛滥后兄妹结亲传人种的传说,它有可能是彝族先民对于早期人类所经历的血缘婚的历史记忆的反映,或者说它从某个层面反映了人类婚姻的早期形态。《查姆》描述了在洪水泛滥后,只剩下了好心的阿朴独姆兄妹俩:"洪水已经退了,大地一片荒寂。百里无草木,千里无鸟兽,万里无人烟。哥哥看了焦虑,妹妹看了哭泣:'家中没有鸡,家中没有狗,独有我兄妹,咋个做人家?'"洪水毁灭了人间的一切,一派凄惨,人类如何繁衍?人类社会如何再现生机?这时,神灵涅依撒歇找到兄妹俩,要他们结亲传人种:"要让世上有人烟,你们兄妹做夫

---

① 云南省少数民族古籍整理出版规划办公室编:《洪水泛滥》,云南民族出版社1987年版,第14—15页。

妻。"这俩兄妹听了不愿意："兄妹听了心中急,兄妹怎能做夫妻?!"①但是,世上除了这兄妹俩,已再没有人,如果他们不结亲传人种,人类将就此灭亡,但是如果他们结亲传人种,又不符合伦理规范,或者说不符合理和德,这兄妹俩应该怎么办?为了说服他们,涅侬撒歇让他们去山头滚簸箕和筛子,如果簸箕与筛子合在一起,意味着兄妹俩结亲传人种是不可回避的天意,结果簸箕与筛子合在一起;但兄妹俩还是不愿意,神灵又让他们去山头滚磨、穿针线,结果都是要他们结亲传人种,兄妹俩无法再推辞,只好结亲传人种："阿朴独姆兄妹俩,羞得把头低,无法再推辞,只好答应做夫妻。"② 这里所描述的兄妹无奈之下结亲传人种,应该是对人类早期血缘婚的历史记忆的一种再现,只不过彝族先民以神话传说的方式,更加突出和强调了兄妹结亲的必然性和必要性,即为了人类生息繁衍而做出的无奈选择!

《彝族物源神话》也有洪水泛滥后兄妹成亲传人种的神话故事,但又有和《查姆》不同的情节。在洪水泛滥前,神仙下到人间寻找好心人,他变成一个老人勒在扣子里,遇到上山撵麂子的五兄弟,只有老五和小妹肯救他,神仙认为这兄妹俩就是他要找的好心人,因此送葫芦种给他们,告诉他们种下葫芦,等到洪水泛滥时就躲在葫芦里。等洪水退后,只剩下了这兄妹俩："小哥啊小妹!洪水消退了,世上没有人,只剩你们俩。"③ 神仙经历千辛万苦,终于找到兄妹俩,要他们成亲传人种："世人灭绝了,只剩你们俩,你俩是人种,你俩要结婚。"但兄妹俩不同意,因为他们"从来没听过,兄妹能成婚,神仙老爷爷,我们不结婚。"兄妹俩不愿意结婚,人类繁衍又不能就此中断,怎么办?神仙自有办法,他用法力："让哥在河头,让妹在河尾,哥妹同洗澡,妹妹有身孕。一胎生九子,没有奶水吃,三个喂

---

① 楚雄州文联编:《彝族创世史·查姆卷》,云南人民出版社2001年版,第297页。
② 同上书,第300页。
③ 楚雄彝族自治州人民政府编:《彝族毕摩经典译注》(第四十七卷彝族物源神话),云南民族出版社2009年版,第374页。

马奶，三个喂猪奶，三个喂狗奶，长大各立户，人种传下来。"① 彝族先民在这里充分发挥了他们的想象力：既要让这对兄妹不违背伦理道德，又要让人种传下来，于是，这对兄妹在同一条河里洗澡，于是妹妹就怀孕了，人类就此避免了毁灭而生息繁衍下来了！当然，这种认为血缘婚是不符合伦理道德的思想观念，应该是后来形成的；或者说，当人类正在历经血缘婚的时期，应该不会对此进行否定性评价。

彝族关于兄妹成亲的传说，应该是对人类历史上曾经经历的血缘婚的历史记忆；在其传承过程中，又经过后人的不断加工使其具有合理性和神圣性，最终成为今天我们看到的神话故事。

（三）男娶女嫁

在彝族古代文献中，关于人类婚姻形式的思想观念比较丰富多样，其中反映婚姻形式本身发展变迁的思想，主要有人类婚姻经历了从男不知娶女不知嫁、女娶男嫁到男娶女嫁的发展变迁的思想。

在一些彝族文献中，明确地写到人类婚姻的早期是男不知娶、女不知嫁。《西南彝志》这样描述此时期的人类婚姻情形："当初的人类，男不知娶，女不知嫁，知母不知父。"② 就是说，在人类刚产生时，婚姻形式就是男不知娶女不知嫁，因此，人们只知道母亲是谁，却不知道父亲是谁、父亲在哪里。后来，随着社会的发展和进步，人们知道了年月、知道天地的规律，也能够耕种了，人类的婚姻形式随之发生了变化："从此以后，哎哺发展了，兴起了开亲，兴起嫁女，兴起娶妻，兴起媒妁。人间有规矩，嫁娶形成了。有了婚姻礼仪，有了婚姻制度，哎哺先开亲，哎哺到尼能，居于天地间，尼能也开亲。"③ 至此，人类的婚姻形式发生了较大变化：由男不知娶女不知

---

① 楚雄彝族自治州人民政府编：《彝族毕摩经典译注》（第四十七卷彝族物源神话），云南民族出版社 2009 年版，第 376 页。
② 毕节地区民族事务委员会编：《西南彝志》第五、六卷，贵州民族出版社 1992 年版，第 14 页。
③ 同上书，第 19—20 页。

嫁发展变化为男娶女嫁。

人类在男不知娶女不知嫁时期的婚姻情形,有些彝族文献又把它称之为"生子不见父"。《居次勒俄》中的"苏乃勒格寻父买父"篇,对彝族早期婚姻形式从"生子不见父"到"生子可见父"的发展变迁进行了形象、详细的描述:"君长迪列支,一世生子不见父,二世生子不见父,阿俄阿书三代人,生子不见父,阿勒苏乃第五代,生子不见父,苏乃格勒第六代,生子不见父。"① 在君长迪列支前面还有几代人,都是生子不见父的时期。这里所谓的生子不见父,从人类婚姻形式的角度看,应该是人类还处于"男不知娶女不知嫁"的时期,所以家庭里有母亲、有孩子,但是父亲没有和母亲、孩子生活在一起。这样才有后面的"寻父买父"之说:"君长勒格他,要去买父亲,要去寻父亲。"② 勒格最终没有寻找到他的父亲,也不可能买到他的父亲,但是,他却在迪都君长的女儿史省开导下,知道男人要"娶妻配成偶,若能这样做,生子可见父。"③ 而勒格最终娶了史省公主,从此后,人类开始了男娶女嫁的婚姻形式。

《阿赫希尼摩》等文献描述了彝族古代社会的婚姻形式经历了从男嫁女娶到女嫁男娶的变迁:"父母嫁儿子,嫁到远地方。阿卡的婆家,沿途路坎坷,一日到不了。阿卡小伙子,翻过多少山,越过多少岭,涉过无数河,渡过无数江,穿过几片林,走完下坡路,接着爬山坡,不停走三天,到达木武革,来到勺武家,匹配幺女儿。"④ 也就是说,人类的婚姻形式先是嫁男人,是女人娶男人,男人嫁到女人家和女人一起组建家庭、一起生活。但是,男人嫁到女人家的生活充满了艰辛,出嫁的男人阿卡向父母哭诉:"狠心的公公,歹毒的婆婆,

---

① 云南省迪庆藏族自治州民族事务委员会编:《居次勒俄》,云南民族出版社1993年版,第71—72页。

② 同上书,第72页。

③ 同上书,第79页。

④ 云南省少数民族古籍整理出版规划办公室编:《彝族创世史·阿赫希尼摩》,云南民族出版社1990年版,第83—84页。

公鸡才啼鸣，又把我叫醒，安排做家务。天还未启明，要挑三担水，要背三背柴，黎明刚来到，要把饭煮熟。做在别人前，吃在别人后，别人正酣睡，我就要起床，别人起床时，我就要出工。"①这些描述可能有想象、夸张的成分，但它却是要充分说明男人出嫁的日子不好过，这样的状况需要改变，那如何改变男人出嫁的艰辛与不易呢？《阿赫希尼摩》以阿卡的妹妹听了哥哥的诉苦不以为然，愿意代替哥哥出嫁的形式来叙述从男嫁女娶到女嫁男娶的变迁："阿卡的妹妹，抢着把话答：'它乡的山脉，当作故乡情，越在越想在；它乡的村庄，当作己故里，越居越想居；他人的房屋，当作自己屋，越住越想住；别人的爹娘，视为己双亲，越喊越亲热'"②，而且，最重要的是妹妹愿意替哥哥去出嫁："阿哥若不愿，来跟妹妹换，阿哥在家里，赡养父和母，阿妹替阿哥，愿嫁勺武家。"③妹妹真的替哥出嫁后，心生后悔，但后悔也没用："自从这时起，男人要娶妻，女人要出嫁，从此成规矩。"④这里描述的从男嫁女娶到女嫁男娶的变化非常快，在一代人兄妹俩之间就完成了这种变迁或转换，但这应该是以时空压缩的方式来述说人类婚姻形式变迁发展的过程，体现彝族先民关于婚姻形式变迁的认识和反思。

《物始纪略》也有从男嫁女娶到女嫁男娶变迁发展的描述："横目人时代，连姻传后代，婚配生子女。先是嫁男人，嫁男到女家。在这个时间，男人穿艳装，男的着丽服，够穿不够吃，男人为生计，换一样规矩，变换连姻法。后来女的嫁，女嫁到男家，女的做妻子，传说是这样。"⑤解读上述简短的描述，可以看到它传递着非常丰富的

---

① 云南省少数民族古籍整理出版规划办公室编：《彝族创世史·阿赫希尼摩》，云南民族出版社1990年版，第85页。

② 同上书，第86页。

③ 同上。

④ 同上书，第88页。

⑤ 贵州省毕节地区民族事务委员会编：《物始纪略》，四川民族出版社1990年版，第157—158页。

信息：一是人类历史上曾经历男嫁女娶的时期，此时期生产生活的主导权在女性那里，男性只起着辅助或次要的作用；二是迫于生计，男性逐渐代替女性，取得生产生活中的主导权，人类的婚姻形式也随之发生变迁或转换，由男嫁女娶改变为男娶女嫁。从中也可以看到，人类的婚姻形式是随着社会生产实践的发展变化而发展变化的。

历史上，人类的婚姻形式由男不知娶女不知嫁到男嫁女娶、再向女嫁男娶的变迁发展，应该是经历了漫长变迁的过程，与此相对应的则是从母系氏族社会向父系氏族社会的变迁发展，同时相伴随的是男性女性在社会生产生活中地位的变迁与转换，即从女性主导生产生活向男性主导生产生活变迁与转换。彝族先民以他们特有的方式，对婚姻形式的如此变迁发展进行了思考和总结，并以传说的形式来表达和体现他们关于人类社会不断进化发展的思想。

三 从居树林食野果到盖房子种庄稼

对于人类特有的生计方式的变迁发展，彝族先民主要从两个维度进行认识和反思：首先，他们最为关注的人类生计方式是居住形式和获取食物的方式，在多部创世史诗中都有对人类居住形式和获取食物方式变迁发展的各种描述；其次，他们在认识和反思人类的居住形式和获取食物的方式变迁发展过程中，形成了具有共同性、一致性的思想观念，即认为人类经历了早期的居住树林到后来学会盖房子定居、从采食野果到学会盘田种庄稼的变迁发展。彝族先民对人类生计方式的变迁发展进行认识与反思形成的思想观念，是他们所持有的人类社会不断进化思想的重要内容。

《物始纪略》在描述刚开始产生的人时是这样说的："远古时代，天产生，地形成以后，人开始产生。原人先出现，长得像人样，人不走路，人也不讲话。原人饥饿时，吃树木果实。高山野岭上，都长着藤蔓，冬季三个月，它也青幽幽。夏季三个月，它也青幽幽。原人寒冷时，藤蔓当衣穿。"① 这里所描述的是人类早期，甚至是人还没有最终形成时期的生计境况：天地形成后最早产生的人还不会直立行走、语言还没有产生，只是长得像人样，贵州彝族先民把这时的人称为"原人"；"原人"饿了吃植物的果实，冷了用一种藤蔓当衣服穿，这就是早期人类的生活场景或生计状况的生动描述。《物始纪略》关于人类演化和早期生活景象进行了相应描述："远古的时候，天产生，地形成之后，人开始产生，生一批项目。项目人时代，木叶做衣穿，白泥当粮食，露当做水喝。过了很久后，生批横目人。先项目时代，后横目时代。横目人时代，连姻传后代，婚配生子女。"② 虽然对于最早产生的人的称谓与其他彝族地区的称谓不一样，但同样肯定了最早产生的人的生计方式或生活场景就是：人们不会盖房子种庄稼，只能直接从大自然获取现成的食物并找到安身之所——风餐露宿。随着人的演化发展，人们的生活景象也随之发生变迁或变化。特别是当人类有了知识后，人间生活景象、生计方式都发生了翻天覆地的变化："人有知识后，用来管宇宙，用来造树林，用它来种地。知识传开后，人人靠知识。世上的人们，代代都聪明。"③ 随着人类的演化发展，不仅是人的生理构造发生了质的改变，更重要的是人类有了知识，能够通过知识的代代相传，使得人类变得更加聪明，而且人类也可以依靠代代相传的知识管理世间事务，种植庄稼，人类的生计方式也从单纯依靠大自然的馈赠变为可以主动的耕田种地，粮食供给也就更有保障了。

《彝族物源神话》同样把人的演化过程与人类的生计方式的变迁发展结合起来描述，认为这两方面的变迁是同时进行的："独眼人不知，独眼人不懂，独眼这一朝，人像猴子样，是由猴变成。那个时代

---

① 贵州省毕节地区民族事务委员会编：《物始纪略》，四川民族出版社1990年版，第125—126页。
② 同上书，第156—157页。
③ 同上书，第81页。

里，物种也没有，粮食也没有，家畜也没有，火种也没有，人人吃生食。"① 这里描述的就是人刚刚产生时，不仅外形还没有真正从动物界中分离出来，而且人的生计方式也和动物类似：没有物种、没有粮食、没有火，只能吃生的食物。那个时代，人类还不会盖房子，人们没有房子住，栖息在树林里，过着茹毛饮血的生活："那个时代里，虎豹很凶猛，时常来吃人，人没有住房，住在森林里，栖息大树上，树叶来遮身，树枝当睡床，树果来充饥，有的果子甜，有的果子苦。一样一样尝，逐渐成人样。"② 在那个以森林为栖息地、把大树当居所，以树叶当衣穿、睡在树枝上，以树木的果实当粮食充饥的时代，人们还经常受到虎豹等猛兽的袭击，生命安全没有保障、居无定所、食不果腹、衣不蔽体，生计方式还完全依赖于大自然的馈赠。后来，人类在生存实践中逐渐总结经验，逐渐学会品尝果实的味道、能够识别万物；可以结绳记事，学会了语言；离开了大树，居住在石洞里；学会用石头当武器，可以击退袭击人的虎豹等猛兽；学会了用火，可以煮熟果实充饥，等等。虽然独眼人学会了很多东西，有了很多知识，但还是住在石洞里，也不会种庄稼，人还没有真正形成，属于人类的生计方式也没有最终产生："到了有一天，独眼人群中，生出一后代，母亲摘来果，教他尝味道，教他识万物。这个独眼儿，倒是很聪明，结草做记号，一一记心里，一天记一样，逐渐长见识，日积与月累，学成了语言。后代长大了，离开了大树，住进了石洞，虎豹来咬人，就用石来击，击退了虎豹，明白了道理。用石当武器，识得了许多，世间的道理，却不会用火，独眼人母亲，住在石洞里，小儿摘果来，拿给母亲吃。生果吃不动，就用石头砸，石头相碰撞，击出火星来，引燃了枯叶，烧热了石板，烧开发凉水，煮熟了树果。独眼很

---

① 楚雄彝族自治州人民政府编：《彝族毕摩经典译注》（第四十七卷彝族物源神话），云南民族出版社2009年版，第16页。
② 同上。

好奇，拿来熟果吃，味道很香甜，从此吃熟食，从此留火种。有了火种后，独眼这代人，搬到平地住，有了熟食吃，却不会种粮食，不知道耕牧，伦理也不懂，庄稼不会种，吃的也没有。"① 在这一长段的生动描述中，我们可以看到早期的人类祖先生存之不易、生存之艰难，但是，人类的祖先在生存实践中，逐渐学会了生存所需要的各种技能、技艺，如学会结绳记事、学会了语言、学会使用石器、学会使用火等，但很多生存技艺还没有被人类掌握、没有被人类发现，还处于"人畜难分清，日月也不明"的状态。后来，在龙王女儿的帮助下，独眼人终于"明白年头尾，知道月头尾，知道了方向，也会养牲畜，庄稼长得好。"② 人类终于掌握了种庄稼等生存技艺，生计方式因此发生了根本性的变迁或发展，即人类学会了盖房子、种庄稼，人终于从野兽中分离出来，人类社会将按其特有的方式运行和发展。

在《查姆》《阿赫希尼摩》《阿细的先基》等创世史诗中，有与《彝族物源神话》非常类似或一致的关于人类生计方式由居树林食野果到盖房子种庄稼的变迁的思想观念。如《查姆》中有专门章节来讲述"房屋的起源"和"粮食的起源"，还讲述了人如何区分年月和驯养牲畜："自从那时起，这代独眼人，知道年头尾，知道月头尾，会用甲丙日，会驯养牲畜，驯牛不撞人，驯骡不踢人，驯马不咬人，驯鸡不啄人。"③ 在生存实践中，彝族先民逐渐掌握了驯养牲畜的方法和技巧，生计方式发生了根本改变。

《阿细的先基》也有专门章节讲述"人是怎样生活的"和"盘庄稼"等内容，从中反映的思想就是认为人类的生计方式经历了从不知、不会、不能盖房子种庄稼到知道、学会和能够盖房子种庄稼的漫

---

① 楚雄彝族自治州人民政府编：《彝族毕摩经典译注》（第四十七卷彝族物源神话），云南民族出版社2009年版，第16—17页。
② 同上。
③ 楚雄彝族自治州人民政府编：《彝族毕摩经典译注》（第七十一卷查姆），云南民族出版社2010年版，第61页。

第二章 彝族古代社会演化发展思想

长发展历程:"造人的男神阿热,造人的女神阿咪,拿露水给人喝。埂子上结黄泡果,黄泡果长得黄桑桑。造人的男神阿热,造人的女神阿咪,摘黄泡果给人吃。箐沟里有老树,树皮上生树花,阿热和阿咪,把树皮剥下,拿给人们当衣裳穿。山凹里有些石头,石头上生着石'皮',阿热和阿咪,把石皮剥下,拿给人们当裤子穿。"① 虽然这里是以神的名义,把大自然中采摘的果实给人充饥,用树皮石皮当衣服裤子穿,但却也反映了人们早期的生活景象就是吃野果、住森林,穿树叶树皮等。在早期,人类还得面对虎豹之类的猛兽袭击。在艰难的生存斗争中,人类逐渐学会了到地上生存,住到石洞中,还学会了制造和使用石制工具,学会了使用火等生存技艺,后来又学会冶炼铁:"聪明的人们,什么都不造,先去造风箱,风箱造起好打铁。打铁的时候,聪明的人们,别样都不打,先打大铁叉,先打大砍刀。拿来抵挡老虎,拿来抵挡豹子……聪明的人们,又打出撬锄和板锄,打出镰刀和斧子。有了这些东西,世上的人们,就要做活计,就要盘庄稼了。"② 通过这些描述,我们能够看到彝族先民对于人类生计方式变迁的认识和反思,其中揭示出人类在生存实践中不断积累经验、不断获得和发展生存技能的艰辛历程。

《西南彝志》较为详细、生动地描述了人类早期的生活场景或生计方式:"开初的人类,尚不知地利,不知利用地。野兽遍山林,人居于树上,人与兽混处。人处兽群中,兽和人相处,人结成群体。在那时间里,哎奢耿诺,他想了三年,又想了三年,聘史做慕魁。到史慕魁时,他发明了火,有火兽逃避。"③ 就是说,在人类产生之初,人们不知道如何利用土地,不知道耕种,以结成群体的方式居住在树

---

① 云南省民族民间文学红河调查队搜集翻译整理:《阿细的先基》,云南人民出版社 1959 年版,第 38—40 页。
② 同上书,第 42—43 页。
③ 毕节地区民族事务委员会编:《西南彝志》第五、六卷,贵州民族出版社 1992 年版,第 9—10 页。

林中，与兽相伴、与兽为伍，后来发明了火，才能够用火驱赶野兽，人类才不再受到野兽的侵扰和袭击。在人们不知道如何耕种、没有粮食，靠采集野果充饥的时代："大地上的人，没有粮食吃，吃的是野果，穿的是兽皮。在那时间里，人不知耕牧。耕牧的时间，人们不知道。"[①] 后来，人们逐渐学会观察天地、知道分季节、学会了耕种："人观察天，又观察地，造犁头耙子，开垦种地，禾穗丰满，世间上的人，会种庄稼了。哎君不知年，就看纪年树；哺王不知月，就看纪月石。"[②] 这样，人类的生计方式发生了根本性的改变。

总之，彝族的创世史诗等文献在对人类生活、生存的方式、技能等的描述中，其描述都相类似或相一致，表达的思想观念也基本相似甚至是相一致。具体表现为：在认识和反思人类生计方式的变迁发展时，一般是与他们关于人类的演化思想相联系，在他们的描述中，人类的演化不仅仅是人的生理构造的变化，而且也和人的生计方式的进化相伴随。或者说，人类社会的演化变迁、进化发展，不仅表现为人本身的演化发展，而且表现为伦理道德等社会规范从无到有、人类婚姻制度形成和发展、生计方式变迁发展等方面，即人的演化与社会的进化共同形成人类社会的进化发展。

第三节　社会形态变迁发展思想

彝族先民在对人类社会进行认识和反思时，提出人类社会经历了从"生子不见父"到"生子可见父"、从哎哺时代到"君臣师"时代变迁发展的思想观念。从中我们可以感受到彝族先民虽然没有明确地提出社会形态的概念，也没有明确地把人类社会的发展进程划分为先

---

① 毕节地区民族事务委员会编：《西南彝志》第五、六卷，贵州民族出版社1992年版，第13页。

② 同上书，第15—16页。

第二章　彝族古代社会演化发展思想

后更替的几种社会形态，但从他们关于人类社会的历史记忆中，以及人类社会先后经历了不同的历史阶段的思想观念中，可以看到他们已从一些特别的视角认识到人类社会经历了从母系氏族社会向父系氏族社会变迁、从无阶级社会向阶级社会变迁发展的历史过程，以及认为这种历史过程是积极的、正向的社会变迁的思想观念。正是在这个意义上，我们认为彝族先民已经曲折地表现了他们对于社会形态及其发展变迁的思想观念。

一　从生子不见父到生子可见父

在对人类社会的变迁发展进行认识和反思时，彝族还没有形成社会形态的概念，但却以形象生动的形式向我们揭示了他们眼中的母系氏族社会和父系氏族社会的区别，以及母系氏族社会向父系氏族社会变迁发展的思想：人类最早的时候，处于"男不知娶女不知嫁"或"生子不见父"的社会形态，这实则就是母系氏族社会；后来，人类社会过渡到"男娶女嫁"或"生子可见父"的时代，这实则就是父系氏族社会。因此，彝族思想意识中的人类社会从"男不知娶女不知嫁""生子不见父"到"男娶女嫁""生子可见父"的变迁发展，表现了他们关于人类社会从母系氏族社会向父系氏族社会变迁发展的思想。

《居次勒俄》在"苏乃勒格寻父买父"篇比较系统详细地描述了人类社会经历从"生子不见父"到"生子可见父"的更替或变迁发展的思想："乌乌格子一，格子格念二，格念迪列三，君长迪列支，一世生子不见父，二世生子不见父，阿俄阿书三代人，生子不见父，阿勒苏乃第五代，生子不见父，苏乃格勒第六代，生子不见父。"[①]在这段叙述中，人类经历了漫长的"生子不见父"时期，这应该就是人类历史上的母系氏族社会时期。此时人类婚姻的形式是对偶婚的

[①] 云南省迪庆藏族自治州民族事务委员会编：《居次勒俄》，云南民族出版社1993年版，第71—72页。

形式，男人到女人家走婚，夜宿昼离，家庭中只有母亲和舅舅，孩子只知道母亲却不知道父亲，也见不到父亲，应该也没有关于父亲的概念。到了传说中的苏乃勒格时期，应该就是母系氏族社会向父系氏族社会过渡、变迁的时期，苏乃勒格有了寻父买父的想法，所以他就到处去找父亲、甚至想买父亲："君长勒格他，要去买父亲，要去寻父亲，"① 因为勒格"我生来无父，我要去买父，我要去寻父，"② 结果父亲没有找到，也找不到，但勒格遇见了公主史省，公主告诉勒格，她知道寻父买父的方法，但勒格必须回答她的问题，公主才会告诉他如何去寻找父亲、如何去买到父亲，即让勒格知道他的父亲是谁、他的父亲在哪里。结果勒格一一解答了公主的问题，公主史省告诉了勒格寻父买父的方法："回到大地上，娶妻配成偶，若能这样做，生子可见父。"③ 即要让孩子能够见到父亲，就必须要改革人类的婚姻形式，从男不知娶女不知嫁改变为男娶女嫁。而婚姻形式的如此变迁，背后实则是人类社会经由母系氏族社会向父系氏族社会的变迁，也是男女身份地位的改变或变迁：由女性掌权向男性掌权的改变或变迁。至此，人类社会也完成了从母系氏族社会向父系氏族社会的变迁与发展。

《夷僰源流》在"夷僰开天地"篇，有关于早期婚姻形式是男嫁女娶的描述："再来制造那，银针和金线，尼男和能女，穿针来联姻。尼来将就能，尼能传子嗣。尼能相联姻，联姻人烟兴。"④ 这里说的"尼来将就能"，实际上就是认为彝族历史上曾有过男嫁女娶，即男性到女性家组成新的家庭的婚姻形式，此种婚姻形式从一个侧面反映了那时女人的地位较高、权力较大，从社会历史发展进程看，应该属于母系氏族社会后期。"夷裔千百代"篇依母亲氏系或血缘来记述夷

---

① 云南省迪庆藏族自治州民族事务委员编：《居次勒俄》，云南民族出版社1993年版，第72页。
② 同上。
③ 同上书，第79页。
④ 楚雄彝族自治州人民政府编：《彝族毕摩经典译注》（第四十卷夷僰源流），云南民族出版社2008年版，第122页。

第二章 彝族古代社会演化发展思想

裔世系:"远古乌昵女,少时鸟娉婷……成为思噻母;涛能的女儿,后成比额母;涛能俄姑娘,成为阿颂母;熬鲁妞姑娘,窈窕娴淑女,成为阿旦母;宠夺夺姑娘,成为颂南母;夺夺勒姑娘,成为额挪母;勒聘思姑娘,成为老操母。"① 这里非常明显的就是以母亲血缘作为标尺或标准,来记述夷裔的世系或谱系,这就非常明显地表现出这时属于母系氏族社会时期,家庭或氏族世系都以女性血缘为依据,而且女性在社会中有较高地位、较大权力:"女带吉祥来,女祖更伟大;女带智慧来,女祖育六祖。人生天地间,长者传本领。祖宗留美名,千古流芳远。"② 这里对女性智慧、能力等方面的赞美与肯定,再次表明此时应该就是母系氏族社会,因此女性有更高的社会地位,在人们眼中也是女性具有更大的权力。在母系氏族社会逐渐向父系氏族社会过渡或变迁后,相应的彝族世系就不再以母亲血缘为依据记载,而是以父亲血缘为依据进行记载:"夷僰的后裔,汶老操后代,召罗实女儿,成为笃稍妻,生儿传后代。一代接一代,呈克为一代,呈克柿三代,刹罗真四代,罗真吐五代,吐施楚六代。"③ 当以男性血缘为依据记载彝族代际传承的世系时,彝族古代社会也就进入到父系氏族社会时期。

《物始纪略》也有通过男女婚姻形式的变化,描述人类社会经由母系氏族社会向父系氏族社会过渡或变迁的历史过程,进而表现他们关于原始社会的历史记忆:"横目人时代,连姻传后代,婚配生子女。先是嫁男人,嫁男到女家。在这个时候,男人穿艳装,男的着丽服,够穿不够吃,男人为生计,换一样规矩,变换连姻法。后来女的嫁,女嫁到男家,女的做妻子。"④ 也就是说,在彝族先民的思想观念或

---

① 楚雄彝族自治州人民政府编:《彝族毕摩经典译注》(第四十卷夷僰源流),云南民族出版社2008年版,第242页。
② 同上书,第242—243页。
③ 同上书,第245页。
④ 贵州省毕节地区民族事务委员会编:《物始纪略》,四川民族出版社1990年版,第157—158页。

历史记忆中，人类的婚姻形式先是男人嫁到女人家，男人只负责穿衣打扮，而生产劳作主要依靠女人来进行，后来，为了生计着想，男人决定变换婚姻形式，即由男嫁女娶变为女嫁男娶。这种变换，并不仅仅是人类婚姻形式的改变，更重要的是人类社会的变迁和发展，是人类社会由母系氏族社会向父系氏族社会的变迁发展。

在彝族先民的历史记忆中，人类社会经历的第一次比较重大的变迁，就是由母系氏族社会向父系氏族社会的变迁和发展。对于此次人类社会的重大变迁和发展，彝族先民以传说，甚至是神话故事的形式，通过口耳相传或彝族文字的方式，把这种遥远的历史记忆在后代子孙中代代相传，以此表达或表现他们对于人类社会形态变迁的态度以及思想观念。

二 从哎哺时代到君臣师时代

原始社会是没有阶级、没有等级的社会；奴隶社会是人类历史上的第一个阶级社会，它是在生产力有一定程度的发展、人们的劳动产品有了剩余的基础上，从原始社会发展来的。彝族传统文化中关于人类社会从哎哺时代向君臣师三位一体社会变迁发展的思想，正是对彝族社会从原始社会形态向奴隶社会形态变迁发展的观念反映。

"哎哺"是彝语，有翻译为"夷僰"的，如《夷僰榷濮》中就是翻译为"夷僰"，也有翻译为"日博"的，如岭光电翻译的《呗耄献祖经》中就翻译为"日博"。"哎哺"的内涵比较丰富：一是指彝族八卦中的乾坤两卦，二是指产生万物的根源，三是指最远古的氏族，四是指人类历史上漫长的蒙昧时期——原始社会时期，等等。① 这里主要用于指称彝族传统文化中的人类最远古时期，即原始社会时期。《查姆》认为人类最早经历的独眼睛时代，是人和人之间没有高低贵贱之

---

① 楚雄彝族自治州人民政府编：《彝族毕摩经典译注》（第十八卷彝族源流），云南民族出版社2007年版，第77页。

第二章　彝族古代社会演化发展思想

分、没有最高的统治者，甚至没有大小和长幼之分的社会，即没有阶级、没有等级的社会："独眼那代人，千人和万人，人人一个样，不分人高低，没有领头人，没有人称王。谁也不管谁，道理也不讲，大小他不分，姐妹不相认，目中无尊长。"① 很显然，这就是没有阶级的原始社会，人与人之间没有身份地位的区分或不同，没有领头的人，也没有人称王。到了横眼睛人取代直眼睛人时，即洪水泛滥后，阿普笃慕成为直眼睛人向横眼睛人变迁或转化的关键，实则是彝族历史由原始社会后期的氏族部落联盟制向奴隶制变迁的关键人物。以阿普笃慕举行盛大的六祖分支仪式为标志，彝族开始进入奴隶社会时期，同时，君臣师作为统治阶层掌握公共权力，而匠、民、奴隶则是被统治阶级："阿普笃慕他，有了儿和女，世间有了人，道理重新立，规矩要重定……君王施仁政，臣僚明断案，毕摩念善经，农夫做农活，有儿则娶妻，有女适时嫁，人死行祭奠，那样依理办，循规来办事。"② 这里已可看出，随着笃慕时代的到来，彝族社会形态随之发生了根本性的改变，即由无阶级的原始社会向君臣师三位一体的阶级社会变迁：人们分属于不同的阶级，有了不同的身份和社会地位，有了不同的职责职能。随着新的社会形态的到来，需要重新制定制度和规矩，人们也必须依循、遵循这些新的制度和规矩，社会才能有序稳定地运行。

《夷僰源流》同样描述了人类社会经由漫长的蒙昧时期，后来逐渐变迁发展到君臣师三位一体的时代，表达了彝族先民关于人类社会由原始社会向奴隶社会变迁发展的思想观念："夷父作迁移，归并僰母地，一起育儿女。老大夷俄丕；老二僰俄唻；老三夷俄思；老四刺俄歹；老五思节节；老六歹帼帼。夷刺六儿子，夷僰六祖先。"③ 夷

---

① 楚雄彝族自治州人民政府编：《彝族毕摩经典译注》（第七十一卷查姆），云南民族出版社2010年版，第61页。
② 同上书，第158页。
③ 楚雄彝族自治州人民政府编：《彝族毕摩经典译注》（第四十卷夷僰源流），云南民族出版社2008年版，第119—120页。

与夔结合生育了人类的六位祖先,人类历史从此开始。而在此时,应该是还没有阶级、没有君臣之分的时期:"君长形成前,天地有阳光……君规形成前,君族威信高。大臣形成前,臣族权利大。"① 在这些表述中,我们能看到彝族先民认识到君、臣等不是从来就有的,而是经历了一个从无到有的发生或产生的漫长历史过程,经过长时期的发展,当君与臣产生、他们各自承担不同的职责、享有不同的权力时,人类社会的制度和运行规则随之发生相应变化:"君来施政令,臣来担职分。"② 与君和臣的产生相应,人类社会也就从无阶级的原始社会进入有阶级分化的奴隶社会,彝族社会出现了"君臣师"三位一体统治和管理社会运行的政权结构及其社会运行方式:"夷君管臣民,夔臣佐夷君,各司各职能。氏族乐安居,福如龙泉流,寿比不老松。君树露水丰,臣枝叶繁茂。赞则尼威高,颂则能荣大。尼神业绩丰,管辖地一方,尼道正而坦。"③ 甚至在娱乐活动中,也都有这种阶级的分野:"歌场有三个,三个三等级。一等君主场,呈克列专用,君用场壮观;二等臣僚场,皮能列专用,臣用场庄严;三等呗师场,呗场最热闹。乐手奏芦笙,百人共歌舞。君臣呗与民,共同相娱乐,歌则生恋情,舞则留眷意。"④ 虽然是在歌场中君臣呗与民共娱乐,但歌场却是有等级的区分和不同的,这正是阶级社会的一个反映。即虽然在同一个时空中生活和活动,不同阶级的人,其职责和权力是有严格区分的:"远古数代祖,呗是更阿纳,匠是浅嘎究,奴是恼阿颖,三人同一代。""呗来人长寿,匠来有屋宅。"⑤ 虽然在同一个时代里,有君有臣有奴,但是他们各自承担不同的职责、享有不同的权力,与他们的职责权分相应,各自履行职责后产生的社会效益或

---

① 楚雄彝族自治州人民政府编:《彝族毕摩经典译注》(第四十卷夷夔源流),云南民族出版社 2008 年版,第 121 页。
② 同上。
③ 同上书,第 134—135 页。
④ 同上书,第 249 页。
⑤ 同上书,第 243 页。

社会影响也是不一样的：匠是帮助人们起房盖屋，毕摩则是帮助人们延年益寿的，人们既有分工、各司其职，但又相互配合、相互协同，共同维护社会的有序运行和发展。

《西南彝志》彝语音译为《哎哺啥额》，其核心思想就是阐述啥额（清浊气）不断发展变化产生哎哺，又由于哎哺的不断发展变化形成天地万物，然后哎与哺结合形成人类："人生于寅，哎与哺相交，哺与哎结合，人自然形成。有气有血，会动有命，会说会穿衣，源出于哎，源出于哺。"[①] 即哎与哺相交和结合，产生了人类，人类产生后，首先经历的是彝族人称之为"哎哺"的原始社会时期，这个过程是非常漫长的，经过了360多代，一直到笃慕时。根据文献记载，笃慕应该是彝族历史上比较强盛的部落联盟的首领，他在洪水泛滥后，举行了盛大的分支仪式之后，武、乍、糯、恒、布、默六支彝族向西南各地迁徙发展。此时，应该是彝族社会由原始部落联盟制向奴隶制过渡的时期，或者说，彝族六祖分支是彝族社会进入奴隶社会时期的一个重大事件或主要标志，此后，彝族社会就是由君臣师构成统治阶级进行阶级统治的社会，彝族社会也基本完成由原始社会向奴隶社会变迁、发展的历史过程。

[①] 毕节地区民族事务委员会编：《西南彝志》第五、六卷，贵州民族出版社1992年版，第7—8页。

第三章 彝族古代社会分层和社会流动思想

在人类社会生活中，人们能够占有或分享的各类社会资源是有差异的，因此导致社会成员往往处于高低不同的位置、群体或层级中，即现实社会生活中的人往往被分类为高低（上下）不同的位置、群体或层级，当这种高低不同的层化现象被制度化、规范化时，就是我们所说的社会分层现象。一个社会的社会分层与社会流动又是相伴而生的，或者说只要有社会分层的现象就会存在社会流动的问题。彝族古代社会不可能产生或形成当代社会学意义上的社会分层与社会流动的系统理论，但存在着以血缘、职业、性别等为划分依据的实际社会分层、存在着不同层面的社会流动现象。在彝族的传统文化中也有对于社会分层现象与社会流动问题的独特分析与思考，形成了关于社会分层与社会流动问题的具有彝族特点的思想观念。

第一节 社会分层思想

彝族古代社会不可避免地存在着社会分层现象。虽然彝族传统文化尚未形成系统的社会分层理论，也没有明确提出社会分层的概念，更不可能明确提出社会分层的标准或依据，但却有非常丰富的关于人们的血缘关系、身份位置、职业分工等问题的反思，并形成了有关男女性别差异、黑彝白彝政治地位不同、君臣师匠民各司其职、德古苏易调解纠纷缓和社会矛盾等思想观念。用社会学的理论或方法对上述思想内容进行梳理或诠释，可以看到彝族先民对于彝族古代社会生活中现实存在的社会分层现象进行了不同角度、不同方面的认识和思考，形成了内容丰富多样的社会分层思想或观念。

一 性别分层思想

从"万物分雌雄、雌雄相分又相配"的思想观念出发，在认识社会生活中的社会分层现象时，彝族先民首先观察到或认识到的社会分层就是性别分层现象，并形成了关于男女相分相配、亲敬舅家等性别分层的思想观念。

雌与雄应当是彝族先民在社会生产生活实践中观察到人与人不同、有差异，即人分为男人与女人两性而形成的概念或观念，彝族先民进而又通过拟人化的类比方式，去认识和描绘人类社会赖以生存发展的自然环境乃至世间万物，从而把自然事物包括天地都分为雌与雄，并形成具有普遍性的"万物分雌雄"的思想观念。但是，在对人的性别区分问题进行认识和思考时，彝族先民却把"万物分雌雄"作为先在于人的普遍、客观、必然的现象，并以此来分析、说明和解释人类社会为什么存在性别差异问题，即彝族先民在对人类群体本身进行认识时，是从万事万物都分雌与雄的思想观念出发，认为人必须分为男与女才是合乎必然性的、才是合理的。《阿细的先基》对于"万物分雌雄"之于人类的必然性进行了描述："男神阿热，女神阿咪，他们来造人。要想造人嘛，山就要分雌雄，树就要分雌雄，石头就要分雌雄，草就要分雌雄。不分出雌雄来嘛，就不能造人……尖山是雄山，团山是雌山；山腰上的麻栗树是雄树，山脚下的兰树是雌树；路上的尖石头是雄石，路下的扁石头是雌石；山顶上的红草是雄草，山腰上的黄草是雌草；山分了雌雄，树分了雌雄，石头也分了雌雄，草也分了雌雄，可以造人了。"① 通过描述神灵分男神女神，到天地万物都分雌雄，彝族先民认为所有的事物包括人类都必须分为雌与雄才是合乎必然性的，进而认为人在起源时就是区分了男人和女人：男神女神用不同的工具、不同的泥土分别造出男人和女人！"称八钱白泥，称九钱黄泥；白泥做女人，黄泥做男人。"② 从男人和女人在源头处就存在区别与差异的思想出发，彝族传统文化不仅认同这种区别和差异，而且认为这种区别和差异不仅是必然的，而且是合理的，因此也就坦然接受这种区别和差异，并对人类因性别差异带来的其他方面的分化现象进行了深入的认识和解释。

一方面，彝族先民认识到男性与女性是有差异和区别的，即男女相分。"世间中的人，分成男与女，起名男和女"③。男女相分，除了生理结构方面的区分和差异，彝族先民也揭示了在人类社会发展的不同时期，男性与女性在社会生产生活中占据着不同的位置、起着不同的作用的现象。彝族先民认为，在人类社会产生和发展的初期或早期，或者说在母系氏族社会时期，由于女性更为聪慧和有能力，在社会生产生活中占据主要地位、起着主导作用，即女性处于更高的位置。《夷僰源流》这样描述人类社会早期女性的社会地位或在社会生产生活中的作用："女带吉祥来，女祖更伟大；女带智慧来，女祖育六祖。人生天地间，长者传本领。祖宗留美名，千古流芳远。"④ 正是因为女性在社会生产生活中起着比男性更加突出和重要的作用，更有智慧、更加伟大，所以在早期人类社会发展中，女性处于更高的位置，在社会生产和生活中占据主要地位、起着主导作用，这从彝族早

---

① 云南省民族民间文学红河调查队搜集翻译整理：《阿细的先基》，云南人民出版社1959年版，第34—35页。
② 同上书，第36页。
③ 楚雄彝族自治州人民政府编：《彝族毕摩经典译注》（第七十二卷查姆二），云南民族出版社2010年版，第102页。
④ 楚雄彝族自治州人民政府编：《彝族毕摩经典译注》（第四十卷夷僰源流），云南民族出版社2008年版，第242—243页。

期以母亲血缘为纽带记载和传承氏族谱系的传统中可以窥见一斑；另外，彝族传统文化中所记载的人类婚姻曾经历男嫁女娶、生子不见父的婚姻形式，以及彝族社会早期有女性毕摩等社会生活现象，也可看到女性曾在人类社会早期拥有支配社会生产生活权力、占据主要社会地位的事实。

彝族先民也认识到，随着社会生产的发展，男性日益取代女性在社会生产生活中占据主要地位、起着主导作用，女性日益沦为次要的，或者说只是被动服从的角色，彝族社会因此开始进入男权时代。彝族社会的男权时代应当是从父系氏族社会开始，之后，男性逐渐取得了社会生产生活中的主导权，占据了支配地位。这主要表现在后来的彝族家支家族谱牒都以父系血缘为纽带进行记载和传承、女性不可以当毕摩，甚至女性不能参与宗教祭祀活动、不能够继承家产家业，婚姻形式变迁为女嫁男娶，等等。从这些变迁或者变化中，可以看到男性逐渐取得了社会生产生活的主导权，在社会中居于更高的位置，拥有更大的权力。

彝族男尊女卑、男女不平等的情形，在彝族古老久远而又世代承袭的女性哭嫁习俗及由此形成的哭嫁歌中有较为集中的反映或体现。哭嫁歌"是姑娘出嫁时吟唱的，姑娘们围着新娘，边哭边唱，边唱边哭，哭中有唱，唱中有哭……"是彝族女子"利用出嫁之日'女子为大'之机，尽情抒发自己的不幸命运，对男女之间不平等待遇和不合理的婚姻制度，进行公开的指责和抨击，尽情诉说内心的悲痛和怨愤，对包办买卖婚姻制度进行无情的痛斥"。[①] 彝族自古流传的女子哭嫁歌，其核心思想就是姑娘们对彝族社会的男女不平等，以及买卖包办婚姻的哭诉，通过哭嫁的形式，述说广大女性悲惨、不幸的命运："大家庭里面，男与女同长。男大有家住，女大没有家。""男儿

---

① 楚雄彝族自治州人民政府编：《彝族毕摩经典译注》（第十三卷罗婺彝族歌谣选），云南民族出版社2007年版，前言第1—2页。

留下来，成了房主人，父母的家业，儿子来继承。"①虽然男孩女孩都是同一个父母所生，同在一个家庭里长大，但长大后的待遇却截然不同：儿子可以继承所有的家产家业，女子却不得不离开家远嫁他乡，这种男女不平等是女性无法抗拒的！因为彝族女性即使不愿意出嫁也不得不嫁："昨天夜里，世上的人都睡了，只有一个姑娘，她迟迟没去睡，整夜流着泪。她为什么如此伤心？因为她不愿意去嫁人。她真的不愿意嫁人吗？她不愿意嫁给不喜欢的人。命苦呀，姑娘！愿意也得嫁，不愿也得嫁！"②为什么姑娘不愿也得嫁？因为男女不平等，也因为买卖包办婚姻。在古代很长的历史发展过程中，彝族的穷人家往往把嫁女儿作为还债、抵债的方式："阿爹呀阿妈，整天在商量，商量到房前，商量到屋后，以为要卖田，以为要卖地，不想是卖我，今天才知道，嫁女换酒喝。"③"男方来放债，父母去借债，借债已数年，借债已数月，快到过年月，快到年三十，还债日期到，男子来讨债。用金银还债，他不要金银，他只要姑娘，带来抢亲队，硬把姑娘抢，"④把嫁女儿当作卖女儿，以此抵债、还债，甚至是换来买酒喝的钱，这就是男女不平等的反映和体现！

彝族姑娘出嫁时唱哭嫁歌是彝族流传久远的一种古老的婚姻习俗，它以出嫁女性哭诉的形式，揭露了彝族古代社会现实存在的男女不平等的现实及其对男尊女卑观念的控诉！它也从一个侧面反映了彝族男女不同的命运和社会角色，即反映着彝族的性别社会分层的现实与思想观念。

另一方面，从"雌雄相分又相配"的思想观念出发，彝族先民认为不同性别的人即男性和女性又必须相配合、相结合，谁也离不开

---

① 楚雄彝族自治州人民政府编：《彝族毕摩经典译注》（第四十三卷武定彝族民歌），云南民族出版社2009年版，第67、80页。
② 同上书，第75—76页。
③ 同上书，第102页。
④ 同上书，第121页。

第三章　彝族古代社会分层和社会流动思想

谁，即男女必须相配相合，人类社会才能生生不息地延续或繁衍。彝族先民在万物分雌雄的认识基础上，形成了雌雄不仅相分而且相配的思想观念，认为天地万物必须是雌雄相分相配才能产生、生存和发展。《梅葛》专门设有"相配"一章描述雌与雄必须相配的思想观念："百草百木都开花。百鸟百兽都开花，世人都开花，开花结果要相配。八月十五到，日月就相配……十冬腊月到，大星小星配……六月七月天，白云黑云来相配。正二三月到，春风空气来相配。天要地来配，地要树来配……天有天的规，白云嫁黑云，月亮嫁太阳，天嫁给地，男女相配，人间才成对。"总之，从花鸟虫鱼到日月星辰、再到天和地都是雌雄相配相合的，世间没有雌雄不相配、不相合而孤立存在的事物："没有不相配的树木花草，没有不相配的鸟兽虫鱼，没有不相配的人；样样东西都相配，地上的东西才不绝。"[①] 从花草树木、鸟兽虫鱼、天地日月等万事万物都必须相配，世上没有不相配不相合的事物的思想观念出发，彝族先民认为人类也不能例外，虽然男女不同，但是男人和女人不是孤立存在的，而是男女必须相配相合，这样，人类才能生生不息、绵延不绝。这表现出彝族先民认识到人类既存在性别分层的一面，即雌雄相分、男女相别，但也认识到人们必须相互联系、相互结合的一面，即雌雄相配、男女结合，这从彝族认为男女必须说合成一家的思想观念中可见一斑。

另外，在认识到男性逐渐取代女性，在社会生产生活中占据了主导权的同时，彝族对于女性的地位和作用也给予相应的认可和肯定，彝族根深蒂固的亲敬舅家的思想观念正是对尊重女性的反映。在彝族人看来，外甥在社会上的声誉或地位，不仅与父亲家族家支紧密相关，而且与舅舅家的家族家支势力和声望息息相关。在认识和处理姻亲关系中，彝族自古就有比较深厚的亲敬舅家的思想观念。为什么要亲敬舅家？《彝汉天地》说："亲敬舅家者，源于孝母亲。""舅甥相

[①] 楚雄州文联编：《彝族史诗选·梅葛卷》，云南人民出版社2001年版，第104—107页。

依存，此乃人之情。"①《玛穆特依》也说："家中母亲大，舅舅当母亲。"② 也就是说，彝族非常重视和强调的"亲敬舅家"的思想和行为源于对母亲的孝敬，既是甥舅之间因为母亲或兄妹的关系而产生的人的自然情感，也是因为家中母亲大，即母亲在家庭中有非常重要的地位或位置的反映。虽然彝族古代社会自父系氏族社会后确立了重男轻女、男高女低的不平等社会地位，但是，对于母亲在家庭中的地位却给予充分的认可或肯定，因此，孝敬母亲就要亲敬舅家，就要对母亲家族予以重视。从社会关系层面看，彝族的亲敬舅家不仅仅只是为了孝敬母亲，它可以通过血亲与姻亲的联系，进而增强家族家支力量、扩大家族家支的实力和影响。《苏巨黎米》对这种甥舅关系进行了描述："第一代舅舅根底差，让人说是非，第二代舅舅根底差，娶妻无法选择，若饥不择食。第三代舅舅根底差，说话份量轻。第四代舅舅根底差，得不到真传文章，如善马任人骑……第九代舅舅根底差，就受人嘲笑，就遭人白眼。骑马垫的毡样被人欺，就怪舅舅根底差。"③ 由于母亲一方的家族家支实力和社会声望会直接影响到外甥的名誉或声望，甥舅之间的这种特殊的社会联系或社会关系，要求外甥必须"亲敬舅家"。

彝族关于男女相分相配的思想观念，特别是认为女性在人类产生初期占据社会的主要位置、在社会生产生活中起着主导作用的思想，与认为女性天生就依附于男性、只能被动服从和服务于男性的思想观念不同，它充分认可和肯定女性独有的能力和智慧，认识到女性在人类社会发展进程中的不可替代性，这是非常难能可贵的。即使是到了后期的重男轻女时代，彝族女性在某些方面的重要地位和作用，彝族社会也是给予一定的认可和尊重的，这与汉族的走向极端的重男轻女

---

① 朱崇先：《彝族典籍文化》，中央民族大学出版社1994年版，第76、79页。
② 吉格阿加译：《玛穆特依》，云南民族出版社2005年版，第43页。
③ 王继超主编：《苏巨黎米》，贵州民族出版社1998年版，第81—82页。

第三章 彝族古代社会分层和社会流动思想

思想还是有明显的不同。

二 血缘分层思想

在等级社会中，血缘是社会分层的主要依据，血缘这种先赋地位往往决定着等级社会中的个人、群体在社会层级中的身份和地位。彝族自进入奴隶社会后，就逐渐确立了以父系血缘划分家支家族等级、确定个人在家支中的身份地位的等级制度："血缘因素或者说血缘纽带是决定彝族等级制度的基础。"① 通过彝族的六祖分支、谱牒传承、家支制度等，我们可以看到彝族颇具特点的血缘分层社会思想观念。

首先，彝族传统文化中的六祖分支的传说或民族记忆，是彝族血缘分层思想的反映和重要内容。彝族在其形成和发展的历史过程中，由于不断分支、不断迁徙，形成支系众多、分布地域广泛的特点；又由于不同支系的彝族，生活地域和生计方式不同，与之发生联系的民族有差异，因此，不同地域、不同支系的彝族往往发展不平衡，甚至在语言、文字、思想观念方面都有不同或差异。那么，这些看起来有较大差异的彝族支系，又是如何认同为同一个民族的？或者说，可以被认可为同一个民族的不同的彝族支系，是以什么作为纽带把他们凝聚起来的呢？这其中的因素是较为复杂的，但是，其中比较核心的因素或者思想观念，就是这些分布在不同地域的众多彝族支系，都认为自己是笃慕的后裔、与笃慕有血缘关系，都是同根共祖的，因而就相互认同为一个民族，即从血缘关系看，彝族各支系基本上都认为自己是阿普笃慕的后裔，只是在洪水泛滥后、六祖分支开始，因为不断的迁徙、不断的分支，才使得彝族各支系之间产生了差异和不同，但从根源上看，从血缘关系上看，各支系都是阿普笃慕的后世子孙，都有同一个祖先、有相同的血缘，从根源上看就是一家人、是同一个民族。这样，通过六祖分支的传说或者历史记忆，以血缘关系为纽带，

---

① 林耀华：《凉山彝家的巨变》，商务印书馆1999年版，第138页。

彝族各支系的认同与凝聚就有了充分的根据，其差异和不同也有了合理的解释；同时，通过六祖分支的历史记忆，彝族就把本民族与其他民族区分开来。

事实上，在云南和贵州的许多历史久远的彝族谱牒中，都把自己家支最早的祖先追溯到笃慕，甚至更远。如贵州《西南彝志》主要内容就是记录彝族哎哺时代的 360 多个世系的谱牒，以及六祖分支后武、乍、糯、恒、布、默六大支系的谱牒，其中最核心的思想就是彝族六大支系的始祖即彝族六祖都是笃慕的儿子：慕雅且、慕雅苦是同母兄弟为长房，慕雅且是武部之祖，慕雅苦是乍部之祖，分布在南部楚吐；次房所生的慕雅热和慕雅卧分别是糯部和恒部的祖先，居住在北方；幺房所生的慕克克与慕齐齐分别是布部和默部的祖先，在中部发展。也就是说，在笃慕经历了洪水泛滥的大灾难之后，笃慕举行了盛大的分支仪式，彝族六部就开始了在西南地区的迁徙发展历程；之后，各部日渐出现了分化与差异。

云南的《赊豆榷濮》关于六祖分支是这样记载的："四水同泛滥，四水同被阻……笃慕好阿普，骑上他的马，赶着他的羊，来到罗尼山。坐在罗尼山，放眼四方望，四方水茫茫……"洪水泛滥后，笃慕娶了天神的三个女儿为妻，生了六个儿子；笃慕在克服许多困难，打退仇家的进攻后，在罗尼山兴盛发展起来："战具已备足，骏马随意骑，阿普笃慕家，兵强马又壮……六祖获昌盛。"但是，随着人口的增长，为了寻求新的发展空间，笃慕在罗尼山举行了隆重的祭祀分支仪式，"举斋将分支，分支得兴旺。祖先好六男，尊从笃慕言，六子分三支，从此各昌盛。"[①] 在举行分支仪式后，就让六个儿子沿着西南地区的不同方向迁徙发展了。虽然在后来的发展中，通过不断的分支、迁徙，彝族支系日益增多，各支系的差异或区别日渐增多，但

---

① 云南省少数民族古籍整理出版规划办公室编：《赊豆榷濮》，云南民族出版社 1987 年版，第 18—19、30、31 页。

第三章 彝族古代社会分层和社会流动思想

是，通过代代相传、绵延不绝的家支谱牒，只要追溯到共同的祖先笃慕，或者说都是笃慕的子孙后代，大家都可相互认同为一个民族——彝族，即通过共同的祖先笃慕，共同的血缘关系，彝族人找到了内部相互认同、相互凝聚的根据：彝族是笃慕的后裔，笃慕是彝族的共同祖先。

总之，六祖分支可以说是彝族血缘分层思想的一个关键环节，一个重要内容。它既是彝族血缘分层的起点——通过六祖分支，彝族逐渐分化为不同家支、支系，日后由于各家支、支系不同的生产生活方式，以及各自的经济政治发展景况不同，差异日渐产生和积累；同时，分化了的彝族各家支、支系，又通过世代相传的家支谱牒，不断往前追溯，最终都回溯到六祖以及六祖分支前的阿普笃慕，于是又找到了共同的根源、共同的血缘关系，因此又相互认同为同一个民族。

其次，彝族社会中源远流长、代代相传的家支谱牒，以血缘为依据确定彝族男性成员在社会中的身份和位置。明清以前，彝族盛行父子联名制，即每个彝族家支家族都以父系血缘为依据，在给儿子取名字时，要有父亲名字中的至少一个字，这样通过父子联名的世代相传，构成一个家支家族的完整谱系，人们称之为"家支谱牒"，家支谱牒就是一个个彝族家支家族传承发展的历史记载。以《西南彝志》为例，全书共26卷、290个标题，彝文大约有34万字，从体量看，是彝文文献中的巨著，其核心思想是论述清浊二气发展变化产生哎哺，哎哺发展变化产生天地万物和人类，但其主要内容则是彝族从史前时期开始、经历六祖分支后，彝族各大支系的谱牒。包括"从哎生希慕遮，哺生希堵佐开始，延述了360代世系，到笃慕之世的洪水泛滥时期。笃慕是在洪水泛滥后由蜀入滇的，迁居在乌蒙山区腹地的东川（今云南省会泽县境）乐尼白。他的六房儿子分别发展成为武、乍、糯、恒、布、默六大氏族，即所谓'六祖'"。[1] 该部文献还记述

---

[1] 陈长友主编：《西南彝志》第七、八卷序，贵州民族出版社1994年版，第2页。

了尼能、实勺、洗替等远古氏族的世系，武色吞、作洛举等的传说，以及六祖之后的彝族一些支系的谱牒。如慕克克世系、妥阿哲世系等，从中可以看到彝族非常深厚的血缘分层思想。

按照《西南彝志》反映的思想观念，一部彝族历史就是血缘关系的历史，血缘关系最突出的特点就是世代连续、绵延不绝。一个民族或者家支家族，只要它的血缘关系延续着，它就是存在着的，若一个家支家族的血缘关系中断了，这个家支家族也将不复存在。因此，彝族历史、彝族某个支系（宗族）的历史，就是以"父子连名制"世系为主干构成的源流史。如《武氏源流》就是这样描述武氏的历史源流的："武祖慕雅苦，一世慕雅苦，二世苦雅亨，三世亨雅诺，四世诺雅陀，五世洛陀施，六世施武额，七世武额克。"在此基础上，分别叙述他们的分支，如施氏（洛陀施）有九房，分布在不同地方，又各有其繁衍的世系。"本部卓洛举，一世额洛举，二世举叩巧，三世叩巧买，四世买额塔，五世额旺徐，六世徐娄纪，七世娄纪尼，八世尼雅旨，九世旨雅武，十世武补果。"再接着说武补果一支，"补果四房人，迷阿娄为首……"① 这样，武氏的历史就是一部以血缘关系为基础的世代连续的源流史。这些彝族家支家族延续发展所构成的纵横交错的谱牒或彝族血缘关系史，呈现出的就是彝族各大支系、家支、家族或兴盛、或衰落的分层史，以及彝族先民自己对这些历史的反思与态度。

串联彝族谱牒的核心或主线就是彝族自古流传的父子连名制。从彝族人的父子连名形成的家支谱牒及其反映的家支世系中，我们可以看到，彝族人的名字，不仅仅是某个人的称谓，更是他依据血缘关系所确立的在社会上的身份和地位的象征。因为根据他的名字，人们就可以确定他的血缘关系，而根据彝族人的血缘关系，就可以进一步确

---

① 毕节地区民族事务委员会编：《西南彝志》第五、六卷，贵州民族出版社1992年版，第129页。

定他的家支族属；同时，根据彝族人在家支谱牒中的名字，就可以确定他在家支族属中的身份和地位，即可以确定他是哪个支系的、又是谁的儿子等。正是以血缘关系为依据的家支谱牒，每个彝族男性就经由父子连名之"名"而被纳入特定的社会分层关系中，获得了特定的社会身份和社会地位。因此，彝族男性成员自幼年时就要向长辈学习默记世代相传构成的家支谱牒，明了家支世系。一方面，以此明确个人在特定社会关系中的地位、责任、权利，即知晓自己在社会分层中的位置和身份，知道自己是谁；另一方面，则是通过个体在家支谱牒中所确立的身份而进入特定的社会生活中，得到他人的认可或认同，即明确为什么在社会关系中有这样的地位和位置，甚至依此而得到相应的社会支持。

最后，以父系血缘纽带为根据形成的彝族家支、家族，是彝族社会最重要的社会组织和政治组织；特别是据此所形成的黑彝和白彝家支，分别居于统治和被统治的地位，进而形成、确立了彝族古代社会的等级制度和等级观念。

彝族的家支是以父系血缘为纽带、以父子连名制的谱牒为外在表现形式的父系血缘集团，彝语称为"措扣"或"措西"。在彝族古代社会发展过程中，自六祖分支后，彝族就逐渐形成不断分支的传统，一般在家族繁衍到第七代或第九代时举行仪式进行分支。由于各家支实力的消长变化，在"强者作了主，弱者降为奴"的历史发展过程中，彝族的家支逐渐演变分化为奴隶主的黑彝家支和奴隶的白彝家支，如洛、额、古三个氏族，"先是打冤家，后以败为白，白者作差使，又派他的粮"，又如德以阿美家族，"在谷甲德住，在诺耿能戛，繁衍了后代，强者作了主，弱者降为奴。"[1] 即有同一血缘的德以阿美家的后代也出现了强弱分化，这种分化的结果是实力强的上升为奴

---

[1] 贵州省民族研究所毕节地区彝文翻译组：《西南彝志选》，贵州人民出版社1982年版，第60、58页。原注：谷甲德、诺耿能戛，均为地名。

隶主，而实力弱的下降为奴隶，由此产生了彝族历史上的黑彝家支和白彝家支。由奴隶主建立的黑彝家支属于统治阶层，在政治、经济生活中处于统治地位，对社会生产生活有着绝对的支配权或控制权；白彝家支则是被统治阶层，在政治、经济生活中处于被统治、被支配的地位，甚至同一家支的白彝往往分属于不同的黑彝家支、生活居住在不同的黑彝家支领地上。就是说，黑彝家支和白彝家支并不是与生俱来的，而是彝族家支强弱分化的结果，但是，黑彝家支为了神化其身份地位，利用其话语权，说黑彝是天生的黑骨头，其血统是高贵的，并逐渐用血缘关系取代力量强弱作为划分黑彝家支和白彝家支的标准和根据。

凉山地区的彝族奴隶社会，是一种与彝族家支制相结合的、以血缘关系为基础建立起来的等级奴隶制，是彝族等级制度的一个缩影。在进入奴隶社会后，凉山彝族成员就分为兹莫、诺伙、曲诺、阿加（安家）、呷西五个高低不同的等级，这些高低不同的等级之间的基本关系是"色颇"——占有奴隶的主子与"节伙"——被占有的奴隶，或者是"巴色"——投保的主子与"八节"——补保的奴隶的关系。其中，兹莫和诺伙为"色颇""巴色"，是掌有权力或者可以占有奴隶的奴隶主，他们自认为自己的血统高贵，而彝族又有尚黑的习俗或传统，因此他们自称为"黑骨头"，俗称他们为"黑彝"；曲诺、阿加、呷西为"节伙""八节"，是世代隶属于兹莫和诺伙的直接生产者和被保护民，在奴隶制下曲诺必须有主子"保护"，没有主子的曲诺就要受人欺侮，甚至被人掳掠成为更低等级的奴隶，曲诺和较富有的阿加为"巴色"，"曲"有白色之意，故汉语称曲诺为"白彝"，而阿加、呷西汉语称为"娃子"。在这种等级制度中，主子可以买卖、转让、打骂以致杀害曲诺，曲诺同时要承担各种沉重的劳役和贡赋，如果绝嗣，其财产权归主子所有；呷西和阿加是最底层的奴隶，呷西全称为呷西呷洛，意即"锅庄（火塘）边的手脚"，汉族俗称他们为"锅庄娃子"，他们没有任何属于自己的财产，也没有任何

第三章 彝族古代社会分层和社会流动思想

的人身自由，他们就是主子的所有物或财产，主子可以像对待牲畜一样屠杀和买卖呷西；阿加全称"阿图阿加"，意为"主子守门的奴隶"，汉语翻译为安家或阿加、瓦加，大多为婚配后的呷西，属于主子所有，因此和呷西处于同样的地位，其子女也属于主子所有。

以血缘关系为基础形成的凉山奴隶制的等级制度是非常严格且不可改变的，即出生在黑彝家支或家族，天生就是"色颇"、主子，可以拥有奴隶，属于统治阶级；如果出生在白彝家支或家族，则天生就是"节伙"、奴隶，曲诺可以拥有一定的财产，但呷西、安家则只能是奴隶，只可能是奴隶主的所有物。如果个别的曲诺因财产实力增强，可以占有阿加或呷西，但仍然是白彝而不可能升为黑彝，仍然只能是原来的奴隶，要服从黑彝主子的支配；如果黑彝奴隶主丧失了奴隶和财产，但从其血缘看，他仍然是黑彝，仍然是主子而不可能降为奴隶。所以，以凉山为代表的彝族奴隶制是以血缘关系为基础的等级制度，黑彝家支和白彝家支的高低等级制度就是其集中体现。

建立在血缘关系基础上的家支制度，自建立之初就是彝族奴隶社会最重要的社会组织形式和政治制度，由此形成了彝族根深蒂固的等级思想观念。一方面，彝族古代社会形成了深厚的"根骨"观念，认为一个人的血缘决定了他的高低贵贱，或者说，人一生的身份地位是由他的出身决定的："现在而今，府内的福禄，有古规常礼。君府生君子，如太阳放金光，照四城八邑，天下明朗朗。臣府生臣子，同月亮齐明，政局明朗朗。师府生教官，松柏有雨露，常绿又苍翠。君子有高威，臣子有大荣，国师有圣德，为民办善事，一心想国事。"[①] 就是说，君生的后代为君、臣生的后代为臣、毕摩生的后代为毕摩，即人的身份地位是由生在什么样的家庭决定的，彝族人一出生也就确定了他在社会上的社会角色："人生出世后，自有天缘份。君王生王子，王子又做君。臣子生公子，长大亦为臣。毕摩生了儿，学文做毕

---

① 文道义主编：《海腮耄启》，贵州民族出版社2002年版，第145—147页。

摩。庶民的儿子，种地又放牧。"① 在彝族人看来，一个人的职业、社会角色，并不是依靠个人的后天努力决定的，而是根据他的血缘、他的出身来决定的。因此，为了维护由出身决定的严格的等级制度，彝族社会长期奉行等级内婚制，不允许不同等级的家支之间相互通婚。另一方面，彝族先民认为世上的人都处于主与奴的高低贵贱等级中，即认为世上所有的人都严格区分为奴隶主和奴隶两个等级："没有主子的人，在世界上是没有的。"即所有的人要不是主子、要不就是主子的奴隶，世界上不存在主子、奴隶之外的人。虽然主子拥有一切生产资料和奴隶，拥有政治经济生活的支配权和控制权，奴隶干最苦最累的活，过着最差的生活，"土司掌官印，黑彝骑骏马，白彝背犁头。""绵羊九十九，加上娃子是一百"；"上没有帕子包头，中没有腰带拴，下没有裤子穿"；"同狗啃骨头，同猪喝泔水。"但是，奴隶是天生离不开主子的："奴隶无主子，发髻被人抓"。"主子大如虎，奴隶就能大如豹。"因此，奴隶天生就有保护主子的责任和义务："奴生来护主，藤生来缠树。"② 即奴隶天生就是要为奴隶主服务的！

三 职业分层思想

在原始社会末期，随着生产力有了一定程度的发展，彝族社会开始出现社会分工；到奴隶社会时，在社会分工进一步深化和发展的同时，彝族社会出现了与社会分工相伴随的阶层分化现象。据彝文献记载，彝族社会长期存在兹（君）、莫（臣）、毕（师）、格（匠）、卓（民）等五种相对稳定的职业分工，不同职业承担不同职责：君掌权、臣断案、师祭祀、匠作艺、民耕牧，自产生这种职业分层后，这种职业分层现象几乎贯穿彝族古代社会的始终。与这种稳定的职业分

---

① 云南省少数民族古籍整理出版规划办公室编：《裴妥梅妮·苏嫫》，云南民族出版社1991年版，第14—15页。
② 转引自胡庆钧《凉山彝族奴隶制社会形态》，中国社会科学出版社1985年版，第345—349页。

层相对应的就是从事不同职业的人,被分成由高到低的五个社会阶层或社会等级。在之后的历史发展中,虽然与职业相联系的彝族等级或阶层的划分、对于各个等级和阶层的称呼、各个等级和阶层的社会地位有变化或不同,如凉山在民主改革前经历了漫长的奴隶社会,其社会等级或社会阶层一般划分为兹莫、诺伙、曲诺、安家、呷西等高低不同的五类,兹(君)在元明后称之为土司、土目、土舍等,毕摩的社会地位逐渐由原来属于统治阶级逐步变迁为专门负责人与神沟通的神职人员,改土归流后变成参与生产劳动的劳动者,等等,但是,自进入奴隶社会后一直到解放以前,不管社会形态发生了怎样的变化,不变的却是彝族古代社会根深蒂固的等级制度,以及这种等级制度与职业分工、血缘关系的紧密联系,或者说,在彝族古代社会中,其在血缘关系基础上建立起来的严格的等级制度一直没有被动摇过。由于把职业与等级制度相联系、又把职业与出身相联系,所以彝族古代社会又在一定程度上缓和了不同等级、阶层之间的矛盾。

与彝族古代社会相对稳定的职业分工或社会分工相联系,彝族有着非常清晰且一贯的职业分层思想,这主要表现在认为职业分层是必然的和合理的、职业分层源于每个人的出身或血缘关系、不同的职业决定了人们不同的身份地位等思想观念中。

(一)职业分层是必然的、合理的

从人类历史发展看,社会分工不是从来就有的,它是在原始社会末期随着生产力的发展而出现的社会现象。一方面,彝族先民认识到君、臣、师、匠、民等职业的分化不是人类社会从来就有的,而是在社会发展过程中逐渐产生、形成的。《西南彝志》明确提出主与奴的分化是因为"强者作了主,弱者降为奴"[1],而主为君掌权,奴则只能做各种卑贱的职业。这表明,社会分工或职业分化现象不是从来就

---

[1] 贵州省民族研究所毕节地区彝文翻译组:《西南彝志选》,贵州人民出版社1982年版,第58页。原注:谷甲德、诺耿能夏,均为地名。

有的，而是在社会发展过程中由于彝族各家支实力的消长变化而出现并逐渐固定化的现象。另一方面，彝族先民也持有这样的思想观念：职业的区分是自开天辟地的时候就有的、不可改变也不应改变的。如在《阿哲的反叛》一文中是这样说的："自天开地辟，有天君地君，君臣有分定，主仆有规则，各安分守己。"① 即自从开天辟地的时候开始，就有君与臣、主与仆的区别，而且君与臣都必须各自遵守相应的规则、守住本分。这种思想，实质上是力图为君臣师的政治结构，以及与此相应的等级制度和社会秩序建立一种有说服力的世界观基础，即说明现实社会生活中的职业分化现象是神圣的、不可改变的。彝族文献还试图进一步论证这种思想的合理性："最初的时候只有清浊二气，由清浊二气产生哎和哺。""哎翻来是君，哺翻来是臣，君臣的由来，随哎哺产生。""哎哺此二者，地位有区分，哎位居于天……合称为在君，管理地下臣。哺位居于地，在地上为臣……合称为地臣，管理众师人。"② 这就把君、臣、师的产生与区分说成是与生俱有的，且根源于哎与哺，进而把彝族在原始社会末期开始出现、奴隶社会进一步发展的职业分化现象神圣化和绝对化了，即现实社会生产生活中各家支、家族从事不同的职业，或者说人们的职业分为君、臣、师、匠、民是必然的，而且是合理的、不可改变的，由此形成的社会秩序、社会运行的方式也就是合理的、必然的。这样的论证和阐述，实质上也就是要求从事不同职业的彝族人要各安本分、各守本职，处于低层的民众不要抱怨也不要反对现实社会中的分工，进而要求人们只能认同和接受现实生活中与自己职业相联系的社会身份与社会地位。

（二）血缘关系决定职业分层

在进入奴隶社会后，彝族逐渐确立并巩固了君、臣、师、匠、民

---

① 贵州省民族研究所毕节地区彝文翻译组：《西南彝志选》，贵州人民出版社1982年版，第189页。

② 同上书，第441页。

第三章　彝族古代社会分层和社会流动思想

5个层次的职业分层，并且认为这种分层是合理的、必然的，即自古如此、不可改变，被固定化的职业分层进一步成为划分社会等级、社会阶层的依据或标准，要知道某人处于什么等级、是哪个阶层的，只需要看他从事什么职业即可。为什么彝族古代社会的职业作为划分社会等级、社会阶层的依据、标准能够被认可和接受呢？这是因为在进入奴隶社会后，彝族的职业分化逐渐演变为由血缘关系决定，即一个人能够从事什么职业，不取决于他后天的努力，而是由他出生在什么家庭、家支决定的："现在而今，府内的福禄，有古规常礼。君府生君子，如太阳放金光，照四城八邑，天下明朗朗。臣府生臣子，同月亮齐明，政局明朗朗。师府生教官，松柏有雨露，常绿又苍翠。君子有高威，臣子有大荣，国师有圣德，为民办善事，一心想国事。君子的高座，掌权要轮转。臣子的座位，以守政姿力。教化师宝座，以司祭能力。礼规纵延线，信仰横向扩，久治有宏业，重望就委任……君贤国景长，臣贤获重望。"① 这就表明，如果一个人生在君主家，生来就具有了为君的资格和权利，如果一个人生在臣子家，生来就具有了为臣为官的条件，如果一个人生在毕摩家，生来就可以学习毕摩的技能并成为毕摩，等等。由此，我们看到，彝族的职业分层思想是与血缘分层思想相联系的，职业成为了人们的一种先赋身份或地位：一个人可以从事什么职业，首要的是看其出生在什么家支或家庭，即一个人的血缘关系就决定了他后天的职业、身份和地位。因此，要认识和理解彝族的职业分层思想，就必须知道彝族的血缘分层思想，如果离开了彝族的血缘分层思想，是无法深入认识和理解其职业分层思想的，或者说，血缘分层思想和职业分层思想从不同方面体现了彝族的等级制度或等级观念，但归根结底，是血缘关系决定着彝族的职业分层和等级制度。

---

① 文道义主编：《海腮耄启》，贵州民族出版社2002年版，第145—147页。

（三）职业分层决定身份地位

彝族的职业分层由其血缘关系决定，在重根骨、重血缘的彝族古代社会，由高到低分层的君（兹）、臣（莫）、师（毕）、匠（格）、民（卓）等职业分层进而又决定着人们身份地位的高低贵贱："天上天神大，地上君尊贵。蜂儿敬蜂娘，庶民信君王。"[1] 处于社会最高层次的职位是君（兹），君（兹）的血统、根骨是最高贵的，其身份地位也是最尊贵的；处于第二层次的是臣（莫），其血统、根骨仅次于君，身份地位处于君之后的第二层次；师（毕），在历史上曾经与君合二为一，其身份、地位和血缘曾经是最高贵、最尊贵的，后来师逐渐与君分离、分化出来成为一种独立的职位或职业，与此相应，其身份地位也由最高层级降为在君、臣之后，甚至在改土归流后再次下降为一般的劳动者；匠（格）处于第四层次，民（卓）则为最低层次，匠（格）与民（卓）的地位和层级在彝族历史上都是处于相对稳定、不易改变的状况。这种由血缘关系决定职业分层、职业分层决定身份地位的高低贵贱的等级思想观念，应该说是深深影响着彝族民众的思想意识，并反映在彝族古代社会生活的方方面面。

首先，彝族社会普遍认可和接受不同职业拥有不同权力和占有不同财富的思想观念。阿买妮在《彝语诗律论》中这样写道："谁的牛羊多？君长牛羊多。世人谁辛苦？贫民实在苦。谁的土地多？君长土地多。谁的土地少？贫民土地少。谁的力量大？贫民力量大。鲜花开得艳，什么花才艳？杜鹃花开艳。谁家女才美？贫民女才美。谁个穿得好？君长穿得好。谁个最勤劳？贫民最勤劳。"[2] 君长拥有最大的权力、最多的财富，吃穿用度都是最好的；贫民的土地、牛羊等财富是最少的，干的是最累的活，是最辛苦、最勤劳的人。面对这样不平

---

[1] 云南省少数民族古籍整理出版规划办公室编：《裴妥梅妮·苏嫫》，云南民族出版社1991年版，第57页。

[2] 沙马拉毅主编：《彝族古代文论精选》（阿买妮："彝语诗律论"），民族出版社2010年版，第141页。

第三章 彝族古代社会分层和社会流动思想

等的社会事实，彝族人如何看待呢？一方面，如前所述，彝族先民虽然必须面对由于职业的不同，导致人们的社会地位高低有别、物质财富出现多寡不均、生活境况贫富不一的现实社会不平等，但是，由于认为职业分化是必然的也是合理的，所以处于底层的一般彝族人没有也不可能提出改变这种不平等状况的诉求，或者说，在他们的思想意识中，自古就默默接受或认可这种职业分层的现实。另一方面，彝族统治阶层通过利用手中的话语权和控制权，告诉一般民众要惧怕官吏。在彝族的思想观念中，既要求官员要树立威信，又要求一般民众要畏惧官吏，要服从官员的命令："君臣关系，是因畏惧而从命，失去畏惧就不从；是因威信而从命，失去威信就不从。"[1] 这里说的君臣关系，实质应该包括君民关系。从中可以看到，由于惧怕官吏，一般彝族民众是不会轻易起来反对职业分层中的不平等现象的，加之血统决定人的职业、职业又决定人的身份地位的思想观念根深蒂固，所以，自奴隶社会确立了君臣师匠民的职业分层后，这种职业分层基本就处于稳定的、不可改变的格局中。

其次，在彝族古代社会，职业分层决定着人们在社会生产生活中的身份地位，彝族的社会生产生活中处处体现着由此带来的不平等现象。在彝族古代社会，职业分层意味着从事不同职业的人，承担不同的职责和使命："君长的使命，侍奉社稷为上。慕魁臣子重要使命，悟古理为上。布摩的重要使命，理顺宗谱为上。黎民百姓的使命，懂农牧规律为上。"[2] 君臣师匠民作为五类不同的职业，担负着不同的职能，君掌握政权，臣负责协助君治理社会，毕摩后来就是专门负责祭祀、传承知识，工匠负责打铁造农具，百姓负责耕种放牧，这些职业本身又是有高低贵贱之分的："修养有三等，书卷与功名，在大山顶上，属于有修养的人，属于有知识的人。盔甲武器，在大山中间，属

---

[1] 王继超主编：《苏巨黎米》，贵州民族出版社1998年版，第20页。
[2] 同上书，第24页。

于能征善战者。农活用具，在大山下面，属于农耕畜牧者。"① 这里就非常鲜明地表明，不同职业是被分为三六九等的，或者说不同职业是有高低贵贱之别的。因职业而分成高低贵贱不同等级、不同层级的人，甚至说的语言都是不一样的："彝语天地语，彝语分等级。夷裔中黑支，是支吉祥人，所说施政语；臣支次吉祥，所说鸿雁语；百姓属平民，所说母系语，民语牧耕语；僰支饲猎犬，僰支说狐语。"② 虽然都是彝族，都是说彝语，但是因为职业分为不同等级，彝语也就分为不同等级，黑彝说的是施政语，是官方的话，是最吉祥的语言；臣的语言是第二吉祥的，而平民百姓所说的只是放牧耕种的话，是最低等的语言。认为从事不同职业的人说不同等级的话，可能是从人们履行职责时所说的话的内容不同而得出的结论，却明白无误地表明因人们的职业不同说的话也就分出了不同等级的思想观念："君言官方话，臣说传令语，呗说诅咒语，匠说锤声语，民语低等语，兵语似熊吼，言中有绕语。语言代代传，语言有发展。君语共同语，奴语共同语，婢语共同语，耄语共同语，耄者传语言。"③ 这里就更加明白地指出贫民百姓说的语言是低等的语言，而君长说的话则是官方的话，是最高等级的话，同类职业、同等身份的人说的话则是同样等级的。这种因职业不同分成不同等级的思想观念，也体现在彝族的祭祀仪式中。虽然在彝族的祭祀仪式中，不同等级的人举行仪式的程序、步骤是一样的，但在各个程序、环节中，都体现着要区别君臣师匠民的思想和行为。如同样是净尸，君、臣、师、匠、民所用之水是有区别的："金水洗君尸，君身闪金光……银水洗臣尸，臣身闪银光……雪水洗毕尸，霜水擦毕身……庶民死去了，净身用泉水。"④ 从君用金水、臣用

---

① 王继超主编：《苏巨黎米》，贵州民族出版社1998年版，第32页。
② 楚雄彝族自治州人民政府编：《彝族毕摩经典译注》（第四十卷夷僰源流），云南民族出版社2008年版，第241页。
③ 同上书，第251页。
④ 云南省少数民族古籍整理出版规划办公室编：《查诗拉书》，云南民族出版社1987年版，第7—9页。

银水、师用雪水，到民用泉水净身，可以清晰地看出君臣师匠民所处的高低等级；再如"踩尖刀草"时："路上尖刀草，君穿金鞋踩，臣穿银鞋踩，毕穿铜鞋踩。工匠老百姓，穿着铁鞋踩；你的儿与女，穿着花鞋踩。"① 即使是收敛死者骨灰的用具，也体现着不同的身份和等级："打制骨灰盒，等级不能同。君王和庶民，用的不相同……富用高贵货，穷取价廉物。"② 总之，在彝族古代社会为安顿死者而举行的各种仪式和活动中，处处体现着君、臣、师、匠、民的不同身份和地位。事实上，在彝族人的思想观念中，人的生活时空虽然划分为生前和死后，但是，人生前的生活却是可以延续到死后的，即生前从事什么职业，死后依然从事什么职业，因此，生前是什么身份地位，死后依然是什么身份地位，这种严格的等级制度和等级观念，必然体现在祭祀仪式中。

四 社会声望分层思想

与彝族社会非常普遍且绵延不衰的性别分层、血缘分层、职业分层相对应的是，彝族古代社会也存在或隐或显的社会声望分层现象，以及在此基础上形成的社会声望分层思想。综观彝族文献，在彝族古代社会中影响较大的社会声望分层的依据主要是知识、道德、长者经验等，彝族古代社会一般根据人们在创造、传承知识方面的贡献、掌握知识的多寡、道德修为的高低、在家族家支中的威望或影响等，进行社会评价、区分社会身份。与此相应，彝族古代社会形成了"知识为大""道德至上""德古调解民间纠纷"等社会声望分层思想。

（一）知识为大

彝族的起源十分久远，民族思想文化源远流长。这既使彝族传统

---

① 云南省少数民族古籍整理出版规划办公室编：《查诗拉书》，云南民族出版社1987年版，第41页。
② 云南省少数民族古籍整理出版规划办公室编：《裴妥梅妮·苏嫫》，云南民族出版社1991年版，第54页。

文化知识丰富灿烂，又使彝族古代社会形成十分尊重知识、崇尚知识的传统。彝族自古就有知识为大的思想观念，以创造和追寻知识为最崇高的荣誉，这首先表现在认为人类因为能够创造和传承知识而立于天地之间，从此维度看人类的地位甚至高于天地神灵："问官哪样最为大？官说天地最为大。年篦欧姑娘，铁篦得伙子，两个一齐说：天名天不开，天名人来开，地名地不开，地名人来开，如果没有书，天地就无名，天地不为大，人比天地大。你说日月大，我说日月大，没有这些书，日月就无名，日月不为大，还是人为大。菩萨多雄伟，庙名不是自己开，庙名人来开，如果没有人，谁来开庙名？庙是人盖的，菩萨是人塑的，寺庙不为大，还是人为大。你说书为大，我说书为大，如果没有人，书从哪里来？书本不为大，还是人为大。"① 这里借助彝族女始祖年篦欧和男始祖铁篦得之口，以承载知识的书为标尺，以人为天地日月神灵取名、建造寺庙并为神灵取名为例，比较并确立天地日月、神灵和人的地位，认为人类因为能够创造、传承和使用各类知识，为各类事物取名，因此其地位比天地日月和神灵都要高大，即在彝族先民的思想意识中，知识为大、书本为大，最终则是人类最伟大！因为人是唯一能创造、传承和使用知识的！同时，人类因为创造和拥有各类知识，就能够认识天地万物、掌握事物运行发展的规律，在从事各种社会实践活动时，可以利用掌握的知识处理各类问题："古彝人天下，知识大无边。有知识的人，能安乾天门。精通乾天门，熟悉坤地理，乾天门他开，坤地门他合……有知识的人，通阴阳哲理，彝汉同文明。凡天下臣民，都来学知识。知识广泛传，人人有文化……用知识治国，用知识祭天，用知识祭祖，用知识疗疾，用知识收妖。有了知识后，是君好司令，是臣好守政，是匠好作艺。儿子有道德，女儿有孝心。大路或小路，条条归大道。人有了知识，用

---

① 云南省社会科学院楚雄彝族文化研究室编：《彝文文献译丛》第一辑，内部资料，1982年印，第16—17页。

第三章 彝族古代社会分层和社会流动思想

来护生态，用来造树林，用来作耕耘。知识传开去，人杰地显灵。世上的彝人，代代很聪明。知识是金门，知识是银门，知识是铜门，知识是铁门。门门占有了，彝家永世兴。"① 从这些叙述中，可以看出彝族先民认为人类的生存和发展时时刻刻都离不开知识，认为不论什么身份地位的人，从社会中的君臣师到匠和民，再到家庭中的父母子女，都必须学习知识；认为只有学习了知识、掌握了知识，才能履行好自己的职责，个人才能得到人们的认可与尊重，人类社会才可能兴旺发达，因此，彝族先民形成了"知识为大"的思想观念。《苏巨黎米》对此思想进行了高度的概括："天地之间，各种本领中，有知识为大，有威势为强，有机遇为妙。知识造就人，如苍天辽阔，如青松伟岸。君子修养高，利人也利己。"② 即人类拥有的各种本领中，拥有知识是最关键最重要的，是知识造就了人、成就了人；有知识的君子既有利于自身获得较高社会评价，又能够为他人带来利益，有利于他人需求的满足。

从知识为大、人因拥有知识而立于天地间的思想出发，彝族先民形成了以拥有知识的多寡、或者知识是否渊博作为评价人的身份地位的社会分层思想：能够创造知识、传承知识或者拥有渊博知识的人，获得较高的社会评价，拥有较高的社会声望，其社会身份和地位就比较高；或者说，在现实的社会中，人们因为拥有不同的知识而被分成不同的层级，拥有不同的身份地位。正如被彝族社会所认为最有智慧的举奢哲概括的："人类聪明了，心中开了窍。从此以后呀，就在人中间，有了不同的——不同的层次，不同的智慧，不同的特性。"③这里就明确指出，因人们拥有的知识和智慧不同，就在人之间分出了不同的层次，人也因此获得不同的社会评价，拥有不同的身份和地

---

① 文道义主编：《海腮毲启》，贵州民族出版社2002年版，第6—11页。
② 王继超主编：《苏巨黎米》，贵州民族出版社1998年版，第21页。
③ 沙马拉毅主编：《彝族古代文论精选》，民族出版社2010年版，第29页。

位。《苏巨黎米》用较形象生动的语言表达了以知识区分人们的身份地位的思想："修养有三等：书卷与功名，在大山顶上，属于有修养的人，属于有知识的人。盔甲武器，在大山中间，属于能征善战者。农活用具，在大山下面，属于农耕畜牧者。"① 用大山的位置和层级来比喻人们的社会地位：有知识的人属于有修养的人，处于大山顶上，是社会地位最高、社会身份最尊崇的人，而知识较少的耕牧者，处于大山下面，即社会地位和社会身份最低的人。由于对知识的崇尚和追求，彝族先民就对拥有知识的人非常尊敬，懂得彝文字、又能沟通人与神灵鬼怪的毕摩，作为彝族古代社会的知识分子和伦理道德的教化师，深受彝族社会的尊敬和爱戴，因而在彝族社会中拥有很高的社会地位和荣誉："毕摩的心啊，占星他记清，知雾瘴变化，识风雨规律;"②《彝汉天地》指出："要尊重老师，并非尊重老师；而是尊重文化。"③ 毕摩就是彝族社会令人尊敬的老师，他们不仅能够处理人与神的关系，帮助人们排忧解难，而且能够为死者的亡魂指路，使之能够顺利回归祖界，所以毕摩被公认为是彝族社会最有知识、知识最为渊博的人，同时在彝族社会一直拥有较高的社会地位，具有较尊崇的身份。在彝族历史上非常著名的毕摩如举奢哲、阿买妮等甚至被彝族人当作神灵来尊敬和崇拜："先贤举奢哲，他来传知识。他是什么人，至尊的大师。他用口来说，阿买妮记录。他说出什么，阿买写什么，写了就成书，书传遍人间，他是大先贤。"④ 在改土归流后，毕摩已逐渐沦为一般的劳动者，但彝族社会对毕摩的尊崇风尚也没有因此发生改变，因为毕摩依然是彝族社会中最有知识的人、最有社会声望的人。此外，彝族社会对有丰富的社会知识和人生经验的长者也

---

① 王继超主编：《苏巨黎米》，贵州民族出版社1998年版，第32页。
② 楚雄彝族自治州人民政府编：《彝族毕摩经典译注》（第三十五卷滇彝古史），云南民族出版社2008年版，第251页。
③ 朱崇先：《彝族典籍文化》，中央民族大学出版社1994年版，第76页。
④ 贵州省毕节地区民族事务委员会编：《物始纪略》，四川民族出版社1990年版，第82页。

非常敬重,给予这样的长者以较高的身份地位:"路遇长辈长者,须下马侍立;长辈入室,须让其上座;长房之弟,虽年小亦尊称为兄,须以兄礼待之;男女之间,翁在,媳远避;兄在,弟妇远避。"① 因此,在彝族古代社会,如果谁不尊敬长辈,就被看作是没有知识、粗俗不懂礼貌的人,就会被人们给予否定性的社会评价,进而被人们所否定和排斥。

(二) 道德至上

在彝族古代社会中,道德具有特殊的地位和作用,彝族先民把它作为人之为人的根据,是人与兽相区别的标准,也是人类社会最终形成的标志。从这样的思想观念出发,彝族先民把道德修养作为获得较高社会评价、拥有较高社会声望的标尺,进而把道德修养水平的高低作为社会声望分层的依据或根据:"诚心顶敬祖宗,并作为信念。认真孝敬父母,并作为追求。赤子敬父母,面面俱到是第一,唯命是从是第二,通情达理是第三。父母待赤子,修养高是第一,希望有出息是第二,娶妻立门户是第三。"② 即彝族社会把道德修养作为人们立身处世的重要信念、重要信条,其中。诚心顶敬祖宗是彝族人的信念,要求所有彝族人都要这样做;此外,不同身份地位的人又有不同的道德要求,对于子女而言,要把孝敬父母作为追求;对于父母而言,在子女面前首先必须要有较高的道德修养,为子女做出表率,这是最重要的、是第一位的。彝族古代社会不仅把顶敬祖宗、孝敬父母作为最重要的道德原则和规范,而且把它们作为评价人的社会声望的重要标尺。

此外,彝族古代社会也从职业分层的角度,对于从事不同职业的人提出不同的道德要求:"君长作决断,思路要敏捷,又在于判断。出巡须骑马,事必躬亲,平易近人。慕魁臣子作谋断,有经验第一,讲道理第二,果断是第三。布摩的条件:有知识第一,有规范第二,

---

① 巴莫阿依嫫等编著:《彝族风俗志》,中央民族学院出版社1992年版,第86页。
② 王继超主编:《苏巨黎米》,贵州民族出版社1998年版,第17页。

声音气势是第三。工匠的三个条件：经验足是第一，设计是第二，心灵手巧是第三。"① 从此出发，就把从事同一职业的人分成不同的层次，给予他们不同的社会身份：声望较高的、声望一般的、没有得到肯定性的社会评价的。如君长中分出道德修养高的贤君、大臣中有作为楷模的名臣、毕摩中有智慧的化身的名师，等等。通过这些思想观念，我们也就不难理解，为什么彝族古代社会有如此多的教育经典，在众多的教育经典中大量的又是道德教育的经典，如《玛穆特依》《彝汉天地》《苏巨黎米》《海腮耄启》《彝族礼法经》等等，都是在彝族社会中广泛流传、影响深远的道德经典。与道德至上的思想观念相一致，在彝族文献中就有关于历朝历代的贤君、名臣、慧师、巧匠的记载，这些见于彝文文献中的各种职业的名人，就是彝族古代社会各个行业、各个时代中社会声望最高的人，也是彝族社会塑造的人们学习和仿效的榜样。在《且宝赔铃记》中就有贤君名臣的记载："明君贤臣皆尊贵，臣阿克矣伦贤能，师阿德阿哲博学，匠布玛矣乍灵巧，曾如此兴盛一时，为独家享尽荣华。"② 正是因为有名君格慈罗婪，再加上贤臣阿克矣伦和博学的毕摩阿德阿哲，罗婪才能繁荣兴盛。多部彝族文献中提到的贤人四十多位，应该就是彝族社会中声望较高的人的典范。《夷僰源流》设了"夷裔先贤录"一章，专门介绍四十几位彝族古代社会中赫赫有名或者社会声望较高的人："远古的时候，彝地与汉方，皆有贤明者。虽各居一方，贤者四十九，名位排分明，训导人生理，传承史诗歌。彝方先贤中，笃币采惹他，排名为第一；操茨颖嘎他，排名居第二。"③ 这就是彝族古代社会贤明之人的代表，也是彝族古代社会声望高的名人的代表："彝汉先贤者，四十又九位。论世辩哲理，阐释生存道，善恶美丑分。归纳成箴言，七

---

① 王继超主编：《苏巨黎米》，贵州民族出版社1998年版，第30—31页。
② 朱崇先：《彝族典籍文化》，中央民族大学出版社1994年版，第71页。
③ 楚雄彝族自治州人民政府编：《彝族毕摩经典译注》（第四十卷夷僰源流），云南民族出版社2008年版，第418页。

十又二条，训导后来人。"① 彝族之所以给这些先贤们较高的社会声望，不仅在于他们是贤明之人，更重要的是他们的事迹可以鼓励更多的人成为贤明之人、成为具有较高社会声望的人。

（三）德古与苏易

在彝族古代实际的社会声望分层中，最具有典型性、最具有民族特点的就是德古和苏易的产生。德古和苏易都是彝族社会声望较高的人，从德古和苏易在彝族社会运行中实际起的作用看，他们是彝族民间社会的头人。"德古，彝语意为'善于辞令者'；苏易，彝语意为'为大家办事者'。他们都是诺合家支的头面人物，熟悉一家支的历史典故和谱牒，深知习惯法，巧言善辩，故能在家支中享有崇高的威望。"② 德古的声望一般会超出本家支的范围，可以处理或解决本家支或跨越家支的问题，比如调解民间纠纷、指挥冤家械斗、就冤家械斗等事项在不同家支之间进行谈判等；苏易的作用一般会局限在本家支内部，声望没有德古高。但是，德古和苏易并不是通过继承或者选举产生、获得相应社会地位的，而是在实际的社会运行中，由于他们熟悉彝族的家支谱牒和历史典故、深谙彝族的风俗习惯、善于辞令雄辩、办事公正公道，具有较高威望、深得大家信任，在为彝族民众办事的过程中自然形成的，即德古与苏易是因其见多识广、办事能力卓著而自然形成的。

德古与苏易主要是在凉山彝族社会盛行，其他彝族地区在改土归流后，中央王朝的统治较为稳定，"彝族的民事、刑事案件多由流官依王朝律法决断。因而'德古''苏易'之类的家支头人，逐渐退居次要地位。"③ 即云南等发展较快的彝族地区，德古和苏易的作用和影响力在明清之后日渐式微，取而代之的是中央王朝的统治和治理；

---

① 楚雄彝族自治州人民政府编：《彝族毕摩经典译注》（第四十卷夷僰源流），云南民族出版社2008年版，第419页。
② 李绍明等：《彝族》，民族出版社1996年版，第45—46页。
③ 王明东：《彝族传统社会法律制度研究》，云南民族出版社2001年版，第46页。

但是，在凉山彝族地区，由于在民主改革前一直处于奴隶制的社会形态，一方面中央王朝难于统治和管辖，使凉山彝区的彝族成为所谓的"独立倮倮"，另一方面，由于凉山彝区没有形成统一的地方性政权，而是由近百个诺合家支统治，这使得凉山彝区特别依赖德古和苏易来处理各类民间纠纷、冤家械斗等事宜，德古和苏易的影响力就比较强大，其社会声望也比较高。但是，彝族比较一致或者说源远流长的一个思想就是尊重长者，因为在他们看来长者就是知识、经验、能力的代名词。

透过彝族德古与苏易产生的机制，我们可以看到彝族古代社会声望分层的思想：知识、能力、道德修为等因素是彝族古代非常重要的社会声望资源，能同时拥有这些资源的人自然而然成为彝族社会的头人，获得较高的社会身份，能在彝族古代社会运行中起着非常重要的作用。反之，这种社会声望也不是永久的，如果某位德古和苏易在处理某件事务时，被认为有失公允或处理得不好，其影响力就会下降，社会声望就会减小甚至丧失。这里也折射出彝族古代社会尊长敬贤、崇尚知识与能力的社会思想观念。

第二节　社会流动思想

社会分层与社会流动往往是相伴而生的，或者说只要有社会分层的现象就会存在社会流动的问题。彝族古代社会流动既有民族迁徙与家族分支等带来的地理空间、生活区域的变动，又有人们在特定社会分层体系中社会位置的变动，由此会带来彝族先民在财产、权力、声望等方面的变动。但纵观彝族古代社会流动的历史发展，彝族古代社会流动具有流动率比较低，血缘、身份等先赋性规则是社会流动的主要规则，等级制度稳定而持久等特点。与现实的社会流动事实相对应，彝族古代社会形成了回归祖界、重视根骨、君臣师三位一体、尊长敬贤等社会流动思想。

第三章 彝族古代社会分层和社会流动思想

一 社会流动的基本状况

（一）民族迁徙

在彝族形成发展的历史进程中，由于早期的"随畜迁徙"的生计方式以及后期生存实践的需要，彝族先民曾经历旷日持久的从西北河湟流域到西南地区，以及在西南广大地区的迁徙流动，正是在不断的迁徙历程中，彝族逐步形成了在西南地区的地域分布格局：既散落在云南、贵州、四川、广西各地，又相对集中分布在云南、贵州、四川相邻的地区及云南各地。因此，一部彝族形成和发展的历史，就是一部彝族先民长期不断的迁徙历史。

关于彝族的族源，学术界多倾向于"北来说"，即认为彝族起源于古氐羌族群，是以古氐羌族群为基础融合了西南地区的土著居民后逐渐形成的。从此看，彝族在其起源处就是以迁徙开始的——从西北的河湟地区向西南地区迁徙。到了西南地区后，一方面，古羌人属于游牧族群，其生计方式就是"随畜迁徙"，这就决定了其生活的地理空间和生活区域必然处于不断地变换、变动过程中；另一方面，由于自然环境的变化、与周围族群的竞争、家族分支等原因，彝族先民不断经历寻找、开辟新的生息繁衍之地的压力，进而或被动或主动地进行迁徙。这从彝族的很多文献中可以看到，如《西南彝志》《彝族源流》《夷僰源流》等文献的主要内容就是叙述彝族先民形成、发展、迁徙的历史的，其中彝族各支系的谱牒以及彝族先民的迁徙历史和迁徙路线是非常重要的内容，如《夷僰源流》就有这样的描述："阿克那一代，从那比古地，迁至积夺地。积夺好嘎地，尼能部居住。迁至积夺地，来到自嘎地。过了若干年，又离自嘎地。迁居更好处。居地迁一次，臣民留一批。汶种播大地，六祖得使唤。"[①] 彝族各地《指

---

① 楚雄彝族自治州人民政府编：《彝族毕摩经典译注》（第四十卷夷僰源流），云南民族出版社2008年版，第247页。

路经》的主旨则是依循彝族先民的迁徙路线指引亡魂回归祖界。从这些彝族文献中，我们可以看到彝族艰苦卓绝的迁徙历史、漫长艰辛的迁徙路线，以及彝族先民生存空间、生活区域的变化。

在彝族先民的迁徙史上具有里程碑意义的一次大迁徙，就是彝族地区广泛流传的六祖分支后的彝族各部的迁徙，这次迁徙基本上奠定了彝族各部在西南地区的地理空间和生活区域的分布格局：洪水泛滥后一段时间，彝族先民集中生活居住于云南的洛尼山一带，随着生活的安定、人口快速繁衍和增长，这一地区容纳不了发展壮大起来的彝族先民，为了寻找新的生存、栖息之地，阿普笃慕举行了盛大的分支仪式，把他的六个儿子分成武、乍、糯、恒、布、默六部，往不同方向寻找新的生存空间、开拓新的生活区域。他们以洛尼山为中心，武、乍二部向滇南迁徙，糯、恒二部由滇北入四川凉山，布、默二部在滇中。六祖分支后，彝族先民的迁徙并没有停止，但他们迁徙流动的区域大体确定：武、乍二部主要活动在滇南和滇西区域，其中武部到唐时建立了南诏；糯、恒二部主要在四川凉山地区发展，德赫辉分支后又迁徙到川南、古蔺一带并建立了且兰国（彝语称为扯勒）；布、默二部主要在滇中、滇东北、黔中、黔西北地区迁徙发展。

六祖分支后，由于社会政治经济变化的原因，彝族历经几次规模比较大的、有组织的、甚至伴有武力胁迫的迁徙和流动，如南诏时期，南诏统治者曾采取大规模武力移民的措施，把滇东民众迁移到滇西、把滇西民众迁移到滇东，其间也涉及比较多的彝族民众被迫迁徙。明清时期彝族地区的改土归流对彝族的分布产生了较大影响，特别是雍正年间鄂尔泰在滇东北地区以武力推进的改土归流，既杀戮了滇东地区大量的彝族，又使一些极度害怕被杀戮的彝族人冒险渡过金沙江后逃到凉山地区，迫使彝族民众为了生存又再次进行迁徙，这次迁徙致使一度是彝族经济文化发展的中心区域的滇东北地区的彝族人口急剧减少。这些由于政治经济原因迫使彝族进行的迁徙，也一再改变着彝族的地理空间分布和生活区域的变迁。

第三章 彝族古代社会分层和社会流动思想

(二) 女性与男性社会地位的变迁

男女的区别与差异是彝族先民较早观察到的社会分层现象。男性与女性在自然生理方面的区别与差异是客观存在的，从这个层面看的男性与女性是不存在社会学意义上所说的社会流动问题的。但是，从男女所拥有的权力、社会声望和社会地位的层面看，在彝族社会发展的不同时期却又存在着实际的变迁或改变，即在社会发展的不同进程中，女性与男性拥有的权力、声望、地位等是不同的，是随着社会的发展变迁而不断变动的。在彝族社会形成的早期，主要是母系氏族社会及其之前的时期，女性处于社会的较高层级，拥有较大的权力，具有较高的社会声望；随着社会的进步与发展，特别是社会分工的出现，随之而来的就是女性在权力、声望、地位等方面均出现了向下的流动，其曾经拥有的社会地位、声望和权力均逐渐转移到了男性成员手中，与此相对应，男性则出现向上流动，逐渐取代女性取得社会生产生活的主导权，最终获得支配和控制彝族社会的权力、拥有了财富的所有权、具有了较高的社会地位和社会声望，居于社会较高的层级，甚至在一些原来女性从事的行业或领域中取得独占地位，因此出现了不允许或禁止女性活动的限制令，如不允许女性学习和担任毕摩、祭祀场所不允许女性进入等，这些限制令的出现，同时就意味着男尊女卑思想观念形成，男性在社会生产生活中的主导地位最终确立。

据彝族文献记载，在母系氏族社会时期，女性成员曾经是智慧、能力的象征，她们掌握着社会权力，能够决定大小事务、具有较高社会地位。在《西南彝志》《彝族源流》《夷僰源流》等文献中，都有女性曾在社会生产生活中占据主导地位的叙述或记载，如"女带吉祥来，女祖更伟大；女带智慧来，女祖育六祖。人生天地间，长者传本领。祖宗留美名，千古流芳远。"[1] 女性在彝族社会发展进程中曾经

---

[1] 楚雄彝族自治州人民政府编：《彝族毕摩经典译注》（第四十卷夷僰源流），云南民族出版社2008年版，第242—243页。

居主导地位的思想在此得到比较清晰的体现。在《物始纪略》中则有"女权的根源"一章，专门论述彝族社会曾经历"女权时代"："很古的时候，男女在世上，分也无法分，夫妇也难分。在那个时代，子却不知父，子只知道母。一切母为大，母要高一等，所有的事务，全由女来管。女的又当君，女的又当臣。制造弓和箭，利剑擒野兽，兽肉女来分，女分肉均匀，她就是君长，人人都心服，一切听她话，她说了就行。"① 这里不仅描述了彝族确实经历了母系氏族时代，在那个时代，子女只知道母亲却不知道父亲，即知母不知父，依靠捕猎野兽生存；而且描述了在母系氏族时期，由女的掌权，女的管理一切事务，大家都必须听从女性的号令，服从女性的管理，女性的地位比较高，是女性占主导地位的社会。在彝族历史上作为智慧神的象征的阿买妮，是一位杰出的女性毕摩，她的《彝语诗律论》是较早论述如何创作彝族诗歌的理论著作，其中又蕴含丰富的彝族哲学、社会思想，对彝族诗歌、彝族哲学社会思想产生了深远的影响，但在阿买妮之后，有文献记载的彝族女性毕摩、女性知识分子就再也没有了，这从一个侧面反映出彝族古代社会女性的社会层级不断向下流动的事实。另外，彝族文献大多记载了彝族古代社会曾经历男嫁女娶的时期，后来才转变为男娶女嫁，甚至把嫁女儿当成卖女儿，婚姻形式的变化也反映出女性社会地位向下流动的事实。

四川的《勒俄特依》描述，在石尔俄特之前都是生子不见父，石尔俄特去寻父买父，从此推测，彝族的父系世族社会应该是从石尔俄特时期开始的。云南的《居次勒俄》也有苏乃勒格寻父买父的描述，据此推测，应该是从苏乃勒格开始由母系氏族社会向父系氏族社会变迁。贵州的《西南彝志》则是以谱牒的形式，记录了贵州彝族的父亲世系是从希姆遮开始的。如果我们撇开不同地区彝族文献关于彝族从

---

① 贵州省毕节地区民族事务委员会编：《物始纪略》，四川民族出版社1990年版，第36—37页。

何时、何人开始由母系氏族社会向父系氏族社会变迁的问题,而是看女性、男性社会地位变迁的本身,我们可以清晰地看到,女性和男性社会地位的变迁或变化是从母系氏族社会向父系世族社会的变迁开始的,或者说,母系氏族社会向父系氏族社会变迁的一个重要标志就是男性取代女性获得了社会的主导地位、取得了社会运行的支配权力。

(三) 从母亲世系向父亲世系的变迁

彝族古代社会以血缘为依据进行的社会分层,在奴隶社会后演变为彝族的等级制度,这种等级制度确立后,一个人的血缘或根骨就决定了他的身份和地位,即社会层级,这种身份、地位或社会层级是不可能改变的。因此,从血缘分层的视角来看,要改变一个人的社会层级,即进行向上或向下的流动几乎是不可能的,这从彝族古代社会所持有的根骨观念可见一斑:"君府生君子,如太阳放金光,照四城八邑,天下明朗朗。臣府生臣子,同月亮齐明,政局明朗朗。师府生教官,松柏有雨露,常绿又苍翠。君子有高威,臣子有大荣,国师有圣德,为民办善事,一心想国事。"① 但是,从群体的社会层级的形成与确立视角看,彝族古代社会的血缘分层结构又经历了从母亲世系向父亲世系、从"强者作了主,弱者降为奴"的等级制度变迁发展的过程。

彝族文献有非常清晰的关于彝族远古时期曾经历以母亲出身、按母亲世系计算历史的思想。《夷僰源流》这样描述彝族最早的世系:"远古乌昵女,少时袅娉婷,出嫁育儿女,成为思噻母;涛能的女儿,后成比额母;涛能俄姑娘,成为阿颂母;熬鲁妞姑娘,窈窕娴淑女,成为阿旦母;宠夺夺姑娘,成为颂南母;夺夺勒姑娘,成为额挪母;勒聘思姑娘,成为老操母。"② 经历了漫长的母系世族社会后,彝族

---

① 文道义主编:《海腮耄启》,贵州民族出版社2002年版,第145—146页。
② 楚雄彝族自治州人民政府编:《彝族毕摩经典译注》(第四十卷夷僰源流),云南民族出版社2008年版,第242页。

古代社会也经历了社会分工，在社会分工发展的过程中，彝族古代社会的男性逐渐取代女性占据社会生产生活的主导地位："笃裔三兄弟，管辖人间事，相约捕猎物。林中捕猛虎，原上捕猎豹，崖间捕马鹿，江中捕大鱼……他们哥三个，施政善管理，猎捕好身手。"①从中可看到，在捕猎时代，彝族男性已占据了社会生产活动的主导地位，进而成为社会生活的主导力量，彝族古代社会由此逐渐向父系氏族社会变迁，彝族的世系因此出现以男性世系计算和记载，彝族古代社会的血缘分层因此发生了改变：从根据母亲血缘计算世系向根据父亲血缘计算世系变迁，即从母系氏族社会向父系氏族社会变迁。

在原始社会末期，彝族古代社会经过长期的氏族部落战争，笃慕部落取得了胜利，因此成为彝族的共同祖先。之后的六祖分支，虽然基本确定了彝族各支系生存发展的地理空间或区域，但由于彝族各支系的实力出现了强弱分化，于是不断经历"强者作了主，弱者降为奴"的家族家支实力的变迁，彝族社会逐渐出现了黑彝、白彝家支的分化，实则是出现了统治阶级和被统治阶级的分化，此后，彝族的血缘分层及由此发展并确立的等级制度才基本稳定下来，在此基础上又逐渐形成彝族社会特有的根骨观念。

（四）从职业分化到等级制度的形成

在原始社会时期，彝族社会经历了农业与畜牧业、手工业与农业等几次社会大分工，在社会分工的基础上，约在六祖分支时期，或者说在原始社会向奴隶社会过渡的时期，彝族社会进一步出现了职业分化的现象：掌权、辅政、祭祀、工艺、耕牧等不同职业由不同的人承担，即出现了彝族文献中所描述的君掌权、臣施政、师祭祀、匠作艺、民耕牧的职业分化现象："君王的职责，管理好国度。师人的职

---

① 楚雄彝族自治州人民政府编：《彝族毕摩经典译注》（第四十卷夷僰源流），云南民族出版社2008年版，第246页。

责，教化好庶民。"① 这种职业的分化，一方面，要求各个职位的人都要承担起相应职责，履行好各自职能，以保障社会的和谐发展："府内君威高，辖区臣荣大，臣民知识广，奴仆排成行。兵将满天下，戈戟齐齐。基业繁荣，人丁兴旺。"② 君有权威、臣有能力、臣民有知识，奴仆、兵将数量众多，处于不同职业的人能够各尽其职、各负其责，彝族社会就兴旺发达。另一方面，随着社会的发展，君臣师匠民的职业分化就与血缘相联系，逐渐固定化，最终则被分成高低不同的等级：君是最高等级，臣次之，师其后，接着是匠，匠之后是民，奴是最低等级。如果说最初的职业分化可能是因为在社会分工过程中人们个体的能力有差异或高低不同，那些能力较强的人逐渐成为氏族部落、甚至是部落联盟的领头人，那么，当这种职业分化与血缘、身世发生关系后，就被固定化、进而演化成为严格的等级制度：君的后代子孙天然就是君位的继承人，臣的后代子孙是臣位的继承人，师的后代子孙是师的继承人，匠的后代只能从事匠的职业，民的后代永世都是民。虽然云南、贵州的彝族在进入封建社会后，再没有建立国家政权或类似的社会组织机构，但等级制度及其思想观念并没有发生根本性的改变，因为之后的土官甚至是流官，依然处于彝族社会的较高层级，而普通民众则依然处于社会的较低层级；另外，明清改土归流后，云南、贵州的黑彝逐渐失去其政治权力和政治地位，但依然处于社会较高层级，其贵族的身份地位还继续，而白彝仍然是处于低于黑彝的位置，虽然有些白彝可能积累了较多的财富、有较强的经济实力，但在彝族社会中，他们的身份、地位并没有因此出现根本的改变或变迁，即彝族社会依然是等级森严的社会。

（五）社会声望的自然形成

在彝族古代社会，一般情况下，个人的身份、地位、甚至是职业

---

① 文道义主编：《海腮毫启》，贵州民族出版社2002年版，第132页。
② 同上书，第143—144页。

都是由其先赋身份，即血缘或身世决定的，个人在后天很难改变这种先赋身份和地位，大多数彝族人的社会层级就是这样被确定的。但是，彝族社会自远古时候就有一种社会声望不是由先赋身份决定、而是由后天努力获得的，一旦获得这种社会声望，也可居于社会的较高层级，这就是远古时候称之为耆老，后来在凉山被称之为德古和苏易的长者，只不过这类具有较高社会声望的人只是极少数，或者说只有极少数的彝族人可以成为耆老、德古、苏易，大多数彝族人的社会层级还是要依靠先赋性身份决定，但这些极少数的具有较高社会声望的长者又是彝族古代社会有序运行不可或缺的人。具有较高社会声望的耆老、德古、苏易，其声望和地位是在后天自然形成的，主要是因为这类人熟知彝族的家支谱牒、各种风俗习惯、各种规范规矩，且具有较好的口才，能言善辩，能够说服众人，能够解决纠纷，直至能妥善解决和处理彝族内部的繁杂事务，其社会声望就是在解决、处理各种纠纷或者其他难事的过程中自然形成的。

晋人常璩所著的《华阳国志·南中志》有相关记载："夷中有桀黠能言议屈服种人者，谓之（耆老），便为主，论议好譬喻物，谓之（夷经）。"这里所说的耆老，应该就是因其能言善辩而获得较高社会声望的长者，他们能言善辩的能力是在后天学习获得的。《彝族氏族部落史》对此也有叙述："阿胜和布育，是我底恩师，授业其门下，从小学历史，长大很博学，流水传人情，学业无止境。当今之时候，仍需勤努力，肚中无才华，论世无人听，尚于辩论者，此乃真贤士。""听耆老辩论，祭奠先祖灵，让你知其理，"[①] 从中可以看出，能言善辩的人，是需要后天认真拜师学艺，需要博学善辩，论世事讲道理才会有人听、才能取信于人。凉山地区的德古和苏易应该就是从早期的耆老演变而来的，他们都是知晓家支谱牒、深谙各种规范规矩，熟悉凉山习惯法，在家支中享有崇高威望的长者，"他们的产生，既非任

---

① 杨凤江译注：《彝族氏族部落史》，云南人民出版社1992年版，第78—79页。

命又非选举产生,也无任何就职仪式,由于具有较强的办事能力,而自然成为领袖人物。若其影响消失,或几次办事不力,自然就失去领袖的地位。"① 这是除了世袭的身份地位之外,彝族社会分层与社会流动的一种补充形式,是彝族古代社会存在但数量很少的一种后获身份或声望,其最核心的一点就是自然产生和形成,其消失也是因能力不足或影响消失而自然失去。虽然这类人只是少数,但却是彝族古代社会有序运行所必需的,同时也是彝族古代社会流动现象的特例。

二 社会流动的基本特点

综观彝族古代社会流动问题,可以发现它既具有古代封闭型社会的社会流动一般特点,也有彝族社会流动的特殊性。一方面,由于历史、政治、经济、文化传统、民族关系等原因,彝族古代社会经历了时间长、范围广的地理空间的变动,即多次经历影响深远的民族大迁徙、民族大流动,其生存发展的地理空间变动比较大;另一方面,由于彝族古代社会的政治、经济制度和政策安排,这种制度和政策安排严格维护和遵循先赋性规则,血缘、身世对各层级社会垂直流动具有较强的限制或抑制,致使彝族社会层级出现较为稳定的结构化特征,不同层级之间流动率非常低,很难在不同层级之间进行向上或向下的流动,因此,彝族古代社会不仅确立了边界清晰的社会分层结构,而且这种社会分层结构自形成后就比较持久和稳定,几乎与彝族古代社会相始终。

(一)社会流动率比较低

总体来看,彝族古代社会有明晰而严格的社会分层结构,同时不同层级之间的垂直社会流动基本上是被抑制甚至是被禁止的,这种社会分层和社会流动的制度和政策安排导致彝族古代社会层级结构的上升或下降的流动渠道几乎没有,不同层级的人很难进行向上或向下的

---

① 李绍明等:《彝族》,民族出版社1996年版,第46页。

社会流动，社会垂直流动率比较低以至于没有。或者说，彝族古代社会是个比较封闭的社会，人们的社会层级是由其身世、血缘等先赋性因素决定的，人们能够从事的职业也是由其血缘和出身决定的。一个人出生在哪个社会层级、生在什么样的家庭、家族或家支，出生时的家庭、家族、家支从事什么职业，一辈子就被固定在哪个层级、哪个家庭或家支、哪种职业，是不可更改的："君府生君子，如太阳放金光，照四城八邑，天下明朗朗。臣府生臣子，同月亮齐明，政局明朗朗。师府生教官，松柏有雨露，常绿又苍翠。"① 这种由出身决定人的身份地位的思想观念，被制度化、合法化、固定化，最大限度的限制着彝族古代社会的垂直流动，即人们的身份、地位在其出生时就被决定了，在后天是没有办法改变的。

与先赋身份决定社会层级相应的是，在彝族古代社会几乎没有能够实现社会层级垂直流动的渠道、途径和机制。一方面，彝族古代社会没有形成或产生学校教育，一般彝族人难于通过接受教育而实现社会流动。虽然彝族古代就有文字，非常重视知识、重视学习、重视教育，但彝族古代社会没有产生本民族的学校教育，彝文也只是特定阶层——毕摩创制、传承的，主要用于宗教祭祀活动，一般人不能学习彝文，也不可能接触彝文，毕摩使用彝文文献也有严格的规定和程序，彝文文献的收藏也有严格的规定和要求，这使得彝文文献特别是彝文宗教文献在保持神圣、神秘的同时，成了真正的难以为常人接触的"天书"。彝族的教育一般是在日常生活中，通过父母的言传身教，以及同层级同辈群体的经验传授，举行的种类繁多的宗教祭祀活动等形式进行的。其教育的主要内容也是各层级的人必须遵守与自己身份地位相适应的各种规范和规则，以及所从事的职业有关的经验。因此，彝族古代社会没有像汉族一样的学校教育，更没有像科举考试一样的制度化的通过后天努力实现社会流动的途径和机制。另一方

---

① 文道义主编：《海腮耄启》，贵州民族出版社2002年版，第145—146页。

面，彝族实行严格的家支外婚、等级内婚制，这种婚姻制度非常严格的禁止彝族与外族、彝族内部不同层级之间的婚姻。彝族为了保持"彝根"纯正，历史上实行严苛的族内婚，不允许与汉族等其他民族通婚，如果有与其他民族通婚的，往往会被处死；为了保持彝族各层级血统的纯正，彝族同时奉行严格的等级内婚，即只能选择相同等级的家支、家族作为缔结婚姻的对象，彝族把这称之为联姻。如果有不同层级的彝族男女结婚，彝族习惯法规定必须处死。这种严格的等级内婚制度就极大的抑制了通过缔结婚姻改变社会层级的路径和渠道。另外，彝族古代社会把职业分工与血缘、出身紧密相连，即能够从事什么职业与出身在什么职业的家族直接联系起来，彝族人很难通过职业的改变而实现社会层级的流动。

总之，彝族古代社会是个极其封闭的社会，其制度和政策安排几乎阻断了不同层级之间进行社会流动的路径，社会流动往往只有水平流动，垂直流动几乎不可能出现，致使彝族古代社会成为封闭的社会。

(二) 先赋性规则是彝族古代社会流动的主要规则

彝族古代社会的低流动率或者封闭性，既是彝族古代社会宏观的政治、经济制度决定的，又与彝族古代社会流动遵循或执行严格的先赋性规则直接相关。

彝族在西南地区的迁徙发展过程中，由于地域、历史等诸多因素，导致不同地区的彝族呈现出政治、经济发展极不平衡的特点，同时，作为西南地区人口最多的少数民族，彝族历史上虽然建立过区域性的统一政权，如古滇国、南诏国等，但却没有能够建立起包括各地区所有彝族的统一政权，反而是在彝族发展的漫长历史时期，大部分时间都处于各部、各支系、各家支互不统属、各自独立的状态中。而彝族各部、各支系、各家支往往执行以血缘为基础形成的习惯法，这些习惯法最根本的原则就是维护彝族血缘、血统的纯正，它是以阻止或禁止不同层级之间的社会流动为基本原则的，先赋性规则因此成为彝族古代社会流动的基本规则，出身、血缘成为决定彝族社会层级的不可更改的因素；此外，彝族古代社会的职业又与出身、血缘关系直接联系。虽然彝族古代社会的政治、经济制度曾发生根本性变迁，特别是以滇池、洱海为中心的彝族地区的政治、经济制度曾发生根本性变迁，甚至出现资本主义生产关系的萌芽，但以出身、血缘作为社会分层的决定性因素的状况并未改变，彝族古代社会自始至终都没有有效的社会流动的机制、途径和渠道，更多的是阻止社会流动的制度、政策和机制。甚至明清时在彝族地区推行改土归流政策后，这种由出身、血缘决定社会层级的状况也没有根本性改变，先赋性规则一直是彝族古代社会流动的主要规则。

（三）等级化的社会分层结构稳定而持久

彝族地区在进入奴隶社会后，确立了以父系血缘为标准、并与职业分层相结合的社会分层结构。由于彝族依据血缘、出身而区分为统治阶层的黑彝与被统治阶层的白彝，又依据职业区分为由高到低的君、臣、师、匠、民的不同层级，彝族的社会分层便具有了等级化的特点。由于特殊的地理、历史、政治、经济发展等原因，这种等级化的社会分层结构比较稳定而持久，基本与彝族古代社会相始终。

进入奴隶社会后，彝族各部、各支系、各家支据其血缘被划分为统治阶层和被统治阶层，这种划分又与彝族崇尚黑色的传统思想观念相结合，统治阶层自认为是"黑骨头"，拥有高贵、纯正的"根骨"，彝族中的贵族、上层统治者就被称为黑彝；被统治阶层虽然具有"彝根"，却没有高贵的黑骨头，处于彝族社会分层结构中的下层，被称之为白彝。云南、贵州地区的黑彝和白彝的社会分层结构并没有随着彝族进入封建社会，或者随着土司制度、改土归流等社会制度的变迁而改变，而是在与彝族君、臣、师、匠、民的职业分层结合的过程中，被不断的合理化、合法化和固定化。凉山地区的具有深厚等级制度色彩的社会分层结构，在与家支制度结合的过程中，更为坚固和持久。因此，彝族自进入奴隶社会后，彝族人依据出身、血缘被划分为

· 132 ·

高低不同的社会层级，而高低不同层级的彝族人同时又只能从事与自身出身、血缘相匹配的职业，职业分层同时被赋予了血缘和等级的意义，这种血缘分层与职业分层相联系、相结合的等级化的社会分层结构，使不同职业、不同层级的彝族之间有着非常明晰、不可逾越的界限，有着稳固而不可变动的高低贵贱的等级色彩。彝族特有的融合了血缘与职业分层的等级化的社会分层结构，一直与彝族古代社会相始终，先后持续近两千多年之久。

以凉山彝族为例，凉山以家支为基础建立起来的等级制度，是彝族奴隶社会时期等级制度的典型。在凉山奴隶制度中，所有彝族人根据其身世、血缘被划分为兹莫、诺伙、曲诺、阿加、呷西五个由高到低的等级，这五个等级之间的分界是绝对的、不能逾越的，五个等级之间是没有进行社会流动的渠道或路径的，哪怕是作为曲诺阶层的白彝，即使积累了较丰厚的财产，也不可能上升为诺伙，更不可能上升为兹莫；如果兹莫破产了，但在彝族人看来他们依然是高贵的黑骨头，依据彝族的习惯法，他们依然是统治阶层而不可能向下降为白彝或者成为被统治者。在凉山的奴隶制度中，黑彝与白彝的区分，兹莫、诺伙、曲诺、阿加、呷西的身份是据其身世、血缘确定的，一旦确定则永远不能更改。凉山奴隶社会的这种等级制度稳定运行了2000年左右，直到民主改革后才终止。

彝族这种等级化的社会分层，实质上最大限度的限制或阻隔了彝族不同社会层级之间的垂直社会流动，致使彝族的这种社会分层形成稳定、持久的结构，这又使得彝族古代社会呈现出罕见的相对稳定性。

三 社会流动思想的内容

在彝族古代社会流动过程中，形成了独具特点的彝族古代社会流动思想：从彝族地理空间的变动——民族迁徙中形成了在彝族社会影响深远的回归祖界的思想；从彝族社会层级结构的变迁中则形成重视根骨、君臣师三位一体、尊长敬贤等思想观念，这些思想观念既是彝族古代社会流动的反映，它们一旦形成，又反过来影响着彝族的社会流动，强化或固化着彝族古代社会分层思想。

（一）回归祖界思想

彝族绵延不断的迁徙，既使彝族广泛分布在西南各地，也使越来越多的彝族人不断远离自己祖先的发祥地、远离祖先曾经的生活居住地。这种远离故土的地理空间的变动，并没有使彝族人忘却曾经的故土，而是把祖先曾经居住过的故土作为共同的历史记忆，在彝族人中世代相传。在彝族人世代相传中，彝族祖先曾经生息繁衍之地被称之为祖界，祖界通过彝族传统宗教的浸润，被构建为虽然遥不可及但又是彝族人心目中最神圣最美好的地方，彝族人的祖先在那里过着幸福美好的生活。如此神圣、美好的地方，对于彝族的后世子孙而言，能不能回归、如何回归就是一个必须直面的问题。对于已经远离祖界的彝族人而言，在有生之年回归是没有可能性的，但祖界又让彝族人魂牵梦绕，如何回归祖界、怎样回归祖界是彝族人必须解决的问题。对此，彝族传统宗教构拟出了人的生前与死后两个时空概念，生前不可能回归祖界，那就在死后由不死的灵魂来完成这一宿愿——经由毕摩为不死的亡魂指路，亡魂历尽艰辛，最终要回到祖界，与先逝的祖先们共同生活。回归祖界就成为支撑彝族人不断向新地方迁徙的精神力量，指引着彝族人不断拓展生息繁衍之地，同时又成为彝族人的终极追求，即使死后也必须回到那里去!

在彝族各支系不断迁徙的历程中，彝族人把曾经走过的地方、曾经生活过的地方一一记录下来，以最早的祖先居住地为起点，最新的生活居住地为终点，构成完整的迁徙路线，这条迁徙路线正是亡魂回归祖先居住地的路线。在彝族人的思想意识中，虽然回归祖界是彝族人的终极追求，但回归祖界却是路途遥远且充满艰辛曲折，没有毕摩的教育和指引，亡魂不可能自己完成回归祖界的愿望，所以需要通过举行特定仪式，由毕摩指引、帮助亡魂克服各种艰难险阻，最终回归祖界，与先逝的祖先在祖界共同生活。彝族各地各支系流传的《指路经》的主旨就是指引亡魂回归祖界，毕摩念诵的亡魂回归祖界的路线就是彝族各支系的迁徙路线，不过其起点是亡者生前的居住地，而终点则是祖先曾经的居住地。在彝族人世代延续的为亡魂的指路仪式中、在毕摩不断念诵的《指路经》中，回归祖界的思想观念得到了不断的强化和巩固，它一再向彝族人传达着这样的思想内涵：迁徙是必须的、合理的，回归祖界则是彝族人的终极的追求。正是在回归祖界的思想引导下，一方面，彝族人千百年来不畏艰辛，只要是家支发展需要，都可以迁徙开拓新的居住地；另一方面，彝族人不管迁徙离开祖界多远，在死后其亡魂也必须回归祖界，完成生前未了的宿愿，回归祖界就成为引导彝族人迁徙的主导的思想观念。

（二）重视根骨思想

一个人的血缘、依血缘而定的身世被彝族人称之为根骨。彝族人依血缘、出身划分社会层级的思想，必然形成重视血缘、重视出身的观念，这种观念在彝族人那里被称之为"根骨"观念。根骨观念是彝族人社会流动思想的主要内容，甚至是核心、主导的思想，它直接决定着彝族古代社会不同社会层级之间能否进行垂直流动，进而直接影响着彝族古代社会的流动率。

根骨观念非常重要的内涵就是告诉彝族人要明了自己的血缘、出身，知道自己的祖先是谁，即知道自己的根底是什么、自己是从哪里来的，并据此确定自己在彝族社会中的身份地位。而自从进入父系氏族社会后，彝族的血缘世系就是以父亲血缘计算的，彝族的谱牒则是以世代相连续的父子连名的方式，把家支宗族的历史一代一代记录下来，每个彝族男性成员则有义务通过背诵谱牒明了家支宗族的血缘承续，进而确定自己在家支宗族乃至彝族社会中的身份地位。以凉山家支为例，"如黑彝阿侯鲁木子的全名应为'阿侯·布吉·鲁木子'，即'阿侯宗族布吉大支家族足洛吉哈的儿子鲁木子'。这样，不仅可以通过名字，确定每个诺合男子在这条父系血缘链条上的祖先'光荣'业绩，宗族的历史，宗族的地位，以及维持宗族秩序的工具，即习惯法规范、道德规范和各种生活规则等社会规范，世世代代口传下去。"这一家支宗族谱牒，"是宗族长期积累的文化成果，是构成宗族精神文明的重要组成部分。"① 家支宗族曾经的历史、业绩，以及订立的规范、规矩，就是一个彝族人抹不去的根底，不能也不可以隐瞒的底色，彝族人必须牢记自己的来源、自己的根骨，这是彝族人立于社会的基点。

彝族人的根骨观念对于彝族人有着非同寻常的意义，如何保证彝族人根骨的纯正是彝族根骨观念的重要内容。为此，彝族古代社会奉行严格的等级内婚、宗族外婚的婚姻制度。首先，彝族严格区分"彝根"和"汉根"，古代绝大多数的彝族地区严禁族际通婚，"从前，异族通婚按习惯法要处死或逐出家门，"② 这是为了保证"彝根"的纯洁。其次，为了保持不同层级根骨的纯正，特别是为了维护黑彝血统的高贵，保证黑彝世世代代都是黑骨头，彝族社会自古厉行等级内婚，各层级通婚一般在同等级内进行，即使在同一等级内还要区分"骨头"的"硬和软"，也不允许不同等级之间的男性与女性发生性关系。以凉山彝族为例，"统治等级的兹莫和诺合与被统治等级的曲诺、阿加、呷西之间，绝对禁止通婚。……按习惯法规定违者均要处死。"同时，"按习惯法规定，若黑彝女子与白彝男子发生性关系，发现后双方必须处死"③ 这样，彝族古代社会，通过婚姻关系实现不同社会层级之间的向上或向下流动的路径就被封堵了，进而直接影响了彝族社会的流动率。血缘分层在彝族古代社会又是无处不在，从此层面看，可以说重视根骨的思想观念成为影响甚至支配彝族古代社会流动的最重要的思想观念。

（三）君臣师三位一体思想

在彝族原始社会部落联盟末期，出现了"彝语称'主、毛、布'

---

① 易谋远：《彝族史要》，社会科学文献出版社2000年版，第696—697页。
② 李绍明等：《彝族》，民族出版社1996年版，第55页。
③ 同上书，第57页。

第三章 彝族古代社会分层和社会流动思想

或译作'祖、摩、布',义为'君、臣、师'"①的社会管理职能和职位的分工,同时也就出现了掌握这些职权的人祖(君)、摩(臣)、布(师)。祖摩布或君臣师的职责或职能分别为君掌权、臣辅政、师祭祀。据彝族文献记载,彝族"最早的君的代表——赤叩。最早的臣的代表——皮聂。最早的毕摩的代表——实楚、乍木。"②在六祖分支后,"经过相当时期的发展,形成了以武僰和武乍构成的'白蛮'彝族多支系,以糯、侯、毕、默为主体的'乌蛮'彝族多支系。这些支系,除南诏(罗纪)外,均形成一整套'祖、摩、布'(君臣师)三位一体的政治统治。"这种政治统治,以"祖(君)"为代表和核心,"对外形成强大的地方割据,对内、各部、各支系各自为政,""互不号令、各部都以自己为中心的局面。这种局面至少维持了一千年以上。"③当出现了祖、摩、布或君、臣、师既有分工又有合作的政治统治时,意味着彝族古代社会的社会分工进一步发展、阶层分化进一步深入,且出现了国家机构的雏形,之后,彝族社会逐步进入奴隶社会。在奴隶社会时期,君掌权、臣辅政、师祭祀的职业分工进一步成熟并得到强化。

随着彝族社会祖摩布或君臣师的出现和发展,形成了深深影响着彝族社会流动的君臣师三位一体的思想。首先,君、臣、师三者各司其职、各尽其责,即"君长掌权""臣子断事""布摩祭祖",他们必须尽到各自的职责:"作为君长,要有仇叩皮耐的风范,君长的形象,必须保持;作为慕魁臣子,当效法毕余毕德,臣子的职责,必须尽到;作为布摩,当效法始楚乍姆,布摩的职责,必须尽到。"④君臣师各有职责、各司其职,都必须尽到自己的职责,也都有各自需要学

---

① 易谋远:《彝族史要》,社会科学文献出版社2000年版,第564—565页。
② 张纯德:《彝学研究文集》,云南民族出版社1994年版,第35页。
③ 毕节地区民族事务委员会编:《彝族源流》第五至八卷前言,贵州民族出版社1991年版,第3—4页。
④ 王继超主编:《苏巨黎米》,贵州民族出版社1998年版,第1—3页。

习效仿的榜样。其次，君、臣、师又是共同管理彝族各部各支系，三者之间既有职责分工的不同，更有相互之间的配合、协作，只有三者配合、协作得好，彝族各部才能有序运行。"贤君培植臣，贤臣尽职守……贤君造就布摩，布摩钻研知识，有知识修养……君长掌权，与臣问计，高明的布摩祭祖，靠满腹经纶。"① 另一方面，臣和师对君也有影响："谋臣贤则君长明，近臣昏聩，君长也昏聩。慕魁臣子有知识，近臣贤，君长也贤。""宗谱由布摩珍惜，清根理谱，犹如行船，布摩有办法应付，与君长志同道合。犹大小星交相辉映，光明在天空。"② 君臣师虽有职位、权力高低不同，各自职责有分，但三者又在维护彝族社会有序运行这一共同目标下相互配合、相互支撑，甚至是交相辉映，谁也离不开谁，即成为三位一体的关系。最后，君臣师三位一体思想要求各守本分、各安其位。如果说最早成为君的，是靠他在重大事情进行决断时的超群能力："君长作决断，思路要敏捷，又在于判断。"臣子则是在辅政时表现出臣的能力："慕魁臣子作谋断，有经验第一，讲道理第二，果断是第三。"布摩则是因为他的博学多识且懂规范而成为布摩："布摩的条件：有知识第一，有规范第二，声音气势是第三。"③ 但是，一旦君臣师三位一体的政治统治得到确立和巩固后，其位置一般是由后世子孙世代相袭，如果有他人用武力或其他方式夺取，彝族人认为这是不应该、不合理的，是最大的灾难，所以必须千方百计阻止这种情况的发生。"第三种灾难：君位虽世袭，让人用武力篡夺，臣位虽世袭，让人用武力夺去，把毕濯丧失。布摩子孙不承袭祖业，"④ 也就是说，正常的情况是君臣师的身份和地位都是世袭的，谁家历史上是君，其子孙后代就可以世袭其位，谁家是臣，其后代子孙也可以世袭其位，谁家是师，其后代子孙

---

① 王继超主编：《苏巨黎米》，贵州民族出版社1998年版，第16页。
② 同上书，第44—47页。
③ 同上书，第30—31页。
④ 同上书，第37页。

一般从小也就要学习做师,即彝族古代社会的君臣师都是先赋性获得的,如果遇到被他人用武力夺去君臣位,布摩的后代不学习做布摩,这些就是社会的灾难,是要尽最大努力避免出现的。因此,君臣师三位一体思想从本质上看,是不支持这几种职位、身份的向上或向下流动的,如果出现如此的流动状况,那是灾难!这也可能就是彝族古代社会流动率较低的原因之一。

虽然彝族古代社会不同历史时期、不同地区的政治统治实际情况非常复杂,如唐宋时期,"在滇、川、黔的彝族先民地区,普遍建立了史称'鬼主、鬼国'实即奴隶制的族、政、神三结合的神守统治。"[①] 凉山地区的兹莫、诺伙借助家支制度的奴隶统治,元后实行的土司制度等,一方面造成彝族内部各部各支系各自为政且互不统属,甚至为了掳掠财产、人口等进行战争、冤家械斗,造成彝族社会畸形发展,形成西南地区彝族人口虽然众多但除南诏外却一直没有统一的政治统治的局面;另一方面,君(族)、臣(政)、师(神)三位一体的思想却一以贯之,一直影响着彝族社会发展,影响着彝族现实的社会分层与社会流动。

(四)尊长敬贤思想

作为一个古老的民族,彝族在长期的历史发展中形成了尊长敬贤的思想,这种思想又影响着彝族的社会分层与社会流动状况。具体而言,以职业等为标准和依据,彝族社会区分了君臣师匠民的高低贵贱,使从事不同职业的人们之间有了身份地位的区别;因为血缘分层与职业分层的紧密结合,致使彝族各社会层级之间难以实行有效的垂直流动。但是,从社会声望分层的角度看,彝族古代社会又现实存在根据年龄、经验、知识、能力、道德修养等进行的社会分层,也因此存在根据社会声望进行的社会身份的变动,并据此产生尊长敬贤的社会流动思想。

---

① 易谋远:《彝族史要》,社会科学文献出版社2000年版,第566页。

彝族古代社会思想研究

　　首先，彝族社会根据人们的年龄、经验、知识、修养、能力等，把属于同一等级的不同人之间更细分为长者、贤者与一般人的不同层次，这又使得属于同样社会层级的人们有了更进一步流动或发展的空间，即要努力成为受人们推崇、尊敬、效仿的长者、贤人。这种尊长敬贤的思想又促使彝族社会各层级都非常重视学习，或者说不论彝族人处于社会的哪个层级，但都有一个共性或统一的思想认识或追求，就是需要不断学习、不断积累经验、不断提升自身能力。如彝族提出"人生三次幼、人生三次学"的思想："人生在世上，一生学三次：小时所知事，都是父母教，年青所知事，全靠伙伴教；老来还得学，恒荣呗来教。"① 即认为人一生需要不断学习，年幼时向父母学习，青年时期向同辈伙伴学习，死后则要向毕摩学习，由毕摩教育指引回归祖先居住地。另外，彝族把人生分为不同的阶段，认为每个阶段都需要学习相关的知识或经验，如《苏巨黎米》这样描述人的成长阶段以及各阶段的学习要求："九月居母体，用不着吃饭。六个月时抱双手，用不着劳动……到两三岁时，不受雨淋，不被风吹，受母爱恩泽。到了四五岁，说话无好歹，逗父母高兴。到了六七岁，不动手拾柴，不动口赶鸡，受循循善诱。到十二三岁时，到山上放牧，跟少年朋友，找少年知音，见学问大的人，一二地请教，并以此为荣。十六七岁时，跟青年朋友，向老年求教……九十九岁时，像陈年朽木。"② 即人生不同阶段都有相应的学习要求、需要掌握不同的知识，随着年龄增长，学习和经验积累到一定程度，人就应该具有相应的社会身份和地位。

　　其次，由于对长者和贤者的尊重和崇敬，彝族树立了各层级供人们学习和效仿的榜样，这些人也就是彝族社会具有最高社会评价、最

---

① 云南省少数民族古籍整理出版规划办公室编：《指路经》，云南民族出版社1989年版，第110页。
② 王继超主编：《苏巨黎米》，贵州民族出版社1998年版，第411—416页。

· 140 ·

第三章 彝族古代社会分层和社会流动思想

高社会声望的人。如"最有名的工匠——阿勒阿来。最有名的毕摩——摆夺贝更。"① 又如《夷僰源流》中有专章"夷裔先贤录"介绍了彝族历史上比较有名的先贤们:"远古的时候,彝地与汉方,皆有贤明者。虽各居一方,贤者四十九,名位排分明。训导人生理,传承史诗歌。彝方先贤中,笃币采惹他,排名为第一;操茨颖嘎他,排名居第三;着诗阿鲁他,排名为第三。后继先贤中,茂达台补他,位居第一名;啡颖阿奢他,位居第二名;慕勒阿吐他,排位在第三。"② 这些先贤名录,实则就是彝族历史上获得较高社会评价、具有较高社会声望的人,也是彝族人学习的榜样。

彝族尊长敬贤的思想,反映着彝族古代社会流动的途径:人们通过学习提升能力,通过加强道德修养提升身份地位,进而获得较高的社会评价、提升社会身份和地位;如果不注重学习、不提升道德修养,得到的将是他人的否定性评价。虽然真正成为受彝族人尊重、爱戴且名声世代流传的人是少数,或者说,能够通过学习成为智者贤人、成为有较高社会声望的彝族人少之又少,对于绝大多数的彝族人而言甚至不可能通过学习、修养真正实现向上的社会流动,但是,努力成为智者贤人依然是彝族社会流动的方式之一,尊长敬贤思想对彝族社会流动产生着特定的影响。

---

① 张纯德:《彝学研究文集》,云南民族出版社1994年版,第35页。
② 楚雄彝族自治州人民政府编:《彝族毕摩经典译注》(第四十卷夷僰源流),云南民族出版社2008年版,第418页。

第四章 彝族古代社会控制思想

社会的稳定和有序运行离不开有效的社会控制，或者说，只要存在社会运行，必然会产生社会控制的需要；社会控制机制、社会控制体系又是随着社会的发展变迁而不断发展和变化的，而且社会控制往往是"多向交叉"和"多层联结"的复杂过程。彝族古代社会不可避免地存在着由追求社会稳定或有序运行而产生的社会控制机制和社会控制体系。虽然在彝族古代社会不可能形成当代社会学意义上的系统的社会控制理论，但是，彝族先民在其社会历史发展进程中，需要不断解决并追问、反思与社会稳定、社会有序运行相关联的问题，由此产生和形成了关于社会稳定和有序运行的依据、如何维持社会稳定和有序运行等方面的思想和观点，即彝族古代社会控制思想。

第一节 血缘宗族控制思想

彝族古代社会具有浓厚的血缘宗族思想观念，血缘宗族组织是其最重要的社会组织，彝族古代社会运行是以血缘宗族组织为基础和核心的，社会控制的目的就是维护和巩固父系血缘的世代延续和彝根纯正，即维护和巩固彝族血缘宗族组织的稳定、有序运行。彝族古代社会的根骨观念，以及由此形成的父子连名制度，是彝族古代血缘宗族控制思想的集中反映和外在表现形式；以父系血缘为基础建构的宗族组织是彝族古代社会控制组织，在此基础上形成的血缘宗族至上思想和亲敬舅家思想，是彝族古代社会宗族控制思想的重要内容。

一 血缘控制思想

彝族古代社会特别强调和突出血缘关系，尤其是进入父系氏族社会后，父系血缘关系成为彝族社会关系的核心，不同时期最主要的社会关系都以父系血缘关系为轴心建构和运行，血缘关系不仅成为彝族古代社会控制的依据，而且成为影响和左右彝族古代社会运行的思想观念。在维护和巩固父系血缘世代延续的过程中，彝族社会形成特有的根骨观念，以及源远流长的父子连名制度。

（一）根骨观念

根骨观念是彝族根深蒂固的重视父系血缘的世代延续、传承的行为和思想的集中反映，它强调和重视民族血统的纯正、家支或宗族血缘关系的根底与延续，即对人的认识和区分首先要看他是"彝根"还是"汉根"，如果是"彝根"，还要进一步区分是哪个家支或宗族？根骨观念直接影响着彝族人的婚姻、生育、继替等社会行为，进而控制着彝族社会的秩序与运行。出于维护父系血缘的世代延续和彝族血统纯正的需要，一方面，彝族社会非常重视适龄男女的婚姻，认为男女必须通过婚姻组建家庭，进而生儿育女，传承父系血缘，这是人们必须履行的责任和义务，是自然之理："没有不相配的树，没有不相配的草，没有不相配的花，没有不相配的鸟，没有不相配的兽，没有不相配的虫，没有不相配的鱼，没有不相配的人，世间万般皆相配，地上万物才不绝。""天有天的规，白云嫁黑云，月亮嫁太阳，天公嫁地母，女人配男人，配对成一双。"[①] 男人和女人生来就必须说合成一家，这是符合天地之间的规矩的、是必然的。男女婚配成家最主

[①] 楚雄彝族自治州人民政府编：《彝族毕摩经典译注》（第一〇二卷梅葛·姚安彝族口碑文献），云南民族出版社2012年版，第257页。

要的功能就是人类的繁衍、血缘关系的延续。由于实行男娶女嫁，为保证父系血缘的世代延续，因此，确保能生育男孩、保证男孩的健康成长成为彝族生育行为中最重要的任务和目标。另一方面，为保证彝族血统的纯正，即男女成家生育的后代是真正的"彝族根骨"，彝族自古实行严格的等级内婚、家支外婚的婚姻制度。即在选择婚姻对象时，首先必须严格区分"彝根"和"汉根"，即只能与本民族缔结婚姻，禁止与彝族以外不具有"彝根"的其他民族缔结婚姻；同时只能选择同等级的彝族人作为结婚对象，因为彝族的社会层级是据血缘确定的，为了维护本社会层级的血缘关系的纯正，禁止不同等级的彝族人之间通婚。也因此，彝族在同家支、家族间禁止通婚，只有在分支后才能通婚，同时各家支、家族都会非常慎重的选择联姻对象、确定与哪个彝族家支或家族通婚。《彝族源流》在记述彝族各部、各支系世系时，一般都记述他们的联姻情况。以阿芋陡部的联姻情况为例，阿芋陡部曾与多个彝族支系进行通婚或联姻："默阿德时代，在妥陡芍祝热（地名），德施德毕议通婚，另开新亲，同德毕通婚。妥依女吞，嫁宰拜赫嘎，生德施举乌。"[①]从中可看出，彝族选择通婚或联姻的标准主要就是同民族、同等级，以此完成血脉的延续并保持血统的纯正。

  以父系血缘关系为基础的彝族社会，在较长的历史时期都是实行嫡长子继承制度。这种继承制度在《彝族源流》第五卷有专门章节"天地间的嫡长制"进行论述："武侯是咪氏长男，生了策举祖；吕娄是咪氏次子，生了策署府，太上交合，茫茫六合里，产生了嫡长。天上嫡长叟尼妣，天上宗主皮武图。天君世袭制，天地有生机，传到皮武图，当君做王的，全由此开始。嫡长叟武图……天地嫡世袭，地上嫡长五阿莫……地上的嫡长世袭，到列哲舍时，君王的形成，由此

---

① 毕节地区彝文翻译组译：《彝族源流》第二十一至二十三卷，贵州民族出版社1997年版，第205—206页。

开始了。"① 即地上的嫡长子继承（世袭）制度，是效仿天上的嫡长子继承制度的，虽然《彝族源流》为彝族古代社会实行的嫡长子继承制度披上了一层神秘的外衣，但其目的则是为了阐明彝族嫡长子继承制的神圣性和不可变易性。这种嫡长子继承制与彝族的婚姻观念都是彝族古代社会血缘控制观念的反映。

以父系血缘关系为基础产生和形成的根骨观念，是彝族古代最重要的社会控制思想。它通过对彝族人的婚姻制度、生育行为、社会继替规则等的制约和影响，全面控制着彝族古代社会秩序和社会运行。

（二）父子连名制度

与汉族相比较，彝族古代社会有着非常鲜明的为后世子孙取名的制度——父子连名制，即儿子的名字必须有一个或两个字与父亲相同，这种父子连名世代延续，形成彝族社会独特的家支、家族谱牒。彝族的家支、家族谱牒不仅仅只是一个家支、家族男性成员的名字的记录，它还有着非常独特的社会控制功能：通过一个家支、家族世代延续的父、子名字，既能认识彝族家支、家族的发展历史，又能确定某个彝族人的血缘关系，知道他是谁的儿子，或者谁是他的父亲，这样一直往前追溯，就可以确定这个彝族人与其他支系或其他人的相互关系，即彝族人的社会位置可以通过其与父辈的连名得以确定。彝族人也因自己的社会位置、社会角色来明确他在社会中的言行举止，或者说，彝族人在选择自己的言行时，代表的是一个历史久远的家支或家族，他的言语行为必须符合他的身份和地位。《彝族源流》《西南彝志》的主要内容都是记述彝族众多家支、家族的世系或谱牒的。《彝族源流》以"阿芋陡世系"为名的章节，记述了阿芋陡部父子连名的70代谱牒："默祖米辞辞（默齐齐），米辞辞一代，辞阿宏二代，宏阿德三代，德乌舍四代，舍乌蒙五代，乌蒙纠六代，纠阿堵七

---

① 毕节地区彝文翻译组译：《彝族源流》第五至八卷，贵州民族出版社1991年版，第94—97页。

代，堵阿洛八代，洛阿勺九代，勺阿默十代。默阿德一代，德阿施二代，施默武三代……在笃米之后，传了七十代，情况是如此。"① 再以《西南彝志》第五、六卷为例，它集中记述了乍氏、武氏源流，糯氏、耿恒等世系："武祖慕雅苦，二世苦雅亨，三世亨雅诺，四世诺雅陀，五世洛陀施，六世施武额，七世武额克。"② 这种世代连名、世代延续的取名方式，不仅仅只是一种彝族社会的取名制度，更是彝族古代社会的社会控制思想：通过某一个彝族男子的名字，不仅可以知道他是谁，更可以通过父子连名的谱牒一直往后追溯，看到其世代延续的父系血缘关系的传承流变情况，正是根据这种血缘关系，一方面，社会可以要求彝族人的言行举止必须符合他的身份地位，另一方面，彝族人也可以通过这种血缘关系知道自己在面对什么人时可以使用什么语言、采取什么行为，甚至知道自己在遇到困难时可以向什么人求助以及能获得什么样的支持和帮助，等等。

总之，彝族的父子连名制是彝族古代社会血缘控制思想、血缘控制体系的外在表现形式，它的世代延续，正是彝族古代社会源远流长的血缘控制思想、血缘控制机制世代延续的表征。同时，彝族的父子连名制度，在彝族生存发展的历史过程中，早已成为彝族人的思想观念，深深影响、塑造着彝族人，甚至影响和制约着彝族人的价值观念、行为方式等，进而影响和制约着彝族古代社会秩序的建构和社会运行。

二 宗族控制思想

以血缘关系为核心的彝族古代社会，家支、家族等血缘宗族组织成为社会控制的最重要、最有影响的社会组织。一方面，彝族的各种

---

① 毕节地区彝文翻译组译：《彝族源流》第二十一至二十三卷，贵州民族出版社1997年版，第193—199页。

② 毕节地区彝文翻译组译：《西南彝志》第五、六卷，贵州民族出版社1992年版，第129—130页。

社会组织都是以血缘关系为基础建构的：原始社会时期的氏族或氏族部落联盟以母系或父系血缘为核心建立，进入奴隶社会后确立起来的君、臣、师三位一体制度依然以父系血缘为主轴构建和运行。另一方面，血缘宗族组织在控制社会运行的过程中，形成并强化了家支宗族至上、亲敬舅家等思想观念，这些思想观念在引导、规范彝族人的价值取向和行为选择的同时，既保障了彝族古代社会的有序运行，又强化了血缘宗族观念。

（一）宗族至上思想

彝族的家支、家族是以父系血缘关系为基础建立起来的社会组织，实质上就是类似汉族的宗族组织，它们是彝族实施社会控制最重要的社会组织，也是彝族个体最基本和最重要的社会归属。易谋远将彝族的家支与汉族的宗族进行比较，认为彝族的家支至少在十个方面与构成汉族的宗族的基本条件是相符的，即"共同的祖先""有特定的祭祀""具有共同供奉祖先神灵的场所""具有共同的特殊称号""具有共同的'宗族渊源学'""宗族外婚""宗族各有自己的宗族长和头人""公共墓地""同宗共财"等，这些特点表明彝族的家支、家族组织实质就是宗族组织。[①] 彝族古代社会以父系血缘关系为基础建构的宗族组织，不仅是彝族最重要的社会组织，而且是彝族实施社会控制最重要的社会组织。或者说，在古代社会，任何一个彝族人都生活在某个宗族组织中，离开宗族组织的彝族人是不可想象的。以凉山彝族为例，一直到民主改革前，凉山彝族都是处于"家支社会"中："除那些被作为'娃子'劫掠进山的'汉根'及其后裔无家支可以攀援外，凉山几乎所有彝人都生活在各自家支的庇护之下"。[②] 彝族古代社会，每一个彝族个体成员都生活于某个特定的家庭中，而每个彝族家庭又必定属于某个家支或宗族中，几乎没有离开家支或宗族

---

① 易谋远：《彝族史要》，社会科学文献出版社2000年版，第684—700页。
② 周星：《家支·德古·习惯法》，《社会科学战线》1997年第5期。

组织的独立的个体家庭，更没有离开家庭、家支或宗族的纯粹的个人。因此，在彝族古代社会中，独立的个人是没有价值的，个人的价值或生存意义就在于其能够维护家支、宗族的利益，或为家支、宗族取得荣誉，甚至需要个人在家支、宗族需要时能够牺牲个体生命以维护家支、宗族的利益。因此，彝族古代社会形成了家支、宗族至上的思想观念，经过这种思想观念浸润、塑造的彝族人，在认识和处理个人与家支、宗族的关系时，必须优先考虑并维护家支、宗族利益，否则将无法立足于家支、宗族中。正如彝族谚语所说的那样："猴靠树林生存，人靠家支生存"、"少不得的是牛羊，缺不得的是粮食，离不开的是家支"，甚至是"想家支想得流泪"。当然，如果彝族个人、个体家庭在遇到困难或是与其他家支之间发生矛盾冲突时，家支、宗族也会给予全力帮助、救助，甚至为了维护某个彝族人的声誉而不惜与其他家支结怨或打冤家。但是，家支、宗族对彝族个人、个体家庭的帮助和救助的行为，其目的也是为了维护家支、宗族的声誉，因为在彝族人的思想观念中，如果家支、宗族不能很好保护成员及其利益，家支、宗族是很没有面子的。

总之，彝族古代社会形成的"家支至上""宗族至上"的思想观念，是彝族古代宗族控制思想的主要内容，它支配着彝族人如何处理个人与群体组织之间的关系，进而直接影响着彝族古代社会关系的构建和社会运行。

（二）亲敬舅家思想

彝族古代社会的社会关系以父系血缘关系为基础构建，因此特别强调和重视父系血缘关系，或者说以父系血缘关系为主轴建构的血亲关系是彝族古代社会主要的社会关系，乃至以此形成并奉行宗族至上的思想观念，这与汉族宗族为大思想极为相似。但彝族却又格外注重姻亲关系，尤其是注重甥舅关系，认为甥舅关系是除父系血缘关系即血亲关系外最重要的社会关系，并以此为基础形成"亲敬舅家"思想，这一思想又直接影响着彝族的婚姻选择，以及对亲族关系的认识和处理:"九居天之下,祖暴裔不昌。六居天之下,舅贤甥不劣。三居天之下,父慧子不愚。夫贤妻安乐,会说不用教。贤祖传贤代,子女似贤父,子女如贤母,众甥犹贤舅。"① 这里,把父子关系、甥舅关系、夫妻关系相提并论,从中可以看出彝族对于甥舅关系的重视。

彝族为什么特别重视甥舅关系?为什么会形成亲敬舅家的思想?彝族先民认为亲敬舅家首先是出于对母亲的孝敬,认为这是人之常情。《彝汉天地》说:"亲敬舅家者,源于孝母亲。""舅甥相依存,此乃人之情。"②《玛穆特依》也说:"家中母亲大,舅舅当母亲。"③这就表明,由于对母亲的敬重,加之母亲在家中的地位和影响,必然要求子女亲敬舅家。虽然自进入父系氏族社会后,彝族逐渐形成并确立了重男轻女的思想,但是必须孝敬母亲,由于母亲与舅舅之间的血缘关系或亲情,自然要求把对母亲的孝敬延伸到舅舅,从而形成亲敬舅家的思想观念。亲敬舅家的思想观念,又直接影响着彝族对于联姻对象的选择,因为彝族社会认为,姻亲关系将影响着家支、宗族的名誉,如果与有较好社会声誉、较强社会实力的家支、宗族通婚,将会极大的增强家支、宗族的力量,扩大家支、宗族的影响:"第一代舅舅根底差,让人说是非,第二代舅舅根底差,娶妻无法选择,若饥不择食。第三代舅舅根底差,说话份量轻。第四代舅舅根底差,得不到真传文章,如善马任人骑……第九代舅舅根底差,就受人嘲笑,就遭人白眼。骑马垫的毡样被人欺,就怪舅舅根底差。"④ "舅舅的根底,世间无人能及,舅舅根底第一,妻娶良家女,有女嫁良家。"⑤ 正是对甥舅之间这种特殊的社会关系的认识,彝族自古就非常强调和重视

---

① 朱崇先:《彝族典籍文化》,中央民族大学出版社1994年版,第78页。
② 同上书,第76、79页。
③ 吉格阿加译:《玛穆特依》,云南民族出版社2005年版,第43页。
④ 王继超主编:《苏巨黎米》,贵州民族出版社1998年版,第81—82页。
⑤ 同上书,第85页。

姻亲关系的选择。即追求"娶妻良家女，有女嫁良家"，以便为子孙后代建立好的甥舅关系奠定基础。因此，彝族古代社会形成并遵守与舅家的姑表优先婚的习惯法。即舅舅家有女要优先嫁给自己的外甥，舅舅家的男孩有权优先娶自己的外甥女为媳。这种习惯法正是亲敬舅家思想对彝族婚姻关系选择的现实影响："甥舅的关系，敬与爱，是靠连姻亲。""讲伦理道德，很尊崇娘舅……去舅家提亲，舅家不允口，甥家媒不停……舅家银花女，嫁给她表哥。"① 这种婚姻方面的习惯法，又演变成为外甥亲敬舅家的责任："责任有三件，第一件责任：在祖宗灵位边，要循规蹈矩，忌讳乱讲……第二件责任，勤追求希望……第三件责任，是男向舅舅提亲，是女许配外甥家。"② 因此，亲敬舅家思想作为彝族古代社会控制思想的重要方面，直接影响着彝族的婚姻制度。

　　亲敬舅家的思想不仅要求慎重选择联姻对象，直接影响或控制着彝族家支、宗族婚姻关系的建立，而且对于甥舅的行为也提出了相应要求。一方面，要求外甥以自己恰当的言行、作为给舅舅家争得好声誉，而不能给舅舅丢脸出丑。《彝汉天地》概括了以下言行在甥舅关系中是必须避免或禁止的："一在舅前丑，众人聚集处，呆站不会动。二在舅前丑，结舌露歪齿。三在舅前丑，像只公绵羊。四在舅前丑，正坐说歪理，诡辩不做事。五在舅前丑，横卧操炊煮。六在舅前丑，脚杆伴烧柴。七在舅前丑，人狗住一屋。八在舅前丑，弹毡毛蓬松，语不清声高，还不止这些。"③ 另一方面，要求作为长辈的舅舅必须表现出其贤与能，为外甥做好榜样，即"舅贤甥不劣，众甥犹贤舅。"如果舅家根底差，没有较高、较好的社会声誉，就会给外甥家带来不好的影响或较差的社会声誉。

---

① 文道义主编：《海腮毫启》，贵州民族出版社2002年版，第388、416—417页。
② 王继超主编：《苏巨黎米》，贵州民族出版社1998年版，第59—60页。
③ 朱崇先：《彝族典籍文化》，中央民族大学出版社1994年版，第78页。

第二节 宗教控制思想

毕摩宗教是彝族的传统宗教,它的信仰体系、价值观念、宗教规范是彝族传统文化的主体和核心,不仅在彝族古代社会的精神世界中占有主导地位,控制着彝族人的思想观念,而且引导、规范着彝族人的现实生活世界,控制着彝族人的行为、习俗等。即彝族传统宗教通过其宗教信念、宗教规范、宗教仪式等,对古代彝族社会进行着全方位的控制。正是在此意义上,我们认为,毕摩宗教的主要信仰和核心观念是彝族古代社会控制思想的核心。毕摩教的主要信仰和核心观念包括万物有灵、灵魂不死和亡魂归祖等思想观念,以及在此基础上进一步形成的鬼神信仰和祖先崇拜为核心的信仰体系和精神世界。

一 万物有灵与鬼神信仰

万物有灵是相信、信仰天地间万事万物都有灵魂的思想。在彝族的创世史诗、毕摩经典,以至现实生活中,都表明彝族人持有"万物有灵"的思想观念。

在彝族人看来,天地间一切自然现象和社会现象都有灵魂,即所有生命存在、无生命物质、包括各种自然现象和社会现象都有灵魂,没有灵魂的事物或现象是不存在的。由此看来,彝族所持有的万物有灵思想是比较全面和彻底的。在彝族人看来,目所能及的一切事物,如日月星辰、江河湖泊、花草虫鱼等等都是有灵魂的,这些灵魂或成为影响人类生产生活的精灵鬼怪,或成为左右人类世界的神灵,如山神、水鬼、树妖、牛羊家禽的灵魂、家支魂、姻亲魂、后代子孙魂、庄稼魂、福禄魂、运气魂等[①],这些各种各样的神灵鬼怪能够影响甚至左右着人们的生产生活,因此,必须通过各种各样的仪式活动或诅咒、或驱赶鬼怪,

---

[①] 参见巴莫阿依《彝人的信仰世界》,广西人民出版社2004年版,第107页。

或取悦、祈求神灵保佑人们生活顺遂、身体健康、事业有成等。即人类社会生产生活乃至社会运行都取决于人与各种灵魂（神灵鬼怪）之间的关系，人们在生产生活中遇到困难，或者社会运行中出现问题，首先就会想到是否是哪种神灵或鬼怪在作祟，因此解决的方式或途径就是求助于毕摩，由毕摩组织或举行相应的宗教仪式或宗教活动来协调和处理人鬼神之间的关系。比如，彝族的葬礼有一个不能省略的环节或仪式就是叫魂，即在彝族葬礼行将结束时，毕摩必须通过叫生者的魂把生魂与亡魂分开，避免生者的魂追随亡魂而去。以云南罗平《指路经》为例，毕摩在葬礼最后是这样叫魂的："活魂转回来，善魂转回来，孝子与亲朋，个个转回来。活魂转回来，魂归各自身，活魂都转回。牛魂转回来，羊魂转回来……"[①] 这个叫魂词集中表明了彝族的万物有灵思想观念和信仰，即在彝族人的思想观念中，既有亡灵与活魂的区别，又有不同事物和现象都有灵魂的思想。

  万物有灵思想必然导致对灵魂的信仰和崇拜。由于相信万物都有灵魂，彝族社会自古就形成自然崇拜、图腾崇拜、吉尔（灵物）崇拜、祖先崇拜的思想，这些思想正是彝族鬼神信仰的外在表现。万物有灵以及在此基础上形成的鬼神信仰在成为彝族的精神世界的有机组成部分的同时，又直接影响、规范和控制着彝族人的行为。从万物有灵思想和鬼神信仰出发，彝族先民认为人与鬼神的关系是最重要的社会关系，它影响和制约着人类社会运行。因此，在彝族人的生产生活世界中，就充斥着形式多样的各种宗教仪式或活动，如彝族在特定的时间、地点举行祭龙、祭地母、祭农神、祭猎神等仪式活动，就是因为他们相信天地山水火等自然事物、风雨雷电等自然现象都有灵魂，进而形成天地神灵或各种鬼怪，在进行一些重大的生产生活的活动时，必须取悦于这些神灵鬼怪，才能使生产生活中风调雨顺、物产丰收、生活富裕、身体健康、人际关系和谐等等。此外，当生产生活中

---

① 云南省少数民族古籍译丛：《指路经》，云南民族出版社1989年版，第48页。

有不如意、不顺利，甚至有天灾人祸出现时，彝族人认为这是因为鬼神不悦或鬼怪作祟，因此要举行献祭鬼神或者驱赶鬼怪的宗教活动，以此理顺人与神灵鬼怪的关系，进而解决生产生活中遇到的挫折、问题和困难。彝族毕摩文献或口承文献中很多内容就是对各类神灵的祭祀仪式和祭祀词，如"天神不能忘，稻谷舂成米，再把糠来扬，一碗白米饭，拿来献天神，拿来祭彝魂。迎来季节神，迎来粮食魂，天神来享受，先祖来享受。"① 这种对神灵的取悦活动和仪式，实质就是传统宗教对彝族人的思想和行为的引导与控制。

总之，虽然彝族古代社会没有明确的提出"万物有灵"这一概念，但是，万物有灵的思想观念在彝族人的生活、生产和思想意识中却无处不在、无孔不入，由此形成的鬼神信仰成为影响彝族人思想观念、行为选择的重要因素，进而直接或间接影响和控制着彝族古代社会运行，"万物有灵""鬼神信仰"思想观念因此成为彝族古代宗教控制思想的重要内容。

二 亡魂归祖与祖先崇拜

彝族毕摩教不仅相信万物有灵，而且把有生命的事物的存在状态分为物质与灵魂两个方面，认为生命现象就是物质与灵魂结合而形成，并且只有当灵魂与物质较好统一与结合，生命现象才能够存在。在认识灵魂与物质两个方面的关系和地位时，毕摩宗教认为，生命的物质存在方面可以死亡或消亡，但灵魂却是不死的。灵魂不死观念是彝族毕摩宗教信仰的重要思想观念，彝族正是以此为基础认识人的生命现象及其根本的。

人的生命存在是彝族比较关心的问题。在彝族众多的毕摩经典文献中，一个核心命题就是关于人的问题。彝族在反思社会运行诸多问题时，其主题就是关于人的问题，包括人从哪里来、人为什么会有生

---

① 云南省少数民族古籍译丛：《指路经》，云南民族出版社1989年版，第37页。

老病死和贫富成败、人为什么会死亡、人死后向何处去等,在对人的上述问题进行反思和解答时,彝族从其固有的灵魂观念出发进行认识:把人的生命存在区分为肉体与灵魂两个既可分离又能结合的方面,认为灵魂与肉体分离或结合的不同情况、状态决定着人的不同生命状态:当灵魂与肉体结合时,人处于生的状态;当灵魂与肉体短暂分离时,人就会生病、做事不顺遂甚至会失败等,即人的生命中不好的、不利的情况都是因为灵魂与肉体的暂时分离造成的;当灵魂永久的、不可逆转的离开肉体时,人就会死亡。从彝族关于灵魂与肉体的关系的认识中,我们可以看到他们认为灵魂是决定和主导人的存在状态的因素,是人的根本。同时,灵魂永久离开肉体后,人就会死亡,其外在表现就是肉体的消失,但是,离开肉体的灵魂却是不死的。关于灵魂不死的观念,是彝族毕摩宗教的主要的、核心的观念。罗平《指路经》这样表达灵魂不死的思想观念:"先祖已去世,祖魂永长在,母亡归阴间,母魂永长存。""人人要长眠,寿终人正寝,魂魄要离身,虽然身亡故,人魂却长存。"[1]《裴妥梅妮》则比较鲜明地提出灵魂不死的观念:"万物都会死,万物都会亡。只有灵魂啊,永久不消失。"[2] 即人的死亡就是肉体的死亡、人的物质生活的消失,而灵魂却是不死的,灵魂永远都不会消失。那么,与肉体分离却不死的灵魂要到哪里去?生者又该如何安顿亡者不死的灵魂呢?

　　灵魂不死的思想观念是彝族传统宗教——毕摩教的理论基石,正是通过灵魂不死的思想观念,产生了如何安顿不死的灵魂的诉求,于是形成了彝族一整套以妥善安顿先逝的祖先灵魂为目标的宗教仪式和活动,进而形成彝族以祖先崇拜为核心的毕摩宗教。

　　在彝族人看来,不死的灵魂最好的归宿就是回归祖先居住地,与

---

[1] 云南省少数民族古籍译丛:《指路经》,云南民族出版社1988年版,第17、18页。
[2] 云南省少数民族古籍整理出版规划办公室编:《裴妥梅妮·苏颇》,云南民族出版社1988年版,第136页。

第四章 彝族古代社会控制思想

先逝的祖先们一起生活。这从彝族各地《指路经》中可以窥见一斑。罗平《指路经》是这样描述亡魂归祖思想的："亡魂归先祖,归到先祖地","今世你离别,徐朔把你招,灵魂归先祖,今入阴世间。骑上你的马,拉着你的牛,赶着你的羊,去找六祖先,去见祖先魂。"[1]《乌蒙彝族指路书》也有类似的思想表达："生命树枯时,即归祖灵日","去世的人啊,您的田产在翁麝[2],您的土地在翁麝,您的祖父在翁麝,您的父亲在翁麝,您就必须去翁麝。我做毕摩的,指您去翁麝,撵您归翁麝。"[3] 在这里甚至表达了不管亡魂是否愿意,都必须要去翁麝与先逝的祖先们一起生活的思想,即回归祖界是亡魂必须的责任与义务。《裴妥梅妮》是如此表达亡魂回归祖界的思想的："人人要归祖,个个回原地。天下牧羊人,地上庄稼汉,灵魂归祖时,互相要关照。去到施默查,寻找祖先魂。"[4]

总之,在彝族人的思想观念中,亡魂必须回归祖界、与先逝的祖先们一起团聚和生活。反之,如果死者的灵魂不能得到妥善安顿,它就会徘徊在田间地头、山林河谷中,成为居无定所、得不到献祭的孤魂野鬼,这些孤魂野鬼会对人类的生产生活和社会运行进行阻碍、干扰,即降祸或作祟于人类,于是,为了人类社会的有序运行,现实世界的人们生活的顺利开展,就必须要妥善安顿亡魂,使它不至于成为孤魂野鬼,不会作祟于人类。

亡魂归祖是死亡的人最好的归宿,但是,回归祖先居住地却是个充满艰难险阻和重重困难的艰辛历程,亡魂自己是不可能完成这一充满艰难险阻、困难重重的回归之路的,必须依靠子孙后代为之举行指路仪式等宗教活动,由毕摩指引、帮助其完成回归祖先居住地的历

---

[1] 云南省少数民族古籍译丛:《指路经》,云南民族出版社1989年版,第53页。
[2] 翁麝,指彝族祖先发祥分支的地方,即亡灵回归的祖界。
[3] 文成瑞主编:《乌蒙彝族指路书》,云南民族出版社2002年版,第10、37页。
[4] 云南省少数民族古籍整理出版规划办公室编:《裴妥梅妮·苏颇》,云南民族出版社1988年版,第96页。

程。在彝族各地的《指路经》中对此都有详细的描述。罗平《指路经》说:"在你安葬地,前有该伯山,该伯路遥远,亡魂往前行,有桥通那里。到了该伯山,山前宽又敞,萨阿罗木坝,走出罗木坝,抵达阿着底,沿途辛苦了,那儿暂小憩。"在回归祖界的历程中,还要经过戈伯山、陆波地、亥装德山、额尺大箐沟、日些海、俄自寨、俄妮宿等数十座高山和峡谷,路途遥远、充满艰辛,就这样一程又一程、一关又一关、一站又一站,经历"一是蟒蛇关,蟒蛇头高扬,舌头往外伸;还有雾露关,大雾在弥漫,眼前看不清,骑在马背上,可过雾露关;过了这一关,大熊把路挡,闯过这一关,进入阴间门。德哈阴魂房,有猪有绵羊,黄牛和水牛,牲畜样样有。"[1] 从这些描述中,可以看到亡魂回归祖界的不易、困难和艰辛,这种困难和艰辛必须要有毕摩的正确指引、帮助才能克服。因此,后代子孙就必须为先逝的父母延请有能力的毕摩,为他们举行各种祭祀仪式和指路仪式,帮助父母亡魂顺利回归祖界,通过举行宗教仪式为父母亡灵指路就成为子女最重要的人生义务和责任,也是对父母最大的孝。

实质上,彝族宗教信仰的核心观念就是由灵魂不死、亡魂归祖为基础形成的祖先崇拜观念。这种祖先崇拜的观念又引导、规范着彝族人的价值观念、行为选择,进而影响和控制着彝族古代社会运行。

三 宗教仪式与社会运行

如前所述,由相信万物有灵形成的鬼神信仰,由灵魂不死、亡魂归祖形成的祖先崇拜思想,是彝族传统宗教的基石和核心。由于在漫长的古代社会发展历程中,毕摩教是彝族普遍信仰的宗教,宗教观念成为彝族精神世界的主要观念,因此,鬼神信仰与祖先崇拜成为彝民族精神世界的基本的、核心的观念,形塑着彝族的价值观念、行为方式。鬼神信仰与祖先崇拜及其与之关联的活动,成为彝族生活世界中

---

[1] 云南省少数民族古籍译丛:《指路经》,云南民族出版社1989年版,第66—70页。

最重要的方面，引导、控制、整合着彝族古代社会。一方面，在彝族人的生活世界中，人生最重要的职责和义务就是在父母死后为其举行安灵、送灵、指路、祭祀等活动，即要妥善安顿父母不死的灵魂；彝族面对的最重要的关系就是如何认识和处理人与鬼神、人与祖先灵魂的关系，即人神关系；另一方面，彝族传统宗教最主要的功能就是经由毕摩主持为死者举行安灵、送灵、指路、祭祀等仪式，协调和处理好人与鬼神、人与祖先灵魂之间的关系。可以说，彝族古代社会运行的机制和体系，主要就是围绕着如何处理人与鬼怪神灵的关系确立的，因此，彝族传统宗教建构了一整套完备的、多样的宗教仪式，以期能够有效地处理好人与鬼怪神灵之间的多重关系。

从万物有灵和鬼神信仰的层面看社会运行问题，彝族人认为鬼神能够直接或间接的影响和控制人类社会的运行和发展；从灵魂不死、亡魂归祖直至祖先崇拜的层面看，彝族人认为已回归祖界的不死的祖先灵魂就成为祖灵，祖灵虽然生活在与现实世界相距遥远的祖界，却又能够直接或间接影响和控制人类社会乃至人类生活世界。在彝族人的思想观念中，人类生活中出现的祸福顺逆、身体的健康疾病、事业的成败荣辱，以及社会生产中是否风调雨顺、社会关系是否和谐和睦等，都是由鬼怪神灵、祖先灵魂作用的结果，即社会如何运行、运行是否协调顺遂，都取决于人与鬼怪神灵、人与祖先灵魂之间的关系如何。在彝族宗教看来，如果人能够取悦神灵、安顿好祖灵、能够把作祟的鬼怪驱赶或降服，人的生活就能够顺遂如意，人类社会的运行就能够顺畅，基于这样的认识，彝族宗教多样复杂的仪式活动的主要目标或任务就是协调和处理人与鬼怪神灵、人与祖先灵魂之间的关系，也因此，能够帮助人们处理人神关系的毕摩就成为彝族古代社会一种特殊重要的人物，有着不可替代的地位和作用。

正是基于鬼怪神灵、祖先灵魂影响和控制着人类社会生活、影响和控制着社会运行状况的思想认识，彝族的社会生产和生活中充斥着多种多样的宗教活动，或者说，在彝族古代社会发展中，各类生产生活的活动都伴有相应的宗教仪式或宗教活动，以此取悦神灵降福于人们、护佑人们，或者促使恶神与鬼怪不能作祟或降祸于人。比如，彝族人的出生、命名、生病、死亡等重要环节，要延请毕摩举行一系列宗教仪式或活动；耕种、嫁娶、出征等活动，要请毕摩占卜问神，要举行或祈祷或献祭神灵、或诅咒驱赶鬼怪等仪式；冤家械斗、邻里纠纷、牛羊丢失、遇事不顺等，要延请毕摩举行问神占卜、甚至神判、祷告祈禳等仪式和活动。可以说，古代彝族的社会生产和生活，不论事项大小、巨细、难易，都离不开毕摩宗教的影响和控制，或者说，古代彝族社会生产和生活的展开、运行和发展过程，处处都伴随着宗教仪式、宗教活动，处处充斥着鬼神信仰和祖先崇拜观念。因此，要认识和理解彝族古代社会、认识和了解彝族古代社会运行，就必须从毕摩宗教的信仰体系和思想观念出发。因为，我们不可能把彝族古代社会与彝族传统毕摩宗教分开，这也正是彝族古代社会运行与发展的独特之处。

第三节 伦理控制思想

伦理控制在彝族古代社会运行中有着非常重要的地位和作用。一方面，彝族聚居的西南地区相对于中央王朝而言地处边陲，虽然在汉代就已建立郡县制，元时设立了土官制度，明清时期改土归流，从形式上看彝族早在汉时就被纳入中央王朝的统一政权中，但由于彝族地区特殊的自然环境、民族构成、民族宗教信仰和风俗习惯等影响，致使中央政权实质上难于在彝族地区实施有效的政治、法律等正式控制；另一方面，彝族虽然在进入奴隶社会后就建立了君、臣、师三位一体的社会治理体制，但在彝族古代社会实际运行中，却是家支、豪强大姓林立，彝族各部互不统属、各自为政，除了历史上曾出现过的古滇国、古莽国等部落联盟以及南诏国、罗施鬼国、罗甸国等地方政权外，并没有也不可能产生统一的彝族国家政权，因此缺乏体现彝族统治阶级集体意志的强有力的政治、法律控制。在中央王朝的政治法律控制难以有效实施、体现彝族统治阶级集体意志的政治法律控制缺乏的情况下，彝族的习惯法、伦理道德就成为实际构建和维系彝族古代社会秩序、推进彝族古代社会运行发展的重要因素和手段。彝族古代社会因此形成崇尚道德、推崇道德至上的思想观念，进而形成了丰富的伦理控制思想。

一 人靠礼桶靠箍

在彝族的思想观念中，伦理道德是人类社会形成和有序运行的决定性因素：从人类社会形成和有序运行的层面看，彝族认为如果没有伦理道德、不能遵循伦理道德行为处事，那就意味着真正的人类社会还没有形成；从个体的人的层面看，彝族认为伦理道德是人之为人的根据，是人类与动物相区别的标志，如果个人不懂得伦理道德、不能循礼行事，那就不能成为真正的人。这种思想观念，彝族谚语把它概括为"人靠礼桶靠箍"。

在彝文文献和彝族谚语中，有着十分强烈的伦理道德是社会运行发展的决定因素的思想观念。彝族众多的创世史诗都表达着一个共同的思想观念：人类及人类社会在从无到有发生、演化的过程中，经历了多次的毁灭与重生的过程，我们可以把这段历程视为是人类及人类社会的史前史。彝族认为，人类社会之所以经历了漫长的史前时期，最重要的原因就是那时的人类不懂得伦理道德、不能够遵循伦理道德行为处事，因而不可能建构起有序、稳定的社会运行秩序，也不可能形成真正意义上的人类及人类社会。云南地区普遍流传关于人类形成的过程中历经独眼睛人时代、直眼睛人时代和横眼睛人时代，到横眼睛人时代人类和人类社会才最终形成的传说："独眼的儿子，吃食不祭神，净水不供佛，佛前不烧香，饭前不祈祷，酒前不磕头，见小不作揖，独眼不礼貌，道理也不讲。"[①] "独眼人时代，世间没道理，人

---

① 云南省少数民族古籍整理出版规划办公室编：《洪水泛滥》，云南民族出版社1987年版，第1页。

畜难分清，日月也不明。"① "天龙龙阿玛，水龙龙塔纪，心里想一想：独眼这一代，养畜不作祭，有粮不待客，伦理也不讲，冒犯天和地，要来治一治，要换这代人。"② 由于独眼睛人不懂伦理道德，不能遵循伦理道德规范，还不是真正意义上的人类，于是，神灵用干旱把这代独眼睛人晒死了，人类社会也就不可能在独眼睛人时期形成。后来，又产生了直眼睛人，但是这代直眼睛人也如同独眼睛人一样，还是不懂伦理道德、不能够遵循伦理道德行为处事："竖眼的时代，有礼不讲礼，初一不献祭，十五不烧香，大小也不分。"③ "直眼不讲理，直眼心不好，天神换人种。"④ 这代直眼睛人因此遭受了洪水泛滥被彻底毁灭，只剩下阿普笃慕一个好心人："地上的人类，几乎都死光，唯有老祖先，阿普笃慕剩。"⑤ 而阿普笃慕之所以能够留下来传人种，人类及人类社会因此最终形成，其中决定性的因素就是阿普笃慕是个好心人，并且从神灵那里学到了知识和道理："天上星主来，所有书带来，送给笃慕读，阿普笃慕啊，天天看圣书，日日学道理。""读了圣书后，知道分季节，月有大和小，日有长和短。文字与文章，伦理与道德，始于笃慕代。"⑥ 也就是说，在经历了多次的毁灭与重生后，人类终于知道了伦理道德、能够遵循伦理道德行为处事了，这时，真正的人类、真正的人类社会也才形成。

在彝族人的思想观念中，人类、人类社会形成后，其运行发展同样离不开伦理道德，而这又取决于人们必须遵循伦理道德。正如一只

---

① 楚雄彝族自治州人民政府编：《彝族毕摩经典译注》（第四十七卷彝族物源神话），云南民族出版社2009年版，第31页。
② 同上书，第31—32页。
③ 云南省少数民族古籍整理出版规划办公室编：《洪水泛滥》，云南民族出版社1987年版，第2页。
④ 楚雄彝族自治州人民政府编：《彝族毕摩经典译注》（第四十七卷彝族物源神话），云南民族出版社2009年版，第57页。
⑤ 云南省少数民族古籍整理出版规划办公室编：《洪水泛滥》，云南民族出版社1987年版，第12页。
⑥ 同上书，第15—16页。

完整的木桶，必须要依靠桶箍把散乱的一块一块的木板箍起来形成一个整体一样，人类社会需要用伦理、道德即礼来把一个一个有独立思想意志的个人整合起来、团结起来，即人类社会必须依靠人们遵循相应的道德规范而形成一个有序运行的整体，这就是彝族谚语所表达的"人靠礼桶靠箍"的思想实质。这种思想在彝族创世史诗中有充分的表达："那朝横眼人，理德样样知，年岁和月份，日子和时辰，样样分吉凶。到了正月里，杀鸡来祭龙。初一把香烧，十五换洁水。到了六月份，杀牛敬天地；到了腊月份，杀猪献祖宗。""理德似蛛丝，牛车拉不断，那朝横眼人，样样照理办，事事按德行。"[1] 理德即道德、礼仪，人们根据一定的道德规矩、道德规范来安排生产生活，举行祈禳祭祀活动，人类社会因此能够井然有序、运行发展，或者说，人们在社会生产生活中，必须知道并遵循一定的规矩，按规矩行为处事，社会运行才能避免无序、混乱："世上无道理，人间无常纲，道理说不清，白天下不了地，晚上无伦理，人间无章法，粮熟无人收，儿子不认父，女儿不知娘，家族也不分，乱纪又乱纲，世上乱哄哄，"[2] 如果是人类社会没有伦理道德，人们将无所适从，不知道要做什么，也不知道要怎么做，不仅人际关系会陷入混乱，而且整个社会也将无秩序可言，即会处于"乱哄哄"的无序状态中。"世间没道理，人畜难分清，日月也不明"[3]，"不要理和德，怪事频繁生。"[4] 如果没有可遵循的理和德，人和牲畜就没有两样，人类社会就会频繁发生各种奇怪的事情。这些都是从反面说明伦理道德之于人类社会运行的重要性，或者说，只有人们懂得了道德、按规矩行事，人类社会才能维

---

[1] 云南省少数民族古籍整理出版规划办公室编：《彝族创世史·阿赫希尼摩》，云南民族出版社1990年版，第59—60页。

[2] 楚雄彝族自治州人民政府编：《彝族毕摩经典译注》（第四十七卷彝族物源神话），云南民族出版社2009年版，第17页。

[3] 同上书，第31页。

[4] 云南省少数民族古籍整理出版规划办公室编：《彝族创世史·阿赫希尼摩》，云南民族出版社1990年版，第19页。

系、才能正常运行发展。《玛穆特依》对此进行了概括:"兹无德则丧格,莫无德则无光,毕无德则害人,民无德则生事。"① 从兹、莫、毕到一般的普通民众,虽然人们有不同的职业分工、处于不同的社会阶层,担负不同的职责,但共同的要求都是必须要有德,如果没有德,上至兹、莫、毕,下至老百姓都是不行的,会受到惩罚,甚至会祸害社会,即兹丧格、莫无光,而毕会害人,民会生事,这些都是导致社会无序的因素。

总之,彝族古代社会形成了伦理道德是人类社会有序运行的决定力量的思想观念,在此观念基础上,彝族进一步形成了道德至上的思想观念,认为人、人类社会不能没有道德、也不能离开道德:"妮人讲礼仪,尊老又爱幼。祭祖信天神,顺乎天地理,礼节最讲究。百般礼仪中,做人心善良。"② 在彝族人的生产生活中,上至向天神祈福、祭祖求神,下至处理长幼关系,都有相应的礼仪需要遵守,而在众多礼节仪式中,最重要的就是善良。而且社会上不同的阶层共同的都是需要遵循相应的伦理规范:"天下君最尊,地上臣贤明。天文和地理,毕摩都知全。君臣互行礼,父子相敬重,上下更安邦。"③ "君臣有纲纪,上下互安邦。侯荣兴祭奠,祭祖念经书。"④ 只有上自君、下至臣民百姓,以及家庭中的父子之间都遵循一定的伦理道德,社会才能和谐安定、有序运行,即"上下安邦"。这种认为礼仪是处理各种关系的基本手段和方法的思想观念,反过来又深深影响着彝族古代社会运行。另外,也正是在彝族古代社会运行发展过程中,彝族伦理道德观念和规范通过对彝族人的思想和行为的引导、规范,建构、维护着彝族古代社会的社会秩序,维护着彝族古代社会的运行与发展,伦理

---

① 吉格阿加译:《玛穆特依》,云南民族出版社2005年版,第84页。
② 云南省少数民族古籍整理出版规划办公室编:《裴妥梅妮·苏嫫》,云南民族出版社1991年版,第26页。
③ 云南省少数民族古籍整理出版规划办公室编:《裴妥梅妮·苏颇》,云南民族出版社1988年版,第44页。
④ 同上书,第57—58页。

道德也就成为彝族古代社会最重要、最直接的社会控制形式。

二 人生三次幼人生三次学

由道德至上和知识为大的思想观念出发，彝族认为个体的人要成为真正的人，必须懂得伦理道德，必须在生产生活实践中循理行事。但是，伦理道德并不是人先天俱有、与生俱来的，人只有通过学习来认识伦理道德，在认识和掌握伦理道德的基础上，才能够用道德规范自身言行或者践行道德规范。如果人们不学习伦理道德、不遵循伦理道德，那对于个体的人而言就和禽兽没有区别，对于人类社会而言就无法实现有序运行："人生的愚昧，是其父母过。胡言乱语人，也是父母过。贤能父母育，犬马各有种……畜有七十类，犬类都是愚，无有高贵犬。"① 即人类社会的运行是需要依靠伦理道德来维系和控制的，这又取决于个体的人是否能够认识和遵循伦理道德。

在认识人如何掌握和获得伦理道德知识时，彝族把个体生理生命的成长与伦理知识的获得相联系，认为在人的不同成长阶段，应该学习和掌握不同的伦理道德知识，且要向不同的人学习，形成了"人生三次幼人生三次学"的思想："人生在世上，一生学三次：小时所知事，都是父母教，年青所知事，全靠伙伴教；老来还得学，恒荣呗来教。"② 彝族把人的一生分为出生、成长、死亡几个阶段，认为在人生不同的阶段，需要担负不同的责任；对于人生不同阶段而言，人们都有一个从不懂、不知、不会到能知会做的成长过程，这个成长过程需要学习不同的知识，最终则是懂得在人生不同阶段需要遵循不同的规矩，甚至是在人死后还需要向毕摩学习回归祖界的路线和方法，即人的学习没有止境，在不同的人生阶段都必须进行学习。

---

① 文道义主编：《海腮耄启》，贵州民族出版社2002年版，第28—29页。
② 云南省少数民族古籍整理出版规划办公室编：《指路经》，云南民族出版社1989年版，第110页。

"人生三次幼、人生三次学",是彝族人对于人的一生都存在未知领域、都必须不断学习成长的思想的概括表达,其实质就是认为在人的生命历程中,都是需要学习的,所学的内容是伴随着人生阶段的推移而有不同、有区别的。彝族对于学习、践行伦理道德的如此推崇和重视,也可以从彝族古代社会不断累积且传承下来的丰富多样的伦理道德文献中看出。如《苏巨黎米》《玛穆特依》《彝汉天地》《彝族礼法经》等都是彝族地区广为流传的伦理道德典籍,这些彝族文献既是彝族各地各时期流传的非常著名的教育经典,更是彝族伦理道德思想的理论概括和表达。它们对于人为什么要接受伦理道德教育、如何进行伦理道德教育,以及人一生都必须不断学习、认识、践行伦理道德等思想有着详尽的阐述,特别是对人的生命从孕育、出生、成长到死亡的不同环节或阶段有独特的划分形式,对人生不同阶段的学习内容和学习路径有较为详细的论述。其中共同的、基本的观点就是认为人的生命历程有不同阶段,在人生的不同成长阶段需要学习不同的伦理道德内容,需要遵循不同的伦理道德规范:人从生命的孕育,要历经出生、幼年、童年、少年、青年、中年、老年,一直到死亡,这是人的生理生命的成长经历的过程,与此相应,人也要学习、认识、遵循"幼德""童德""少德"等。以《苏巨黎米》为例,它以人的生理成长阶段为根据,对彝族的伦理道德的发展阶段进行了系统阐释:"九月居母体,用不着吃饭。六个月时抱双手,用不着劳动……到两三岁时,不受雨淋,不被风吹,受母爱恩泽。到了四五岁,说话无好歹,逗父母高兴。到了六七岁,不动手拾柴,不动口赶鸡,受循循善诱。到十二三岁时,到山上放牧,跟少年朋友,找少年知音,见学问大的人,一二地请教,并以此为荣。十六七岁时,跟青年朋友,向老年求教……二十二岁时……三十三岁时……九十九岁时,像陈年朽木。"[①] 这样,就把人从生命孕育初期到刚出生时的一无所知、幼年

---

① 王继超主编:《苏巨黎米》,贵州民族出版社 1998 年版,第 411—416 页。

得到父母呵护逐渐成长,到十二三岁时开始承担一定责任、学习相应道德,及至二十二岁、三十三岁一直到九十九岁时的生命状态和对伦理道德学习的要求和路径都有详细的阐释。《彝汉天地》的表达也非常类似:"一月清如水,十月声振屋。室内精心养,父母怀中抱。长到二三岁,犹虫已褪毛……长到六七岁,不抱院内柴;狗咬不知吆……长到十二、十三岁,爱猎犬、爱弓箭,欲想佩利剑……长到二十二三岁,所言有道理,所讲尽知识……到了九十九……"[①] 这些人生成长所经历的不同阶段,既是人的生命从孕育到出生、成长,从生到死的成长变化过程,又是人从不认识、不需要遵循伦理道德的阶段,到需要通过学习逐渐认识并遵循伦理道德的学习过程。

在彝族《指路经》中,一般把人生经历的过程,简要概括为人生三次幼、人生三次学的思想。其重点是在于告诉人们,即使是人死亡了,也需要向毕摩学习如何回归祖界的方法和路径。而回归祖界的道路是否顺利,既取决于毕摩主持各种祭奠仪式的能力,更取决于死者生前的行为,特别是死者是否有道德修养、他生前学习和遵循道德的情况如何。这正是对人们必须认识、掌握、遵循伦理道德的再一次确证,也是对人们的思想观念、行为取向的引导与规范。

三 重知尊师敬长

彝族古代社会的道德至上思想与知识为大的观念是相辅相成、互为表里的。在彝族形成发展的漫长历史过程中,彝族创造了辉煌灿烂的思想文化,这些思想文化既是彝族生产生活实践的经验总结、智慧结晶,同时又造就了彝族,使彝族拥有认识和改造自然、社会、人自身的独特智慧与能力。正是在认识到知识能够使彝族拥有智慧和能力的基础上,彝族人形成了"知识为大"、并由衷崇尚知识的思想观念:"天地之间,各种本领中,有知识为大,有威势为强,有机遇为

---

① 朱崇先:《彝族典籍文化》,中央民族大学出版社1994年版,第73—75页。

妙。知识造就人，如苍天辽阔，如青松伟岸。"① 这段话充分表达了彝族对于知识的重要地位和作用的认识：知识是天地之间彝族所具有的各种能力中最大最重要的，是知识造就了人本身，即如果没有知识，人类社会也就不可能如此运行发展！

在彝族人的思想观念中，知识无所不包，有知识的人甚至可以无所不能："古彝人天下，知识大无边。有知识的人，能安乾天门。精通乾天门，熟悉坤地理，乾天门他开，坤地门他合……有知识的人，通阴阳哲理，彝汉同文明。凡天下臣民，都来学知识。知识广泛传，人人有文化……用知识治国，用知识祭天，用知识祭祖，用知识疗疾，用知识收妖。有了知识后，是君好司令，是臣好守政，是匠好作艺。儿子有道德，女儿有孝心。大路或小路，条条归大道。人有了知识，用来护生态，用来造树林，用来作耕耘。知识传开去，人杰地显灵。世上的彝人，代代很聪明。知识是金门，知识是银门，知识是铜门，知识是铁门。门门占有了，彝家永世兴。"② 彝族人的知识无边无际，既包含天文地理知识，又包含阴阳哲理，有了知识、掌握了知识后，人类可以治国祭天祭祖，也可以用知识治病收妖；不论是君、臣、匠、民，只要有了知识，就可以更好地履行自身职责，做好本职工作；有了知识，人类可以处理好各种人际关系，可以处理好人与自然的关系，进而认识自然、改造自然。总之，只要有了知识，彝族社会兴旺发达就有了基础和条件。据此，彝族人得出了"知识为大"的结论。

知识的类别非常多，知识的内容非常丰富，但是，在彝族人看来，所有的知识都与人的行为规范有关，都是从不同层面告诉人们在面对人与神、人与人、人与自然的关系时该怎么办的知识："这个礼仪啊，古代非审君，圣贤知天理。柯西他的臣，治国能安邦。妮全大毕摩，

---

① 王继超主编：《苏巨黎米》，贵州民族出版社1998年版，第21页。
② 文道义主编：《海腮尨启》，贵州民族出版社2002年版，第6—11页。

第四章 彝族古代社会控制思想

上知天文情,下识四季律;古知先祖史,近识人礼仪。兴祭太阳神,庶民多安泰。"① 上至天文地理、下至治国安邦,再到四季节令、彝族先祖发展史等等,这些知识都是告诉人们如何处理好各种关系的知识,进而也是规范人的行为的知识,也是维系社会秩序的知识。而毕摩作为主持各种宗教仪式的神职人员,必须要熟知各类知识、懂得如何运用知识以调节人与神的关系,促使人们的愿望和目标能够达成,毕摩往往既是知识的创造者也是彝族古代社会知识与智慧的化身。

知识对于人类非常重要,但是个体的人需要通过学习才能获得知识,因此彝族非常重视知识的学习与传承:"少时要读书,做人要知礼。"② 即作为人,从小时就要读书学习,其目的就是要学会做人的礼节仪式。由于对知识的尊崇和重视,彝族就对拥有丰富知识的人十分敬重。在彝族古代社会,上知天文地理、下知祭祀礼节,既明了四季变化,又有丰富宗谱知识,既能识会用彝文字,又能沟通人与神灵的毕摩,就是知识最渊博的人,毕摩同时被视为师;此外,长者往往因为拥有丰富的生产生活经验,见多识广、懂得人情世故,也被认为是彝族古代社会比较有知识的人。因此,毕摩和长者在彝族古代社会深受尊敬和爱戴,尊师敬长是彝族古代社会重要的道德规范,它主要用于调节人们与毕摩、长者之间的关系:"要尊重老师,并非尊重老师;而是尊重文化。"③ 在彝族人看来,必须尊重老师,而尊重老师,并不是针对老师本身而言,而是对老师拥有的知识的尊重,是对文化的尊重。在毕摩所掌握的各类知识中,最重要的就是各类礼节仪式:"君王威望高,臣子德最深,毕摩更知礼。诵书摇铜铃,礼节须行尽,世世来祭奠。"④ 特别是对于祭祀的各种礼节仪式,毕摩是最知晓、

---

① 云南省少数民族古籍整理出版规划办公室编:《裴妥梅妮·苏嫫》,云南民族出版社 1991 年版,第 52 页。
② 同上书,第 19 页。
③ 朱崇先:《彝族典籍文化》,中央民族大学出版社 1994 年版,第 76 页。
④ 云南省少数民族古籍整理出版规划办公室编:《裴妥梅妮·苏颇》,云南民族出版社 1988 年版,第 71 页。

最明了的。此外,对于拥有丰富知识的长者,彝族古代社会要求必须敬重:"路遇长辈长者,须下马侍立;长辈入室,须让其上座;长房之弟,虽年小亦尊称为兄,须以兄礼待之;男女之间,翁在,媳远避;兄在,弟妇远避。"① 如前所述,彝族社会对于长者的敬重,也是出于对于长者所拥有的知识和智慧的尊重,即是对知识本身的尊重。反之,在彝族社会中,如果有人不尊敬长者,就被视为不懂礼貌、没有知识,进而会被人们所否定和排斥,难于在社会中立足。

对于彝族而言,需要学习的伦理规范内容、类别非常多:"你说十二样礼节大,他说十二样礼节难分清。学会磕头作揖第一样,分清日月星宿能辨时辰;学会处人办事第三样,尊敬爹妈道理明;分清一年四季第五样,婚丧嫁娶众遵循;喜客爱朋彝家礼,说话恭谨人相亲。读书求学寻常事,十二样礼节记书上,规矩、礼节教子孙。"② 这里所说的"十二样"礼节,并非是说彝族的礼节只有十二样,它只是想表达人需要学习的礼节非常多、内容涉及非常广泛,包括与人见面的礼节、分辨日月星辰、分清一年四季、婚丧嫁娶、迎宾待客、说话办事,以及祈神祭祀等等,都是人必须学习把握的。

彝族古代社会对于师长的敬重,除了师长拥有渊博的知识外,也因为师长的言行对于人们而言有着教育、教化、传承知识的作用。彝族虽然较早就创制、使用彝文字,但是,在彝族聚居地区却没有彝族人建立的学校,或者说,在较长的历史发展过程中,彝族地区基本上没有形成本民族的学校教育,彝族人对于本民族文化知识的学习与传承,主要就是通过参加毕摩所举行的各种祭祀仪式而获得各类知识,特别是关于鬼神信仰、祖先崇拜的宗教知识,以及价值观、人生观、历史观和世界观等等;此外,就是长者在日常的生产生活中把自身的

---

① 巴莫阿依嫫等编著:《彝族风俗志》,中央民族学院出版社1992年版,第86页。
② 楚雄州文联编:《彝族史诗选·查姆卷》,云南人民出版社2001年版,第345—346页。

知识和经验通过言传身教的方式传递给年轻一代。尽管如此，出于对知识文化的重视，彝族古代社会十分重视教育，认为"古人无教育，今人无所闻。""尊敬的耄史，额贷阿觉呀，若不兴教育，岂不成猪羊吗？少妇不学德，出嫁不安心……布史毕斗呀，有了知识文，猪羊它不知，好人贤惠家，如禾苗有露水，是这样教的。"① 也就是说，彝族既认识到教育是知识代代相传的途径，也是人与兽相区别的重要方面，认为人必须通过教育学习各类知识，懂得各种礼节、规矩，否则人就像猪羊一样。正是对于知识、知识的学习与传承的重视，彝族古代社会形成了必须尊敬长辈、尊敬有渊博知识的师长的思想观念。

四 要畏惧官吏

彝族古代社会存在多种多样的社会关系，从人与人的关系来看，彝族比较重视、论述较多较集中统一的就是君臣师、夫妻、父子、亲友、官民（上下）等关系。其中，君臣师、官民（上下）关系集中体现了彝族的政治伦理思想。《裴妥梅妮·苏颇》对君臣师等相互之间的道德规范有较多论述："天下君最尊，地上臣贤明。天文和地理，毕摩都知全。君臣互行礼，父子相敬重，上下更安邦。"② "君臣有纲纪，上下互安邦。侯荣兴祭奠，祭祖念经书。"③ 认为君与臣之间都有相应的纲纪约束他们的言行，特别是对君强调尊、对臣要求贤明、对师则要求上知天文下知地理，也要求君臣之间要遵循相互的礼节，父子之间则要相互敬重。如果君有尊、臣贤明、师有识、父子相敬重，国家就会安定、社会就会安宁。从这些规范最终都是落脚于安邦可看出彝族政治伦理所追求的就是国家的安定、社会的安宁，即社会的有序运行。

---

① 文道义主编：《海腮耄启》，贵州民族出版社2002年版，第19、26—27页。
② 云南省少数民族古籍整理出版规划办公室编：《裴妥梅妮·苏颇》，云南民族出版社1988年版，第44页。
③ 同上书，第57—58页。

彝族古代社会思想研究

在彝族古代社会，基于血缘出身、职业等级而形成的等级制度长期存在，由此形成了官民之间的特殊的不平等的道德规范和要求，这种不平等的规范和要求进一步形成彝族关于处理官民关系的特殊的思想观念："君长如大虎，被统治的民众，是君长的鱼虾。"① 这是把官民关系比喻为凶猛的老虎与弱小的鱼虾之间的不平等的关系，这种现实的不平等关系可能就孕育出了彝族特有的思想认识：官是高高在上的，也是可怕的，民是处于极低的位置的，也是极其软弱无力的。在此基础上，彝族就形成了"要惧怕官吏"的思想意识，认为在处理官民关系时，民面对官的主要道德规范就是"畏惧"："君臣关系，是因畏惧而从命，失去畏惧就不从"，② 对于君而言，臣也是处于低位的民，对君也必须要畏惧，对于真正处于低位的民而言，君与臣都是官吏，对待他们都"必遵循政令，须深谋远虑；当惧怕官吏。"③ 即老百姓要遵循官吏发出的政令，应当要惧怕有权势的各层级的官吏，这才是深谋远虑的做法。

在彝族文献中，畏惧官吏是较主要的处理官民关系的要求和规范。为什么彝族古代社会把畏惧作为处理官民关系的基本思想观念呢？

对此，彝族文献中也表现出了其独特的认识：一是官与民处于不平等的社会层级，官处于高位而民则处于低位，即"君长如大虎，被统治的民众，是君长的鱼虾"；二是民对官的畏惧，是因为官吏所拥有的权力，官吏是政策和制度的执行者："害怕官吏者，怕的是政令。"④ 也就是说，彝族关于处理官民关系的规范——"畏惧"，既是因为官吏们拥有高高在上的地位和权力，也因为由官吏制定和执行的政令，这些政令是人们必须遵守的。这从一个层面表现了彝族对于政

---

① 王继超主编：《苏巨黎米》，贵州民族出版社1998年版，第43页。
② 同上书，第20页。
③ 朱崇先：《彝族典籍文化》，中央民族大学出版社1994年版，第75页。
④ 同上书，第76页。

令与社会有序运行之间的一种理性认识：包括君臣师在内的各级官吏，他们是政令的制定者和执行者，只有政令保持相对稳定，社会也才能保持秩序和有序运行，畏惧官吏不仅仅是对居于高位的官吏的畏惧，更是因为遵守政令的要求。

除老百姓要畏惧官吏的要求外，彝族的传统政治道德规范还有忠诚、信义等。如《苏巨黎米》所概括的："上下级之间，要讲忠诚，要重信义啊。"[1] 这就明确的指出，上下级之间，除了下对上的畏惧外，上下之间还需要有忠诚和信义，这也是处理好官民关系的重要方面。

---

[1] 王继超主编：《苏巨黎米》，贵州民族出版社1998年版，第12—13页。

第五章 彝族古代社会规范思想

社会规范是建构人类社会生活和生产秩序、维持人类社会有序运行不可或缺的因素。彝族古代社会亦需要社会规范对各类社会关系进行调整，对人们的行为进行引导与约束，以此建构社会生活和生产秩序，并维持社会的有序运行。"社会中通常的规范形式包括习俗、规则、道德与宗教、法律等。"[1] 彝族古代社会规范的类型多种多样，彝族文献把它们概括称之为理与德，包括社会习俗、道德规范、宗教规范等；彝族对于各类社会规范产生的根源、为什么必须遵循这些规范等问题进行了反思，形成了具有彝族特点的关于社会规范的思想。

第一节 彝族古代社会习俗

彝族古代社会习俗是在彝族社会生活与生产实践中形成、并被彝族社会普遍认同和遵从的一般习惯与常规。它往往通过年节庆典、人生礼仪（如成年礼）、饮食服饰、婚嫁丧葬仪式等方式得以表现和承载。彝族古代社会不仅形成了多种多样的社会习俗，而且从根源意识和寻根思维出发，彝族先民们还对各种习俗的起源和人们为什么必须遵从如此多的习俗等问题进行了思考，形成了彝族独具特点的社会习俗思想。

---

[1] 郑杭生主编：《社会学概论新修》，中国人民大学出版社2003年版，第255页。

第五章 彝族古代社会规范思想

一 社会习俗的起源

彝族作为一个古老的民族，在其形成发展的漫长历史过程中，世代传承着各种各样的社会习俗。面对各种社会习俗，彝族社会不仅要求彝族人要自觉遵守，而且还通过各种彝族文献或相关活动，告诉人们这些社会习俗是如何产生的和人们为什么必须遵守这些社会习俗。这也是彝族的根源意识和寻根思维在社会习俗问题上的反映，即在彝族人看来，要认识、了解、遵守社会习俗，首先必须认识社会习俗是如何产生的，只有认识了社会习俗的起源，人们也才能自觉自愿地遵守社会习俗。

在彝族人的思想观念中，作为社会现象之一的社会习俗，不是从来就有的，而是有其特定的发生或起源。彝族文献《查姆》有专门一查叫"世间道理书"，讲述了彝族一些社会习俗的起源。它说，在人类的早期，人们分不清各种事物，也不知年月季节，不懂各种道理，没有社会习俗。神灵认为这种状况是不好的，于是天神指派神灵萨赛灵，到人世间传达天神的命令，告诉人们"世间所有事，都让世人管，找来龙阿玛，让他来指教。"[1] 这里的龙阿玛是水神，萨赛灵则是负责向人类传达神灵意志的使者，负责人与神之间的沟通。龙阿玛在接到神意之后，就开始了辛勤的创立各种理（包括社会习俗）的工作。他首先给各类事物命名并记录下来，然后写下各种道理和习俗，整理成书籍："世间的万物，万物的由来，全都记录在，十二本书……万事皆有源，万物都有规，道理活生生，摆在那地方。"[2] 神灵又把这十二本记载有各种道理（习俗）的书籍传给世上的人们，让世上的人们通过学习这些道理书，认识书上的各种道理，并自觉遵

---

[1] 楚雄彝族自治州人民政府编：《彝族毕摩经典译注》（第七十二卷查姆二），云南民族出版社2010年版，第102页。

[2] 同上。

守这些道理:"天神策更兹,地神黑朵番,水神龙阿玛,把那十二本书,记有万物书,交给萨赛灵,派他到世间,送书给世人。世间的人们,有了道理书,天天学书文,夜夜看经书;天天学道理,夜夜学礼规。"① 认为人类社会的各种礼规、道理是由神灵制定并告诉世上的人们的,确实表现了包括社会习俗在内的各种社会规范是由神创造的神学思想观念,这也说明,在彝族人的思想观念中,社会习俗源于神灵,因此具有神圣性,人们不能违背而只能遵从,否则将受到神的惩罚。但是,如果我们抛开这层神秘的外衣,还是能够看到彝族关于社会习俗起源的一些真知灼见:在彝族人看来,各种事物都有它的规矩或道理,各种规矩或道理又有它的发生或起源;从社会习俗(道理)的起源看,具有神圣性;个体的人需要通过努力学习才能认识人类社会的各种规矩和道理;人因为懂得并遵守人类社会的各种规矩和道理而拥有无上的荣耀:"你说天地大,我说天地大。天地不为大,天名天不起,天名人来起;地名地不起,地名人来起……你说理规大,我说遵理大,遵理最难得。"② 这里,又把为万物包括神灵起名归结为人的智慧与能力,并认为人因能为万物起名而具有无比崇高的地位,其地位甚至比神灵还要崇高;虽然关于各类事物和人类社会运行的理规非常重要,但最重要的还是人类必须要学习、掌握并遵守这些理规。在认为各种理规从源头上看是神灵制定并指教给人类外,彝族先民也认为在各种理的制定和传承过程中,人类也发挥着重要的作用,认为是人类的老祖先们概括总结、写成了各种道理书,然后一代一代传承下来:"阿普笃慕孙,召集儿女们,谆谆告诫说:古时的经书,书中的道理,这些全都是,先祖和先宗,用心写成的;它们全都是,阿普笃慕孙,一代接一代,传承下来的,不能将它忘。"③ 这又肯定

---

① 楚雄彝族自治州人民政府编:《彝族毕摩经典译注》(第七十二卷查姆二),云南民族出版社2010年版,第102页。
② 同上书,第106—108页。
③ 同上书,第105页。

第五章 彝族古代社会规范思想

了彝族社会的习俗是由人类自己制定并遵守的,或者说,在彝族人的思想观念中,社会习俗的制定与形成是神与人共同努力的结果。

彝族先民也认识到,人类社会的规矩、道理种类比较多,这些规矩或道理的产生并不是同时同步的,而是有先后顺序的。最早产生的是关于给各种事物取名的习俗,即命名,只有给各种事物命名才能分清它们或把这些事物加以区别:"阿普笃慕孙,有山不知名,有岭无名称。树木分不清,不分竹和藤,不分草和石,不分年大小,不分月大小,不分月与日,不分日与时。"针对这种无法分清各种事物时令的状况,天神派出龙阿玛来指导教育人们给事物取名,以此分清各类事物:"整日写书文,整夜记物名:记录天和地,起名天和地;记录日和月,起名日和月;记录星和云,起名星和云……长脚能走的,全都有记录,全都有起名;长翅能飞的,全都有记录,全都起有名。"[①] 通过给各种事物起名就把它们区分开来。同理,人也是需要进行区分的,首先是把男人和女人区分开,再给男人和女人取不同的名加以区分:"世间中的人,分成男和女,起名男和女,阿普笃慕孙,笃孙都有名。"[②] 彝族为了区分或者认识各种事物,包括认识和区分人自身,因而形成了起名的习俗,并因此代代传承,最终则是形成彝族的父子连名的起名习俗,在父子连名基础上,产生了众多的具有彝族特色的谱牒。这就是以神话传说的方式,试图解释和说明彝族为什么要起名、如何起名等问题,即告诉人们彝族起名习俗的起源。

在给各种事物命名后,接着产生的就是年岁时节的起源:"道理书中说:过完一冬春,就已过一年。一轮十二年,大年十三月,小年十二月。月亮圆一回,就是一个月,大月三十天,小月二十九。初一

[①] 楚雄彝族自治州人民政府编:《彝族毕摩经典译注》(第七十二卷查姆二),云南民族出版社2010年版,第102页。

[②] 同上。

没有月，十四月亮团，十五月亮圆，十六月更明。日长或日短，烧香来观测，节令早或迟，观看树发芽。"① 从这些文字描述中，我们可以看到，彝族的年月季节是在生产生活中观测日月变化、树木生长等过程中认识并制定出来的，这似乎又远离了其天神定规矩道理的预设。接下来论述的是人们必须遵守的人类社会的三十六种理，三十六种理既包括人们的愿望、追求，又包含各种为人处事的道理："三十六种理，所有的理规，全写在书上。若是没书文，不能记理规，不会懂理规。万物的名称，数以万计理，始于龙阿玛，记录在书上，藏在书本里。"② 这里所说的三十六种理，只是比喻理规的种类很多而已，在彝族人的思想观念中，人类社会数以万计的理始于神灵的指教，但最终还是人类应用文字和书本记载下来并代代相传。

在彝族文献中，记载有婚姻、丧葬、造房、宴客等各类社会习俗及其起源。彝族认为，人类社会的所有习俗都存在从无到有产生的历史过程，即有其最初的起源。其中彝族文献描述最为详细的则是关于崇敬和祭祀祖先与神灵的相关习俗的起源，这些习俗也是彝族古代社会最重要的理和德，也是最核心的社会习俗。《查姆》是这样阐述彝族的这些习俗的："三十六种理，敬重天和地，敬重日和月，敬重星和云，敬重雾和霭，敬重风和雨，敬重树和木，敬重护山神，敬重土主神，敬重祖神像。区分大小年，区分大小月，区分日长短。一年行四祭，春祭献公鸡，夏祭供绵羊，秋祭献黄牛，冬祭供黑猪。一月两吉日，初一要磕头，十五要作揖。"③ 从彝族万物有灵的思想观念出发，彝族认为各类事物背后都有看不见但又真实存在的神灵，对于这些神灵必须要通过祭祀仪式表现人类对于它们的敬重，祭祀神灵需要选择吉日，最通常使用的吉日就是初一和十五，祭祀时要根据不同季

---

① 楚雄彝族自治州人民政府编：《彝族毕摩经典译注》（第七十二卷查姆二），云南民族出版社2010年版，第102—103页。
② 同上书，第108页。
③ 同上。

节，以及祭祀对象选择献祭的供品。这些祭祀的习俗，同时也是彝族毕摩教祭祀仪式的重要组成部分。

虽然彝族认为人类社会的理始于水神龙阿玛的指教，但同时也充分肯定世间的所有事都要人自己来管，人是现实的人类社会的主宰："阳间世界里，人类来主宰。"① 在有神灵的指教后，人类开始了各种创造活动：为万物起名，造字写书定规矩，遵守各种理。《查姆》说："海名海不起，海名人来起；坝名坝不叫，坝名人来叫，字是人来造，书由人来写。"② 这就充分表明人才是社会习俗的最终创造者，同时也是遵守者，即由人创造并遵守各种社会习俗和规则。

二 社会习俗的多样性

社会生活与生产是丰富多样且不断发展变迁的，与此相应，引导和规范人们行为的社会习俗必然也是丰富多样且不断发展变迁的。彝族又是一个支系众多、分布广泛的古老民族，彝族的社会习俗既有共同的特点又有特殊性："彝族虽然分布地域广袤，但由于同源共根，习俗的传承性使其保留着一些共同的特点；又由于各地彝族历史背景、社会条件、地理环境不同，在婚、丧、节庆、娱乐上又形成了各自不同的风俗惯例，使彝族的民俗景象呈现出五光十色的光环。"③ 彝族古代社会习俗的多样性不仅表现于彝族所共同具有并遵守的多样的社会习俗方面，也表现于其不同支系所具有的特殊的社会习俗方面。而本书所关注并探讨的主要是作为彝族共同具有并遵守的社会习俗的多样性。

从彝族文献看，彝族先民对于社会习俗的多样性有着明晰的认识和理解。一方面，彝族先民认识到社会习俗广泛涵盖岁时年节、婚丧

---

① 楚雄彝族自治州人民政府编：《彝族毕摩经典译注》（第七十二卷查姆二），云南民族出版社 2010 年版，第 103 页。
② 同上书，第 107—108 页。
③ 李绍明等：《彝族》，民族出版社 1996 年版，第 112 页。

嫁娶、耕种征战、人生礼仪、衣食住行等社会生活与生产的方方面面，认为每一种社会事象都有其相应的习俗规范，社会事象的多样性必然导致社会习俗规范的多样性。彝族先民对社会习俗规范的多样性深有感触，《查姆》用诗性的文字对此进行了生动形象的描述："漫漫人生路，悠悠事万千，不吉十二类，不好十二种，吉者十二样，此乃世间理，为人之伦常。"①虽然只有寥寥数句诗句，却道出了在人生历程中，会面对或遇到成千上万的事，各种事有各种事的习俗和规范，人们必须遵守每一事物或现象的习俗规范，从为万物起名、用文字记载事物名称到敬天地日月等神灵，从孝敬父母、善待儿女子孙亲戚到祭祀祖先，各种风俗规范都通过先祖先宗记载在道理书里，彝族先民用"十二本书""三十六种理"等来概括说明社会习俗的多种多样，告诉人们在人的生命历程中需要面对的是"数以万计理"。

在彝族古代社会生活实践中，形成了多种多样的社会习俗及其规范。如接生、起名、成年、婚嫁、丧葬、祭祀、宴客、耕种、纠纷调解等等，彝族社会都有相应的习俗风尚要求人们自觉遵守。比如，彝族自古形成的父子连名的起名习俗，既在彝族古代现实生活中被云、贵、川等地的彝族各支系普遍遵从，又通过《西南彝志》《彝族源流》等文献向我们呈现出彝族悠久、古老的发展历史；彝族在女儿出嫁时哭嫁的习俗，既体现了彝族姑娘对包办、买卖婚姻在形式上的控诉与反抗，又体现出彝族姑娘对父母兄妹的亲情、对家乡的留恋等美好的情感；彝族的"有畜就宴客、有粮就请客"的习俗，反映着他们的热情好客；"吃香要祭天、喝辣要祀地"②的习俗，反映着彝族对于神灵的敬重与崇拜，以及岁时年节众多的祭祀习俗；等等。这些习俗，既被各地彝族人所共同认同并遵守，也随着各地彝族的经济社

---

① 楚雄彝族自治州人民政府编：《彝族毕摩经典译注》（第七十二卷查姆二），云南民族出版社2010年版，第105页。

② 同上书，第108页。

会的发展而变迁。

另一方面，由于彝族在其形成发展的历史过程中，在其不断迁徙变换居住场所的过程中，形成了众多支系，不同的彝族支系又由于其居住环境、生产生活方式，以及与不同的民族交流往来，因而形成了不同支系的彝族又各自具有一些不同的社会习俗，这种情况也是彝族风俗习惯多样性的表现。比如在衣食住行、婚丧嫁娶等方面，凉山地区的彝族和云南彝族就有很大区别。云南地区特别是滇中地区的彝族，由于与汉族的长期交流往来，在社会习俗方面呈现出较多的"汉化"倾向，而凉山地区则保留了较多彝族的传统习俗。这些从另一个层面说明了彝族社会习俗的多样性或差异性。

三　社会习俗的功能

彝族古代社会习俗与彝族古代社会生活相伴相生，一方面，彝族的社会习俗是在彝族社会生活实践中不断形成与发展变迁的，离开现实的彝族社会生活实践，不可能形成彝族的社会习俗；另一方面，社会习俗形成后，通过引导、规制彝族人的思想与行为，又影响着彝族社会生活的开展与运行。对于社会习俗的如此功能，彝族也有自己的认识和理解。

首先，彝族先民在认识和反思人类社会生活实践的过程中，认识到包括各类社会习俗在内的人类社会特有的理规是人类社会与动物相区别的标志。他们认为只有人类社会的理规形成了、人类懂得遵守理规时，人类社会也才真正形成。在探寻人类的起源及其演化发展的过程中，彝族认为人类经历了从独眼睛人到直眼睛人再到横眼睛人的发展演化历程，只有到了横眼睛人时代，形成了一系列的社会习俗、人类开始遵守这些社会习俗，真正的人才形成，与此相应，真正的人类社会也才形成。从此观之，彝族是把社会习俗的形成与遵守作为人类社会形成的重要标志，或者说，在彝族人的思想观念中，人类社会与社会习俗规范是同时产生的。

其次，彝族把社会习俗作为彝族内部相互认同并与其他民族相区别的根据之一。彝族认识到社会习俗是民族文化较重要的表征和内容，不同的民族拥有并遵守不同的社会习俗。在彝族人的思想观念中，不同的人之所以被认为是同一个民族，是因为他们遵守相同的社会习俗或理规；分散居住于不同地域的彝族，因为都遵守相同或相似的社会习俗，所以都可认同为同一个民族，即彝族作为同一个民族，应该遵守相同或相近的社会习俗。另一方面，不同的民族的差异或区别，则是因为不同的民族遵守不同的社会习俗或理规。根据人们所遵守的社会习俗的不同，因此就有彝族与其他民族的区别。《彝族源流》在记述南诏王细奴罗分别用汉族道教和彝族传统仪式为他的父亲举行葬礼，从中可以清晰地看到彝汉丧葬习俗存在巨大的差别："在鲁旺外面，习外族祭祀，建塔如黑云，庙修如大岩，烧香烟袅袅，油灯明晃晃，跪叩头点点，口里念喃喃。在鲁旺以内，祭祀以彝俗，建丧房灵房，牛马牲成群，青木插神座，魂马多如云，打牛红如柿，《那史》连云霄，《伦布》如瀑布，甲胄挂白岩，戟缨遍地白，师声如鹃鸣。"① 从彝族人的视角观之，彝汉两族的丧葬习俗在祭祀的地点、祭祀的方式等都存在巨大区别：汉族的祭祀在寺庙里举行，其祭祀形式包括点油灯、烧香叩头、念诵经文等；彝族的祭祀要搭灵棚，要用大量的牛马做牺牲、用青木插神座，毕摩要用多种法器、举行多种仪式、念诵毕摩经等。在这些描述中，我们能够清晰地看到彝汉两族的习俗确实存在巨大差异，反过来也说明不同民族确实因遵守不同习俗而彼此相异。

最后，社会习俗在维护彝族古代社会有序运行方面具有重要意义。彝族古代社会运行有其特殊性：由于地处边陲，元以前，中央王朝对于彝族地区的管理多采用羁縻政策，除南诏时期建立了彝族统一

---

① 楚雄彝族自治州人民政府编：《彝族毕摩经典译注》（第十八卷彝族源流），云南民族出版社2007年版，第324页。

政权外，彝族地区的社会运行实际上主要依靠传统的各类社会习俗，更多时候就是通过人们自发的遵守约定俗成的各类社会习俗来维持社会的相对有序运行。而这些传统习俗，正如《查姆》所概括的那样，它使不同层级、不同职业、不同角色的人都知道自己的行为规则是什么："世上的人们，世人耕牧时，耕牧有理规；儿女娶嫁时，娶嫁有书看，娶嫁讲礼规。世人死亡时，人死有书看，送葬祭奠时，祭奠有礼义，祭献有规矩。直到现如今，君王依法理，臣僚依律令，毕摩依经文，长辈依随理，小辈依从规。"[①] 通过这段描述，我们可以看到，在彝族人的思想观念中，不管什么人、不管做什么事、不管是嫁娶还是丧葬，都有相应的规矩需要人们去遵守；如果人们都能够遵守这些规矩或理规，那社会必定能够有序运行。

第二节　道德规范思想

一个民族的道德规范一般是以本民族的人们所普遍认同并接受的价值原则和价值标准作为基础，以调整人与人之间的关系为核心，规定人们的行为准则，约束或引导人们的行为，进而构建社会秩序并维系社会的有序运行。彝族是个十分崇尚道德、并以道德为本的古老民族，他们对于道德规范有着本民族的思考和认识，产生了丰富的道德规范思想。特别是在道德的起源、道德在构建彝族古代社会秩序和维系彝族古代社会运行的地位和作用等方面形成了独具民族特点的思想观念。在彝族人看来，道德不仅起源于天地神灵，而且是人类及人类社会起源与形成的重要根据和标尺，也是人类社会有序运行必不可少的因素，因此，对于人类及人类社会而言，道德具有神圣性与至上性，是神圣而不可违背的。彝族人还认为道德是个体的人成为真正的

[①] 楚雄彝族自治州人民政府编：《彝族毕摩经典译注》（第七十二卷查姆二），云南民族出版社2010年版，第64—65页。

彝族古代社会思想研究

人的根据，也是维护社会秩序、促进社会有序运行所必须遵循的基本社会规范。虽然道德之于人类具有非常重要的地位和作用，但是由于人们对于道德的认识以及道德修养不是与生俱来的，而是需要在后天的学习与教育中获得道德知识、涵养道德品质，因此，彝族古代社会非常重视人们对于道德规范的学习与践行。正是彝族对于道德规范的重视，由此形成了十分丰富的道德规范思想，产生了大量的道德教育经典。

一 道德的神圣性与至上性

彝族先民从其根源意识和寻根思维出发，在对道德规范进行认识和思考时，首先关注的就是道德的起源问题，认为彝族所普遍遵守的道德及其规范不是从来就有的，而是有其发生或起源的历史过程。在认识道德的起源问题时，彝族先民往往把道德的起源与天地神灵相联系，认为天地是道德的根源或根本，而天地在彝族人的思想观念中是最高的存在，从此出发，彝族先民就赋予道德以至上性：认为道德对于人类社会而言是不能选择也不可违抗的，人们必须严格遵守，否则人类社会就会遭受天地处罚甚至是毁灭。《彝族源流》在探究道德起源时，认为天和地是伦理道德的根本："阴阳相配合，苍苍的天影，茫茫的地影，铺盖六威荣。苍天接云端，在天道之上，产生了君道；地度数对天，下产生王道。以威荣经天，以威荣营地。""高高苍天，根蒂雄伟；茫茫大地，根蒂巍巍；是伦理根本。""天上的君，地上的王，制出了法度……天生完美的君道，地生威严的王法，法度相继出。"[①] 也就是说，天和地是道德的根源或根本，人类社会的道德是依据天道产生和形成的：在有了天道之后，天上的君和地上的王才制定出人们应该遵循的伦理道德，才有了人们必须遵守的各种行为准

---

① 毕节地区民族事务委员会编：《彝族源流》第五至八卷，贵州民族出版社1991年版，第6、41—43、59—61页。

· 182 ·

第五章 彝族古代社会规范思想

则，进而才能开展人类社会经天营地的各种活动。从天地是道德起源的根本的思想认识出发，彝族先民也就形成了天道、地道、人道具有一致性的思想，进而认为遵守人道也就是遵守天道、地道的思想："故祖健在时，坐宫廷高堂。与臣同议政，继史楚圣典。传经作教化，讲天地人道法。三法相彼此，金乌相关照。"① 即道德源于天地并产生后，彝族先民把道德经典代代传承；由于天道、地道、人道是彼此相互联系的，彝族先民在利用道德经典进行道德教育时，是同时进行天道、地道、人道的教育的，因此，天道、地道、人道通过道德教育而代代传承。

在彝族文献所反映的彝族先民的思想意识中，认为天与地是道德的根源或根本。这里所说的天与地，既是人们头顶之上的苍天、脚下的大地，即自然之天地；更是主宰人类命运的神灵，即神灵之天地，彝族文献把天神称之为策更兹、地神称之为黑朵番②。彝族文献中也有认为是天神地神指派神灵为人们创制道德及其规范，然后传给人世间并要求人们必须遵守的思想观念。《彝族源流》《西南彝志》《宇宙人文论》等文献，在探讨天地起源问题时，肯定了清浊二气的变化发展形成了天和地："天地产生之前，清气熏熏的，浊气沉沉的。清、浊二气相互接触，一股气、一路风就兴起了；两者又接触，形成青幽幽、红彤彤的一片，青的上升为天，浊的下降为地……天地之间，日月运行，高天亮堂堂，大地分为南、北、东、西四方。"③ 由清浊二气发展变化形成的天和地，显然是自然之天地。但此外，在彝族众多的经典中，却认为天和地是有神灵居住和主宰的命运之天地、神灵之天地，即天有天神、地有地神，而且天神是位次最高的神灵，它统管着众神，彝族文献中把天神称之为策耿举（有译为策举祖、策耿兹、

---

① 文道义主编：《海腮耄启》，贵州民族出版社2002年版，第249—250页。
② 参见楚雄彝族自治州人民政府编《彝族毕摩经典译注》（第七十二卷查姆二），云南民族出版社2010年版，第102页。
③ 罗国义、陈英翻译：《宇宙人文论》，民族出版社1982年版，第11页。

策格紫等），天神策耿举统领着诸多的神灵，人的命运又是由天神和众多神灵来决定的，最终则是由最高的天神来决定。从这个层面来看的道德，因为是由具有至上性、神圣性的天神决定的，道德因此同样具有至上性、神圣性和绝对性。

彝族认为天与地是人类社会的道德的根本或根源，认为道德起源于天与地，其最重要的意义就在于为人类社会确立了一个基本的原则：道德具有神圣性和至上性。从道德的这一基本原则出发，进而为人类社会确立了一个基本的思想观念：作为人，必须遵守道德，否则就不能成其为真正的人，或者说，如果人类社会没有道德，人类社会的人不遵守道德，那后果就是人类社会将因缺乏或不遵守道德而被神灵所惩罚甚至是毁灭。这种从源头上就赋予道德以至上性、神圣性的思想，我们甚至可以追溯到彝族的创世史诗中关于理与德是人类社会产生和发展演变的决定力量的思想，或者说，在彝族的思想观念中，道德具有至上性和神圣性的思想观念是非常久远且一以贯之的。

另外，受彝族源远流长的毕摩宗教信仰影响，特别是毕摩教的鬼神信仰和祖先崇拜思想的影响，彝族在探究道德起源问题时，也持有道德是由神灵创制后传给人类社会并要求人类社会遵行的思想观念。《查姆》的"世间道理书"一查，就是追溯道德等社会规范是如何起源的。它说，人类社会的道德规范（礼规）是由天神命令神灵写成的，然后由神灵萨赛灵又把写有礼规的书送给人们，此后，人们通过日夜不停的学习，才懂得了各种礼规或道理："世间的人们，有了道理书，天天学书文，夜夜看经书；天天学道理，夜夜学礼规。"[①] 这里虽然没有明确地说道德是起源于天地，但却认为道德是由天神策更兹和地神黑朵番派遣其他神灵制定后传给彝族人的，实则认为道德规范是由神灵制定的，也是从另外一个层面肯定道德的神圣性。

---

① 楚雄彝族自治州人民政府编：《彝族毕摩经典译注》（第七十二卷查姆二），云南民族出版社2010年版，第102页。

第五章 彝族古代社会规范思想

在认为道德具有神圣性、至上性，因而人必须遵守道德规范的同时，彝族先民还认为神灵能够以道德为标准、评判人类行为的善与恶，并会对人的善行进行肯定与奖励、对人的恶行进行否定与惩罚，这又促使人们必须遵守道德规范，否则就会受到恶报。如《彝族礼法经》对此思想观念有如下的描述："俄察在世间，不讲礼和法，天地不宽容，日月是天目，风雨是地耳，能见会听到。嘴讲神能闻，心事仙会知，邪念罪恶伴。若带在身上，在这人间里，能逃避过去，十层地府里，阎罗王面前，躲避不过的，在人世间里，财多人名大，粮多人誉高，到了地府里，行善人名大，心善人名高。"① 这就比较明确地告诉人们，人们的一言一行都能够被神灵知晓，甚至是在心里所想的事情，神灵都会知道；如果一个人做了不符合道德规范的事，或者是心生邪念，即使在生前侥幸逃避过去而没有受到惩罚，死后却不可能逃避过去并终会受到惩罚。这种关于善有善报、恶有恶报的因果报应的思想，以及人死后会到阴曹地府受到审判的思想，可能是受到了佛教、基督教的影响，但是，关于"善者有善报、恶者有恶报"的思想，早在彝族的创世史诗中就有反映。如《玛穆特依》是这样表述的："子孙后代们，善者有善报，恶者有恶报，行善无善报，无人来行善；行恶无恶报，恶事不间断。"② 这里比较鲜明地提出了善恶因果报应的思想。彝族相信因果报应的思想，实质就是要告诫人们必须遵守道德，或者说，人们遵守道德是有其必然性或必要性的。

总之，在彝族人的思想观念中，不论是认为天与地是道德的根源和根本、道德是由神灵创制的，还是认为道德是基于善恶因果报应的人类的必然选择，其实质都是要说明或论证道德的神圣性与至上性，进而引导人们必须遵守道德规范，或者说不能违背道德及其规范。

---

① 红河哈尼族彝族自治州民族研究所编：《彝族礼法经》，云南民族出版社1997年版，第106—107页。
② 吉格阿加译：《玛穆特依》，云南民族出版社2005年版，第7页。

二 道德是人之为人的根据

在彝族先民的思想观念中，道德不仅具有神圣性和至上性，遵守道德是人类不可违抗的必然性，而且认为道德是人之为人的根据。彝族把道德作为人之为人的根据，其内涵主要包括两个方面：一是从人类的形成与演化的层面，把道德作为人类从无到有发生、演化的根据，二是从个人成长完善的层面，把道德作为人与动物相区分的标尺。

（一）道德是人类社会形成的最终决定力量

在前述第二章论述彝族关于人类社会演化发展的思想观念时，已经阐述了彝族把理与德作为人类社会演化发展的根据的思想。综观彝族各地区的各类文献，我们可以看到，不同地区、不同支系的彝族先民，在认识道德对于人类社会的形成与发展变迁过程中的历史地位和作用都有非常类似的认识或思想观念，他们认为人类的起源并不仅仅只是人体的外形特征或生理结构的生物学意义上的起源，而且还有着更为关键、更为重要的人类群体生活形式的起源，即社会生活的起源。在人类及人类社会生活起源的过程中，道德则是决定性的力量，即只有人类社会构建起道德及其规范，人们在社会生活中懂得并遵守道德规范时，人类才真正形成，人类社会也才真正产生。如在云南、贵州、四川的彝族文献中，都一致地表达了这样的思想观念：在人类、人类社会从无到有形成、演化的历史过程中，至少经历了干旱、洪水等灭顶之灾，在经历了多次的毁灭与重生后，人类、人类社会才真正形成。人类为什么会经历如此多的灾难或毁灭后才真正形成？在回答此问题时，彝族先民认为是因为那时的"人"还不知道道德、不懂得遵守道德规范，因此也并不是真正意义上的人或人类。只有经过了天降灾难的多次考验后，神选择了知善恶、明道德的"好心人"，由他繁衍人类并终止了人类不断遇到灾难而毁灭的命运，从此，真正的人才算形成，真正的人类社会生活也才正式开启。

在云南地区流传的《查姆》等彝族文献把人类及人类社会的形

成、演化与发展的过程，以人的眼睛进行比拟，分为独眼睛人和独眼睛时代、直眼睛人和直眼睛时代、横眼睛人和横眼睛时代。在这三个时代或人类社会形成的三个历史阶段中，人和人类的最大的区别却不是外形如眼睛形状的不同，而在于独眼睛人和直眼睛人都不懂得道德、独眼睛时代和直眼睛时代都没有道德规范可以让人们去遵守，那时的人还不是真正的人、那时也还没有形成真正意义上的属于人的社会生活。《查姆》是这样描述的："独眼睛这代人，道理也不讲，长幼也不分；儿子不养爹妈，爹妈不管儿孙。"神认为独眼睛人不应该继续繁衍下去，需要重新繁衍一代人："神仙之王涅侬倮佐颇，仙王儒黄炸当地，龙王罗阿玛，水王罗塔纪，一齐来商量，共同出主意：'独眼睛这代人心不好，要换掉这代人。要找好心人，重新繁衍子孙。'"[1] 因此，神用干旱毁灭了独眼睛人。之后形成的是直眼睛人，但他们依然不懂得道德，不会遵守道德规范："直眼睛这代人啊，他们不懂道理，他们经常吵嘴打架。各吃各的饭，各烧各的汤。一不管亲友，二不管爹妈。爹死了拴着脖子丢在山里，妈死了拴着脚杆抛进沟洼。"[2] 神只好用洪水毁灭了直眼睛人，试图重新换一代人。在毁灭直眼睛人之前，神暗中寻找懂道德的人——好心人，通过多番寻找与考验，神找到了知道德、良心好的阿朴独姆，并告诉他躲避洪水灾难的方法，洪水过后，阿朴独姆与妹妹成婚重新繁衍出了横眼睛人，横眼睛人是懂得各种道德并遵守道德的真正的人："学会磕头作揖第一样，分清日月星宿能辨时辰；学会处人办事第三样，尊敬爹妈道理明；分清一年四季第五样，婚丧嫁娶众遵循；喜客爱朋彝家礼，说话恭谨人相亲。读书求学寻常事，十二样礼节记书上，规矩、礼节教子孙。"[3] 到横眼睛时代，人类真正形成，人类社会生活也才真正展开。

---

[1] 楚雄州文联编：《彝族史诗选·查姆卷》，云南人民出版社2001年版，第244—254页。
[2] 同上书，第277页。
[3] 同上书，第345—346页。

彝族古代社会思想研究

从这些神话传说中，我们可以看到彝族先民把道德作为人类、人类社会产生、形成、演化和发展的最终根据，把道德作为人和人类社会形成的最终决定力量。

关于道德是人、人类社会形成、演化发展的最终决定力量的观点，贵州地区的《西南彝志》也有相应描述："笃慕俄之世，出现这样的人，更改武的历史，有眼若无眼，有君蔑视君。这样的行为，父不敢吭声。有耳若无耳，不听王的令，自行其是，母不敢论史……天上策耿纪，分别派鲁朵……分别派洗利……掘开勺的海，掘开额的海，淹没大地人间……人类绝灭。"① 由于人类不遵守道德规范，神只好降灾难毁灭了人类。洪水泛滥之后，彝族祖先在行天地歌礼后，再生始祖笃慕与天君之女成婚繁衍了人。这则神话故事的主旨依然在于解释说明道德是人、人类社会形成的最终决定因素的思想观念。

四川地区流传的《勒俄特依》对此观念也有描述："居子石涉分八支，石涉不设灵，石涉不待客，石涉不娶妻，石涉不嫁女，石涉十代就绝根……居子格俄分九支，格俄不做帛，格俄不送鬼，格俄九代就绝根。"② 不论是居子石涉还是居子格俄，由于他们都不懂得道德，不遵守道德规范，都在繁衍了十代或九代后就灭绝了。

彝族关于道德是人及人类社会形成、演化发展的最终决定力量的思想，表明了道德对于人、人类社会运行的极端重要性，阐明了人、人类社会是不能离开道德的；但是，它又夸大了道德的地位和作用，以至表现出了道德决定论的思想倾向。

（二）道德是人兽相分的标志

彝族先民认为是否懂得道德、是否遵守道德规范不仅是人类真正脱离动物界而形成为人的标志，而且道德使人具有了比动物更为高贵

---

① 毕节地区民族事务委员会编：《西南彝志》第五、六卷，贵州民族出版社1992年版，第74—79页。

② 《勒俄特依》，《凉山彝文资料选译》第一集，内部资料，1978年版，第36—37页。

第五章　彝族古代社会规范思想

的特性，道德因此是人之为人的根据。同时，道德又不是人与生俱有的，个体的人要成为真正的人，首先就必须要学习道德知识、懂得道德要求、遵守道德规范。

如前所述，彝族不仅从人类起源、人类社会产生的视角，认为道德是人和人类社会形成的标志，只有人懂得了道德的重要性、能够自觉遵守道德规范时，人类社会也才真正形成；而且认为在人、人类社会形成后，每个个体的人也必须要通过道德教育来学习、掌握道德，进而自觉遵守道德，使人自身的言语行为都符合各类道德规范的要求，这样的人才是真正意义上的人。即道德是实现非人向人转化的根据，是使人与动物、野兽相区分的标志。《查姆》所描述的人类由独眼睛人向直眼睛人、再向横眼睛人的演化发展过程，并不仅仅是人的外形、外貌的演化发展过程，更是人类由野蛮向文明、由没有道德规范的约束与限制向有道德规范的规制演化发展的过程。因此，在彝族先民看来，当人类还没有道德规范时，人就是动物、就是野兽，真正的人、人类社会也就没有形成，只有人类懂得了道德、自觉接受道德的约束时，人才脱离动物界而成为人。或者说，如果没有道德、如果不遵守道德，人就不成其为人而是野兽。

彝族关于道德是人类从动物中分化出来的根据的思想，进一步发展为每个人都必须懂得道德、遵守道德，否则就与动物一样而不是真正的人的思想。即在彝族道德规范思想中，内蕴着在人类作为一个群体从动物界分离出来以后，个体的人依然需要不断学习道德知识、遵守道德规范，把个人与动物相区分的要求和思想。《苏巨黎米》是这样表达道德是人之为人的思想观念的："不仁者非人，堪与兽为伍，无义者非人，奸佞乱仁义，言辞带仁义，是人讲的话。"[1] 即把仁义这种道德规范作为区分人与非人、人与野兽的标志：不讲仁义、不行仁义的就不是人而是野兽，真正的人的言语行为都要体现和符合仁义

---

[1] 王继超主编：《苏巨黎米》，贵州民族出版社1998年版，第58页。

的要求。在云南地区流传的《彝族礼法经》中，把人必须遵守道德的思想与佛教来生转世思想相结合，提出一个人生前的行为是否符合道德规范的要求，是人死后能不能投生成为人的决定性因素的思想："心呃不轨的，派小鬼阿尼，统统抓起来，交到总罗处（传说专管投生的阴官），喂痴水哑水，投胎变畜生。"① 即如果生前行恶的人，死后就不能再投生成为人，只能投胎变成畜生！

贵州的《海腮耄启》则提出人因为遵守道德而具有了比动物高贵的特性："布史毕斗呀，有了知识文，猪羊它不知，好人贤慧家，如禾苗有露水，是这样教的……人生的愚昧，是其父母过。胡言乱语人，也是父母过。贤能父母育，犬马各有种……畜有七十类，犬类都是愚，无有高贵种。"② 这里比较明确的指出人因懂得道德、能够把道德代代相传承而具有比动物高贵的品质，而犬马畜生种类再多，却因为不懂得道德、不可能遵守道德而不可能有高贵的品质！

总之，在彝族的思想观念中，不论是人类还是个体的人，要成其为真正的人，其标志或根据就是道德，或者说，道德是人之为人的最终决定力量和根据。

三 基本的道德规范

一个民族的道德规范是用来引导、规范、评价本民族的人的思想、语言、行为的准则和规矩的。由于社会生活领域的复杂性和多样性，一个民族的道德规范往往是多元多样且会随社会的发展变化而发展变化的。彝族的道德规范也是多种多样的，其中历经时代发展变迁后确立下来的最基本的道德规范有"行善去恶""重孝贵和""重名轻利""尊师敬长"等。

---

① 红河哈尼族彝族自治州民族研究所编：《彝族礼法经》，云南民族出版社1997年版，第21页。

② 文道义主编：《海腮耄启》，贵州民族出版社2002年版，第26—29页。

第五章　彝族古代社会规范思想

（一）行善去恶

善与恶是伦理道德的根本问题，行善去恶是最基本的道德规范和行为准则。彝族先民也不例外，在他们的道德规范体系中，最基本的规范就是要求彝族人"行善莫作恶"。综观彝族的各种文献，彝族先民并没有从理论上论证"什么是善""什么是恶"，但却用大量的道德教育经典教育、引导人们的思想、言语和行为必须要遵守行善去恶的基本规范，要求人们的一言一行必须遵守道德规范、符合道德规范的要求，其目标就是要求人们要成为"好心人"或"善良的人"。在彝族文献中，往往是用人及人类社会发生、演化和形成的神话故事告诉人们：不论是善的言语行为还是恶的言语行为都能够被人们看不见、摸不着但又确实存在的神灵知道，神灵会赏善罚恶，因此，人必须要自觉自愿的行善去恶。彝族道德教育经典的主题一直都是在教育、引导人们要行善莫作恶，要把行善莫作恶作为人一生学习和追求的目标。《彝族礼法经》这样描述行善莫作恶的基本观念："善良我弟子，行善心莫悔，尽力作善事，行善如金花，永不会凋谢……行善心莫悔，行好身莫换……善事如金道，摆在众人前，看你行不行，毕生要行善……心要想善事，手要做善事，身要行善事。"[①] 这里，一是告诉人们行善是人一生都必须要尽力去做的，接着告诉人们不仅要心里想善事，而且还要在行为中做到依善而为，即行善莫做恶是人们的必然选择。

如何促使人们在实际的为人处事中做到行善莫作恶呢？怎样才能保证人们终其一生都"心要想善事，手要做善事，身要行善事"呢？彝族认为神灵的赏善罚恶、因果报应可以推动人们向行善莫作恶的方向选择自己的言行。《苏巨黎米》明确地指出："向善者得善终，向

[①] 红河哈尼族彝族自治州民族研究所编：《彝族礼法经》，云南民族出版社1997年版，第11—13页。

恶者得恶报。"① 这种善有善报、恶有恶报的思想，就是要促使人们必须自觉做到行善去恶。《玛穆特依》也认为善恶必须有因果报应，否则人们就不会自觉的行善莫作恶："子孙后代们，善者有善报，恶者有恶报，行善无善报，无人来行善；行恶无恶报，恶事不间断。"②正是因为社会生活中存在的善有善报、恶有恶报，才会促使人们愿意行善莫作恶。

　　彝族还从他们的亡魂归祖的思想观念出发，结合因果报应思想，认为善恶的因果报应不仅仅表现在人的生前之生命过程中，还会延续到死后的时空中。在彝族人的思想观念中，人生活的时间和空间是分为生前与死后两种截然不同的状态的，而且生的时空是有限的，只有死后回归祖界的时空才是永恒的；人生前的所作所为在死后不会归于无，而是直接影响死后将会怎样。从道德的层面看，彝族认为人们只有在生前多做善事、尽可能成为有道德的好心人，才能够获得名声和财富；只有在生前多做善事并成为好心人，死后才能够通过毕摩指路后顺利回归祖界成为祖灵，成为神灵后享有后世子孙的献祭，否则将会在死后遭受难于想象的惩罚。《彝族礼法经》用生动的语言为我们描绘了一幅生前行善事死后能善终的美丽图景："善事行得好，正气升上天，神仙下凡来，神保佑人丁，仙助人行善，不封功和名。善良我弟子，行善心莫悔，尽力做善事，行善如金花，永不会凋谢，若有凋谢日，荐你上天宫。天宇宫庭里，大龙厅上住，享天宫之乐。大龙厅里呃，善人九千九，好友八万八，欢天喜地呃。正房厢房里，金银堆如山，绸缎装满箱，吃美味佳肴，听吹拉弹唱，其乐无穷呃。"③这里为人们描绘了一幅美好惬意的生活图景：因为生前行善无数，所以死后可以去和神仙们一起过着吃、住、穿、用、娱都是最好的美满

---

① 王继超主编：《苏巨黎米》，贵州民族出版社1998年版，第39页。
② 吉格阿加译：《玛穆特依》，云南民族出版社2005年版，第7页。
③ 红河哈尼族彝族自治州民族研究所编：《彝族礼法经》，云南民族出版社1997年版，第11—12页。

第五章 彝族古代社会规范思想

生活。相反,如果生前不做善事而是作恶多端,那死后必定遭到最严厉的惩罚:"世上有的人,知善不行善,知好不行好,仁爱心不装,邪恶装满胸,恶贯满盈呃。""天公雷公神,头有三面脸,身长六双手,方圆千里地,针掉能看见,万里外地方,叶落能听见,休想避过他。作恶挨雷劈,臭名留人间,不得再投生。"[1] 生前作恶多端,不仅生前将受到雷劈的惩罚,而且死后臭名还会继续留在人世间,还不得投生转世,甚至会遭受喂痴水哑水变畜生的惩罚。这种善恶将会受到较高奖励或严厉惩罚的观念,目的就是告诉人们自身的言语行为必须要符合道德规范、要遵守道德规范。

可能是受到基督教和佛教思想双重影响的结果,云南地区流传的《彝族礼法经》通篇都表现了因果报应和人死后将受到神灵审判的思想,虽然审判是"用地府刑律,教训阳间人"[2],但审判的依据却是人们生前行为的善与恶:"在人间时候,乐施行善的,到了这里后,行善卓著的,金字记功名。派小鬼阿尼,领进地府里,住到太和宫,永远享清福……心呃不轨的,派小鬼阿尼,统统抓起来,交到总罗处,喂痴水哑水,投胎变畜生。"[3] 作恶多端的人被惩罚投胎变畜生时,还要接受非常恐怖的惩罚:"惩治恶人时,喂痴水哑水,嘴里吐白沫,眼眶翻白珠,叫爹叫妈的,哭声震天地。那个场面呃,见了要吓死,想起要掉魂。"[4] 从以上描述中,可以看出这种"喂痴水哑水"是何等恐怖难忍的刑罚!这足以告诫人们轻易不要去做恶事恶行了,否则在死后将难以忍受面临的惩罚。

(二) 重孝贵和

在彝族古代社会,血缘关系是各类社会关系的基石和核心,父母

---

[1] 红河哈尼族彝族自治州民族研究所编:《彝族礼法经》,云南民族出版社1997年版,第14页。
[2] 同上书,第17页。
[3] 同上书,第21页。
[4] 同上书,第22页。

彝族古代社会思想研究

与子女的关系则是血缘关系中最重要的关系，孝是调整子女与父母关系的基本道德规范，因而也是彝族古代社会最重要的道德规范之一。从彝族地区流传的道德教育经典无一例外都要论述子女必须孝敬父母、要把孝敬父母作为人一生的追求的观念中，可以看出孝在彝族道德规范体系中的重要地位："认真孝敬父母，并作为追求。赤子敬父母，面面俱到是第一，惟命是从是第二，通情达理是第三。"① 首先这里不仅把孝敬父母作为人生重要的追求，而且还阐明应该如何孝敬父母，认为孝敬父母是比较全方位的，不是只有一件两件事上孝敬；其次，孝敬父母就要对父母顺从、遵从，即唯命是从；再次，孝敬父母就要对父母通情达理，要能够理解父母。同时，彝族从其宗教信仰出发，认为人生纵有千万件需要做的事，但最重要的头等大事就是孝敬父母，孝敬父母不仅要在父母有生之年赡养好父母，而且要在父母死亡后为父母举行祭祀、请毕摩为父母指路，安顿好父母不死的灵魂："人间的事呃，千样万件事，孝顺父和母，是头等大事，赡养好父母，献祭好天地，祭奠好祖宗。"② 从鬼神信仰和祖先崇拜的思想出发，彝族人对父母的孝敬，就包含了生前之孝与死后之孝，从父母健在时的赡养父母、顺从父母，到父母死后为他们送葬、安灵、指路、献祭等等，都是子女对父母尽孝的表现，也是子女不可推卸的人生责任和义务。彝族还认为子女是否对父母尽孝，直接关系到父母死后回归祖界或阴间的遭遇："人间我子孙，善事行得好，阴间他祖宗，靠他们功德，有的归祖处，有的变菩萨，有的回阳间，享人间烟火，做人间君臣。子孙在阳间，若不行善事，阴间他祖宗，阎王不安置，无处去安歇，永在此等候。"③ 这其实是从另一个层面表明人必须行善莫作恶，认为人的言行是否符合善的要求，将影响到先逝的祖先不

---

① 王继超主编：《苏巨黎米》，贵州民族出版社1998年版，第17页。
② 红河哈尼族彝族自治州民族研究所编：《彝族礼法经》，云南民族出版社1997年版，第13页。
③ 同上书，第101页。

死的灵魂的归宿及生活的样态，即认为子孙的善行是对父母最大的孝敬。为什么彝族要把孝敬父母作为人生的头等大事呢？这是因为子女必须报答父母的养育之恩："孝敬父母者，报答养育恩。"① 《彝族礼法经》也认为孝敬父母就是因为"父恩比天大，母情比海深。"② 正是由于父母对子女具有养育之恩情，子女就必须以孝敬父母来报答他们的养育之恩。

在彝族人的道德规范思想中，和谐既是道德调整人与人之间关系所要达到的目标，贵和更是调整人与人关系所要遵循的基本规范。父母养育子女、子女孝敬父母，如果都做到了，那么父母子女的关系就会和谐，父母子女之间的和谐关系，正是彝族作为人生头等大事的孝所追求的理想目标。彝族古代社会不仅重视通过孝敬父母实现家庭关系的和谐、和睦，而且重视和强调家庭与家支、邻里、民族之间的和谐与和睦："孔雀比锦鸡好看，和睦比凤凰更珍贵。"③ 认为和睦是最珍贵的人与人之间的关系。因为在彝族人看来，人不是孤立存在的，人的现实生活中必须与他人发生各种关系，所以在多种多样的人与人的关系中，最好的状态就是和睦、和谐："君民相依存，此乃人之情。呗主相依存，此乃人之情。舅甥相依存，此乃人之情。宗族相依存，此乃人之情。父子相依存，此乃人之情。同辈人之间，夫妻相依存、妻妾相依存，此乃人之情。兄妹相依存，此乃人之情。"④ 君与民、毕摩与主人、舅舅与外甥、父亲与儿子、丈夫与妻子、哥哥与妹妹之间，都是相互依存的关系，既然人与人之间彼此相互依存不能分离，那么就应该和睦相处，因为只有人与人的关系和睦了，人们才能团结起来克服各种困难，也会因为人与人关系的和谐而得到神灵的护佑：

---

① 朱崇先：《彝族典籍文化》，中央民族大学出版社1994年版，第76页。
② 红河哈尼族彝族自治州民族研究所编：《彝族礼法经》，云南民族出版社1997年版，第38页。
③ 云南省民间文学集成编辑办公室编：《云南彝族歌谣集成》，云南民族出版社1986年版，第207页。
④ 朱崇先：《彝族典籍文化》，中央民族大学出版社1994年版，第79页。

"世间的人们，要说论和谐，兹辖之天地，主奴不和谐，奴会逃奔走，流浪远行去，有人来欺你；主奴相和谐，主奴如弟兄，无敌来相扰。祭送祖灵时，毕和主不和，天地黑漆漆，子孙不兴旺；毕和主相和，天地明朗朗，子孙天地佑，发达则有望。姻亲两家人，双方不和谐，彩礼难交付，心里生隔阂；双方和谐者，儿媳有光彩，婚姻顺当当，生育神保佑。人与人之间，弟兄不和谐，战不能胜敌人，血被犯者饮，攻事被人破；弟兄和谐者，行事顺畅畅，吾子不怕人，子孙笑盈盈，社会则发展。"[1] 如果主奴、毕主、姻亲、兄弟之间不和谐，所要做的事难于成功，只有人与人的关系和谐了，做事才会顺畅如意。从这样的思想认识出发，彝族就把和谐、和睦作为处理人与人关系的基本规范和要求，认为遵守和谐和睦的规范，不仅能处理好人与人之间的关系，而且还会得到天地、神灵的护佑，进而能够促成所做之事的顺利和成功。

（三）重名轻利

名即名誉，是指因一个人的行为符合特定社会的道德规范要求而获得肯定或褒奖，属于精神层面；利即利益，在与名或名誉相对时，一般指物质层面的利益。从道德规范的视角看，名与利、名誉与利益是相对立的概念。在彝族古代道德规范体系中，认为在面对名与利的选择时，应当选择名而放弃利，即认为名是而利非，人们应当追求好名誉、好名声，而不应当太过于追求物质利益、物质享受。《彝族礼法经》反复重复和强调人在生前与死后会面临不同标准的评判："阳间分穷富，阴间分善恶"，认为虽然人世间的人有贫富之分，但死后却只看一个人在生前是否做到了行善去恶、是否具有较好的名誉、名声；只有生前在人世间行善不作恶并获得了好名声、好名誉，在死后进入祖界、阴间时才可以真正过上衣食无忧的生活、享受荣华富贵，反之就会受到各种难以想象的惩罚和折磨，甚至不能投脱转世。

---

[1] 吉格阿加译：《玛穆特依》，云南民族出版社2005年版，第60—62页。

为什么彝族古代社会如此看重名誉而看轻利益呢？这与彝族的传统宗教信仰有较大的关系。在彝族宗教信仰中，人的生命是非常短暂的，只有死后顺利回归祖界才能超越生命的有限性，过上永恒、幸福的生活。人要如何做才能实现死后由有限向无限的飞跃呢？彝族认为，虽然人生从有限向无限的飞跃是经由死亡这一过程而实现的，但这种飞跃能否顺利实现，却又取决于人生前的所作所为：如果一个人在生前不注重自己的名誉，或者说没有获得好的名声，那就不能通过死后在阴间的严苛的审判，甚至会遭受严厉的惩罚，那样也就不可能顺利回归祖界，不可能在祖界过上永恒、幸福的生活。因为"人在名誉在，人逝名不失。"[1]彝族多地的《指路经》也表达了这种重名誉、轻利益的思想："人活阳世间，要有好名声，世间无好名，阴间度日艰。"[2]即生前的名声直接影响到死后的状态，因此要求人们必须要重视名誉、看重名誉。正是因为对于名誉的重视和看重，重名轻利成为彝族非常重要的道德规范，要求人们必须要遵守。

重名轻利的道德规范思想，在彝族的谚语中有明确的表述："不要把钱看重，钱是一日钱；不要把饭看重，饭只管一天；面子不轻看，面子管一生。"[3]这就明确的告诉人们，不要太看重钱物，因为对钱的看重是不长久的，不要太过于看重饭食这种物质性的东西，它们也是不长久的；但是，人却不能轻看面子，面子是要管一生的、是比利更长久的。在彝族人看来，人的肉体等物质的东西，最终都将消逝，物质享受也只是短暂的，终究会随着人的死亡而消逝，它们都不可能走向无限或永恒。但是，人的面子、名誉却是会从生前到死后都影响着人，人生在世时必须要遵守重名轻利的道德规范的要求，死后

---

[1] 红河哈尼族彝族自治州民族研究所编：《彝族礼法经》，云南民族出版社1997年版，第102页。

[2] 云南省少数民族古籍译丛：《指路经》，云南民族出版社1989年版，第46页。

[3] 转引自刘俊哲《凉山彝族传统道德的基本特征》，《西南民族学院学报》1998年2月。

才能因此而实现在祖界、阴间永恒幸福的生活,即名誉直接关乎人能否由有限走向无限,是不能轻视的。在这种深厚的重名轻利的道德规范思想影响下,造就了彝族重名誉轻利益的民族品格。我们也就可以认识和理解彝族为什么盛行不惜花费大量的金钱和财物、甚至耗尽所有财产都要为父母举行盛大的安葬、祭祀、指路等仪式;此外,为了表现对客人的热情与周到,彝族甚至于可以做到举债盛情宴客;这都是彝族重名轻利道德规范的现实表现。

(四) 尊师敬长

作为起源久远、历史悠久的古老民族,一方面,彝族创造、积累了非常丰富的传统知识,有着丰富灿烂的思想文化,另一方面,由于彝族思想文化的特殊传承方式,毕摩、长者等往往是最有知识、最富思想的人,他们也被视为彝族社会拥有较高地位、能够获得较高声誉的人,根据彝族的"知识为大"的思想观念,彝族社会自古就形成了尊师敬长的道德规范和行为要求。

彝族古代社会非常重视各类知识,认为知识不仅能够帮助人们认识天文地理、四季变换、阴阳哲理,还能帮助人们更好地进行各类社会活动,包括治理国家、祭祀天地神灵、驱鬼治病、护林耕种、明道德守规矩等等,凡是人事活动、或者调整人与人的关系、人与神的关系都离不开知识:"用知识治国,用知识祭天,用知识祭祖,用知识疗疾,用知识收妖。有了知识后,是君好司令,是臣好守政,是匠好作艺。儿子有道德,女儿有孝心。大路或小路,条条归大道。人有了知识,用来护生态,用来造树林,用来作耕耘。"① 在彝族人的思想观念中,人的所有活动都离不开知识,而人的知识又不是先天俱有、与生俱来的,人们获得知识需要拥有知识的师长的传承与教诲:"文化深的人,代代都聪明。见识广的人,大名鼎鼎。称作教化师,人人崇敬他。"那些"博览古圣书,吹散愚昧雾"的师长,作为教化人、

---

① 文道义主编:《海腮耄启》,贵州民族出版社2002年版,第9—10页。

向人传授知识的教化师,受到彝族社会的尊敬与爱戴:"说他有神功,神力如仙灵。知识流传着,相互交流着。"① 正是因为有知识的教化师或者师长的教化与传承,彝族的知识才能代代相传,有了知识后,彝族社会才能根据各类知识进行社会生产生活。因此,由于对于知识的尊重与需要,彝族古代社会就形成了浓厚的尊师敬长的风尚习俗,并把尊师敬长作为人们必须遵守的道德规范,从小教导彝族人要据此规范自身行为。《彝汉天地》则更为明确地指出尊重师长就是尊重文化:"要尊重老师,并非尊重老师;而是尊重文化。"②

彝族古代社会还明确规定了尊敬师长的具体行为要求:"路遇长辈长者,须下马侍立;长辈入室,须让其上座;长房之弟,虽年小亦尊称为兄,须以兄礼待之;男女之间,翁在,媳远避;兄在,弟妇远避。"③ 在彝族古代社会,如果谁不按这些规矩或规范对待师长,就被认为是粗俗而不懂礼貌的人,会被彝族社会所否定或排斥。

四 道德规范的学习与践行

道德是人之为人的根据,但是,对于个人而言,道德不是与生俱来、先天俱有的,每个人都必须通过后天社会化过程中学习道德、遵守道德规范而成就自身,成为真正意义上的现实的人。从此观之,彝族把人学习和践行道德、遵守道德的过程,视为人成长为真正的人的过程。也就是说,在彝族人的思想观念中,人的成长离不开道德的学习与践行,要成为真正意义上的人,就必须懂得并遵守特定的道德规范,即自然的人成长为社会的人。正是为了教育彝族人认识、把握、遵守道德和道德规范,彝族古代社会产生并积累了大量的教育经典,比如四川的《玛穆特依》,贵州的《海腮耄启》《苏巨黎米》,以及云南的《彝族礼

---

① 文道义主编:《海腮耄启》,贵州民族出版社2002年版,第8—9页。
② 朱崇先:《彝族典籍文化》,中央民族大学出版社1994年版,第76页。
③ 巴莫阿依嫫等编著:《彝族风俗志》,中央民族学院出版社1992年版,第86页。

法经》等等，这些都是彝族各地世代传承的道德教育经典，各地彝族人正是通过学习这些经典而明了彝族的道德及其规范的。

在分析和认识人如何学习道德、如何掌握并遵守各类道德规范问题时，各地彝族一般都把个人的成长分为两个方面：一方面是人从十月怀胎到出生、婴儿，然后是十一岁、二十二岁、三十三岁、四十四岁、五十五岁等所经历的表现为年龄增长的生理成长；另一方面则是与各阶段的年龄相匹配的道德知识、道德规范等学习与践行进而成长为真正的人的过程。其中，彝族人把人的生理成长与道德知识和道德规范的学习与践行相结合，认为在人的不同年龄段，必须学习不同的道德、道德规范，即人的一生都必须不间断的学习和遵守各种不同的道德、道德规范。前面所说到的《玛穆特依》《苏巨黎米》《彝汉天地》等彝族道德教育经典，都是以人的生理年龄成长为基础，同时阐明不同人生阶段所必须学习和遵守的道德规范是什么。如《苏巨黎米》是这样描述人的生理与道德成长的阶段、过程及其相应内容的："九月居母体，用不着吃饭。六个月时抱双手，用不着劳动……到两三岁时，不受雨淋，不被风吹，受母爱恩泽。到了四五岁，说话无好歹，逗父母高兴。到了六七岁，不动手拾柴，不动口赶鸡，受循循善诱。到十二三岁时，到山上放牧，跟少年朋友，找少年知音，见学问大的人，一二地请教，并以此为荣。十六七岁时，跟青年朋友，向老年求教……二十二岁时……三十三岁时……九十九岁时，像陈年朽木。"[1] 这里向我们呈现的是一个人的生理生命的发育成长与道德修养的提升如何进行的历程：从生命孕育、到出生，再到四五岁时，人不需要学习和遵守道德、道德规范，这一阶段是单向接受或承受父母的爱或恩泽的阶段；到了六七岁后，虽然不需要进行劳动，但却要开始接受父母的教导、教育；十二三岁后，就要开始与同辈接触，也要向有学问、有知识的人请教、学习；十六七岁后，就要向老年人求教

---

[1] 王继超主编：《苏巨黎米》，贵州民族出版社1998年版，第411—416页。

第五章　彝族古代社会规范思想

和学习；之后二十二岁、三十三岁、四十四岁等等，不同的人生阶段，需要向不同的人学习和请教。《彝汉天地》也有类似的论述："一月清如水，十月声振屋。室内精心养，父母怀中抱。长到二三岁，犹虫已褪毛……长到六七岁，不抱院内柴；狗咬不知吆……长到十二、十三岁，爱猎犬、爱弓箭，欲想佩利剑……长到二十二三岁，所言有道理，所讲尽知识。"① 总之，人的生命成长的过程，不仅是生理的成长与成熟，而且是人的能力、知识、道德等方面不断学习与实践的过程，是一个人从不懂得道德、不用遵守道德到学习道德、必须遵守道德规范的发展变化的过程。即人的成长过程就是不断学习和践行道德、道德规范的过程。

　　正是在道德是人之为人的根据、人需要不断学习和践行道德的思想观念引导下，彝族认为真正的人就是道德的人，人的成长既有生理生命的成长更有道德修养的提高。那么，彝族又是如何进行道德教育的？与汉族有非常发达的学校教育、道德教育是学校教育中的重要内容不同，彝族地区在近代以前很少有正规的学校和学校教育，只有少数贵族子弟到中原或内地学校接受儒学等教育，大部分彝族人所接受的教育主要是通过家庭教育、社会生产生活中的教育、宗教祭祀活动中的教育等途径进行的，在如上所述的各种教育形式中，道德教育是比较重要和主要的内容。这从彝族世代流传的教育经典的主要内容是道德及其规范中可见一斑。彝族古代社会产生的大量教育经典，古彝语称之为"理朵苏"，其含义是道理书，在这些道理书中，道德、道德规范又是最多最广的；此外，彝族的《指路经》等宗教经典中，也有大量的伦理道德教育内容。上述这些教育经典中的道德观念、道德规范，一般都是通过家庭中长辈教育晚辈，在社会生产生活活动中由贤能的人教育其他人、或者在宗教活动中由毕摩念诵的经文传递等方式，即通过非学校的途径或方式，在彝族古代社会代代相传。

---

① 朱崇先：《彝族典籍文化》，中央民族大学出版社1994年版，第73—75页。

第三节　宗教规范思想

宗教规范是以宗教信仰为核心、以对神的敬畏为基础、以调整人与神的关系为主要内容建构起来的行为准则，实质是通过引导、约束、规范人的行为来祈求神灵保护人的利益或满足人的美好愿望，最终则是期望达成社会的有序运行。毕摩教是彝族的传统宗教，彝族古代宗教规范思想就是以鬼神信仰和祖灵崇拜为核心，以对鬼神的崇敬与畏惧为基本原则，以调整人鬼神之间的关系为主要内容建构起来的规制彝族人的行为准则；毕摩宗教规范既是彝族宗教信仰的外在表现，也是彝族古代社会中不同于一般的世俗风俗习惯和道德规范的彝族人的行为规范体系。

一　笃信与敬畏鬼神

相信世间有鬼神和祖先灵魂不死，是彝族传统宗教信仰的核心内容。在毕摩教的神灵谱系中，天君策耿兹（或译为策格兹、策更兹、策举祖等）是处于最高位次的、统领众鬼神的至上神，此外还有地神、山神、风神、雷神、龙神、火神、五谷神等神灵，这些神灵各有职能、各司其职；此外，亦有各种精灵鬼怪，如水鬼、瘟神、麻风病鬼、孤魂野鬼等；在毕摩宗教的信仰中，人们看不见、摸不着但又真实存在的不死的祖先灵魂也是神——祖先神。以神灵谱系的构建为基础，毕摩教为彝族人构建了现实与神秘、世俗与神圣并存的二重世界：一个是由神创造的人生活于其中、并能被人们真切感知到的世俗的现实世界，在这个现实世界中，"君有君之地，君地有城池；臣有臣之地，臣地有街道，进入纳铁城；毕有毕之地，毕地有祭坛……人有人之地，人居有房子"①，这是充满人间烟火的世俗的人类社会；

---

① 楚雄彝族自治州人民政府编：《彝族毕摩经典译注》（第四卷双柏彝族祛邪经），云南民族出版社 2007 年版，第 88—89 页。

第五章 彝族古代社会规范思想

另一个是由上述鬼神所组成的神秘而又神圣的世界，这个神秘的世界人们看不见、摸不着，但对于彝族人而言也是真实存在的，"神有神之境，神境在天空"①，这个神秘的世界是人们无法触摸到的，但对于信仰毕摩教的彝族人而言却是真实而神圣的存在。在毕摩教的观念中，两个世界之间通过神的意志与力量，以及人对神的崇敬与畏惧发生着必然的、不可阻隔的联系。

在毕摩教的观念中，鬼神的世界与人的世界之间的联系，其主导的力量或者说主宰的因素是神灵："人命人不管，人命神来管。"② 一方面，以天神为首的多种神灵是人、人类社会的创造者，是神认为"没有人类大地美不了"，因此神灵在创造天地万物后又创造了人和人类社会，即人、人类社会的产生是由神决定的，从此观之的神就是创世神。另一方面，在毕摩教的信仰中，天神等神灵在创造了人、人类社会后，神意依然是控制人类社会运行的决定力量——不仅人类社会的演化、变迁和发展由神的意志决定，使人类的社会生活呈现出或风调雨顺、物产丰收，或灾难不断、祸事连连等不同的运行情况；而且神还通过对人的思想行为的或褒奖或惩罚的方式影响和控制着个体的人的生活状态，使人们的生活呈现出或顺遂如愿或挫折不顺等状态，即神意决定和主宰着人类的社会生活以及社会运行的状态，以及个人生活的境况与状态，神就是人类社会运行和个人命运的主宰力量，神是主宰神。从此出发，在彝族人的宗教观念中，被神创造出来、又由神决定一切的人，只能匍匐在神的面前，被动的听从神的号令、服从神意的安排；由人构成的人类社会的运行也完全取决于神的意志与安排；因此，为了个人生活的如意顺遂、人类社会运行的顺畅有序，人们必须崇拜神灵、敬仰神灵，进而取悦神灵。此外，由于神

---

① 楚雄彝族自治州人民政府编：《彝族毕摩经典译注》（第四卷双柏彝族祛邪经），云南民族出版社2007年版，第89页。

② 楚雄彝族自治州人民政府编：《彝族毕摩经典译注》（第三十一卷双柏彝族丧葬祭经），云南民族出版社2008年版，第35页。

灵无所不知、无所不能，且会运用各种方式或奖励或惩罚人类的思想与行为，人们的生活是否顺遂、社会运行是否和谐安宁，都取决于神的意志，所以人们又对神灵充满了畏惧，害怕或恐惧神灵不知何时何事会降灾祸于人类社会。

在彝族所敬畏的众多神灵中，祖先神有着特殊的地位。毕摩教认为人的生命存在包括肉体与灵魂两方面，肉体与灵魂既可以结合在一起又会分离，当肉体与灵魂结合时人就处于生的状态，当肉体与灵魂暂时分离时人就会生病或做事不顺，当肉体与灵魂永久分离时人就会死亡，但人的死亡只是肉体生命的消亡，灵魂则是不死的，不死的灵魂通过相应的祭祀仪式就上升成为彝族后代所敬畏的祖先神。在彝族人的思想观念中，祖先神是与他们关系最亲近、对他们的生产生活具有最重要影响的神灵，因此，在彝族信仰的纷繁复杂的神灵体系中，虽然祖先神不是位次最高的神灵，却是最受重视、为之举行的各种祭祀仪式最多最隆重的神灵，实质上，毕摩教就是以祖灵崇拜为核心建构起来的信仰体系，彝族人对于神灵的敬畏最集中的表现就是对祖先神的敬畏。

毕摩教对于鬼神的敬畏是通过其特有的各种巫术和祭祀仪式来表现的。对于天神、祖先神等，毕摩教主要是通过各种繁复的祈福祭祀仪式来表达彝族人的期盼与祈求。彝族人在特定时空中举行的祭天神、地神、山神、火神等各种神灵，以及为先逝的祖先举行耗时耗力的葬礼、指路仪式等，其共同的目标指向都是祈求神灵护佑彝族人的生产生活，使彝族社会风调雨顺、生产生活顺遂，使人们能够过上幸福安宁的生活。如罗婺彝族在火把节时都要祭火神，祈求火神护佑他们、造福于他们："设坛祭火神，凡有不顺的，凡是有害的，都在祭中捉，都在祭中解。"通过祭祀火神把不顺、不好的事情得到化解或消解，进而祈求火神保佑人们能够吃穿用度不缺，过上幸福美好的生活："种粮有粮食，收粮有十石，过年有了鸡，有吃又有喝，生活安康了。"[1]

在彝族的祭祀中，根据不同的祭祀仪式，毕摩会延请毕摩神降临助其法力，同时还要借助法器、插神座、祭献牛羊猪、念诵经文等，展开相应的祭祀活动，以期通过表现对于神灵的崇敬的祭祀仪式而得到神灵的护佑。除了对神灵有利于人类社会生活的神力和意志进行崇拜、崇敬、献祭之外，毕摩教认为还存在着祸害人类生活、会导致人的生活不顺或不幸的神灵鬼怪，如雷神、死神、病神、没有后代献祭的孤魂野鬼等。对于这类会给人类社会带来灾难或作祟于人的鬼神，毕摩教主要是通过相应的祭祀活动把它们送走，甚至是用诅咒和驱赶等巫术方式，使他们在人类的恐吓下能够远离人类社会，由此就产生了彝族种类繁多的咒经或驱鬼经。

二 严格履行宗教义务

在毕摩教的观念中，神鬼的世界与人的世界以一种神秘的力量发生着真实的联系，人、鬼、神之间存在的关系影响甚至控制着人的生活世界以及人类社会的运行。作为创造并主宰人、人类社会的神，能够影响人的生活状态的鬼怪，是支配和决定人与鬼神关系的主导力量，因此，在人鬼神的关系中，人往往是被支配、被决定的，人的思想与行为因而是消极和被动的，如何调适人鬼神的关系问题，实质上就演变为如何规范人面对神鬼时的思想与行为的命题，或者说，以调适人鬼神关系为主要内容的毕摩宗教规范，实质就是告诉彝族人应该如何对待鬼神、如何履行各种宗教义务的问题。

综观毕摩经典文献，其宗教规范都是围绕着彝族人应该如何履行宗教义务这一主题而制定的，因而彝族人所应该遵守的宗教规范主要就是对神的崇拜、对神意的遵从，以及在特定时空中对神的祈求与献

---

[1] 楚雄彝族自治州人民政府编：《彝族毕摩经典译注》（第三卷双柏彝族火把节祭经），云南民族出版社2007年版，第11页。

祭，以此求得神灵对人的庇护和护佑。在毕摩教看来，神不仅可以庇护或护佑人类社会，也会降灾祸于人类社会，以示对人类社会进行惩戒，也有一些鬼神专门危害或作祟于人类社会。对于鬼神的惩罚或作祟，彝族人则充满了畏惧或恐惧。毕摩教的规范就是通过引导、告诫彝族人认真履行各种宗教义务以祈求神灵保佑、取悦神灵不降灾祸于人类社会，以期通过人的主动行为调适人鬼神之间的关系，使之向着有利于人类社会有序运行的方向发展。

在毕摩教的思想观念中，人所应当履行的宗教义务主要就是在特定时间和空间中，借助宗教神职人员毕摩举行相应的祭祀仪式，向神灵表达人们的崇拜与敬畏，以期得到神灵的护佑，或者消除神灵的不满，目的是祈求人的生活顺遂、安宁、幸福，社会运行有序和谐。双柏彝族祛邪经向我们呈现了彝族较通行的各种祭祀活动："事主这一家，见祖则祭祖，见妣则祀妣，见父就叫爹，见母就喊娘，见亲来叫亲，见戚来叫戚，见姐来叫姐，见妹来叫妹，见长他作揖，初一去烧香，十五来作揖，有福大家享，有难共同担。大斗他不用，大升他不用，大秤他不使，大戥他不使。不诅天和地，不咒日和月，不骂星和云。"①祭祀祖先神、尊重孝敬父母、友善亲朋、对天地日月星云充满敬意，这些都是彝族人应遵循的基本的宗教规范。而且在祭祀活动中，不仅需要毕摩主持仪式，也需要供奉丰盛的牺牲，即使在主人没有财力时也需要以借的方式准备周全的牺牲："吉日这一天，无财找亲友，不足向友借，赊钱把客请，借物作祭事。""主人献牲品，毕摩诵祭经，夫役出力气，祭品送给神，诸神都来拿，供给神和魔。"②只有尽心尽力准备好周全的牺牲，以此供给和取悦神灵，才能达到禳灾祈福的目的："祛邪供牺牲，祭牲肥又壮，一牲献三次，一份禳三

---

① 楚雄彝族自治州人民政府编：《彝族毕摩经典译注》（第四卷双柏彝族祛邪经），云南民族出版社2007年版，第82页。

② 同上书，第81—83页。

第五章 彝族古代社会规范思想

灾，初为献活牲，次为献生牲，再是献熟牲，活牲若不净，现来祭生牲，祭牲须敬酒，毕摩来禳灾。"① 在毕摩教的思想观念中，如果没有合适的牺牲，毕摩的法力是没有办法发挥出来的，因此，即使没有财力但又需要祭祀神灵时，必须想方设法备齐所需牺牲，以此表达对神灵的敬畏，进而取得神灵的护佑，以期日后的生产生活顺遂如意。

通过毕摩举行的祭祀仪式，或者是祈求神灵护佑，或者是送走作祟的神灵，目的都是为了人的生活能够远离各种不顺、不好的事情而走向顺利、富足与安宁。如双柏彝族的送雷神就是一种禳除邪秽的祭祀活动，目的就是帮"事主"消灾除秽。彝族人认为"雷神是一种凶残而令人生畏的恶神，它既能伤人，又能伤畜、伤粮、伤钱财、伤家运，每当人得病，或世事不顺、或家运不昌被认为是雷神作祟时，要作祭禳除。"② 祭雷神的目的就是要送走作祟的雷神，使它远离人的生活世界，进而使人的生活能够远离雷神所带来的种种不好、不顺："事主这一家，在此大房中，在此长屋里，天井四方方，有了关马厩，却无放鞍处，原是雷挡道。种粮粮中邪，苗成尖刀草；养畜畜中邪，畜群成兔子；做人人不顺，生来害疾病，雷电遍地闪，皆是雷作祟。"③ 事主所遇到的诸事不顺，其源头就是雷神作祟，而要解决这一问题，就是通过毕摩主持的祭祀仪式把雷神送走，禳除邪秽："祭品已备好，世间这一家，来把熟牲献，在此大房中，在其大屋里，雷神入宅屋，绿光闪电雷。吉日这一天，世间这一家，好牲替主命，吉鸡换主身，为男主女主，来把雷神祭。祭魂利魂魄，魂神不知魂，祭雷招魂归，祭雷放魂还，祭坛来领牲，放还灵魂后，雷神上天去，毕徒来禳灾，毕徒送雷神。"④ 事主的一切不顺、不好，在祭祀雷神

---

① 楚雄彝族自治州人民政府编：《彝族毕摩经典译注》（第四卷双柏彝族祛邪经），云南民族出版社 2007 年版，第 83 页。
② 同上书，第 91 页。
③ 同上书，第 82 页。
④ 同上书，第 86 页。

后就可以得到祛除或消解。

总之,在毕摩教的思想观念中,人对神的尊崇与畏惧,是调适人与鬼神关系的基本规范,人必须对鬼神有尊崇之意、有畏惧之心,并履行相应的祈禳祭祀义务,才能取得鬼神的护佑,或者禳除鬼神的作祟,人的生活才能走向顺利、富足、安宁。

三 毕摩宗教禁忌

笃信与敬畏神灵、严格履行宗教义务是从正面或者说是从积极的方面对彝族人的行为进行规范,它告诉人们哪些行为是应当做或者必须做的,只有依此而为才能取悦神灵,进而调整人与鬼神的关系,使其向有利于人的利益维护与实现的方面发展。毕摩宗教禁忌则是从反面或者说消极的方面来对彝族人的行为进行规范,它主要是告诫人们在面对鬼神时哪些行为是被禁止的,或者说是不能为的,即禁忌是一种禁止性的规范;在毕摩教的思想观念中,如果彝族人违背了特定的宗教禁忌,将会受到神灵的惩罚,其结果就是人的利益受损、或者人的生活受到干扰或阻碍。因此,彝族人自小就会学习和认识有哪些宗教禁忌,并力求在日常生产和生活中不要触犯禁忌。

毕摩宗教禁忌起源较早,在彝族原始宗教的自然崇拜、图腾崇拜、灵魂崇拜中就有种类多样的禁忌。后来,伴随着彝族原始宗教向毕摩教的发展变迁,宗教禁忌并没有消失,而是随着宗教的发展变化和时代的变迁而发展变化。即毕摩宗教禁忌的源头可以追溯到原始崇拜,在彝族原始宗教发展为毕摩宗教后,毕摩宗教在继承发展原始宗教禁忌的基础上,进一步形成了一系列的宗教禁忌。这些宗教禁忌对彝族人的宗教行为具有约束、限制或者禁止的作用,它要求彝族人在举行宗教仪式或展开宗教活动的过程中,不能实施宗教禁忌所忌讳的各类言行举止,否则将会受到神灵的惩罚。

彝族毕摩宗教禁忌类型比较多样、牵涉面比较广泛。由于对彝族毕摩教禁忌的分类标准不一,使得毕摩教禁忌有不同的分类。李绍明

第五章 彝族古代社会规范思想

等著的《彝族》一书,根据禁忌的内容,把彝族禁忌分为"日期忌、饮食忌与行为忌等"[①]。也有学者根据彝族禁忌的对象不同,将彝族禁忌分为:自然禁忌类、动物禁忌类、日常禁忌类等,其中每一种禁忌类型下又有多种具体的禁忌形式。在毕摩宗教的禁忌中,有非常繁杂的关于日期、饮食、行为方面的禁忌,如举行所有的宗教仪式都必须选择合适的日子,那些所谓的凶日是不能用于举行相应的宗教仪式的,各种宗教仪式中献祭的牺牲也有一定的要求,不符合要求的祭品不能摆放在特定的宗教仪式中等;此外,毕摩教还有根据人们的身份角色确定或划分禁忌行为的,例如,毕摩与一般彝族人在宗教禁忌方面就有区别和不同,男人和女人的毕摩宗教禁忌也有区别,即彝族毕摩宗教禁忌是因时、因人而异的,在不同的宗教仪式和宗教活动中,不同身份角色的人的宗教禁忌是有区别的。

毕摩宗教禁忌作为"一种消极防范性的信仰行为和手段,是用以约束、限制、规范自己的社会行为和信仰行为的一种方法。"[②] 这些宗教禁忌是以彝族毕摩宗教的鬼神信仰与祖先崇拜为思想基础,在人的吉凶祸福、成败荣辱、富贵贫贱等日常生活境况是由鬼神或祖先神所决定的思想观念中产生的。这些宗教禁忌一旦产生,往往要求人们不可触碰它。彝族人相信,如果有人触犯了宗教禁忌,轻则会使宗教仪式或宗教活动的神力减弱甚至丧失,重则会使当事人受到神灵惩罚、甚至会威胁到生命。如彝族人认为,毕摩拥有将人与鬼神沟通的法力,法力的高低不仅取决于毕摩主持宗教仪式和宗教活动的水平与能力,也依赖于他所使用的法器、经书拥有的神秘力量。因此,毕摩的法器、经书是非常神圣的,必须要妥善保存才不会使其丧失法力。据此形成了关于毕摩法器、经书的一系列禁忌,如毕摩的经书不能随便放置、更不能放在不干净、不隐蔽的地方,不能从毕摩的法器上跨过,尤其是女性更不能从法

---

① 李绍明、冯敏:《彝族》,民族出版社1996年版,第89页。
② 卢春樱:《试论彝族传统禁忌文化》,《贵州民族》1999年第4期。

器上跨过，女性也不能进入毕摩主持宗教仪式的场所等。如果有人违背了这些禁忌，就会导致相应的宗教活动的法力丧失、不能实现当事人举行宗教活动的目的。在这样的思想观念引导下，彝族人一般都会非常自觉地遵守毕摩宗教禁忌，一般不敢施行毕摩教所禁止的各种言行。

四　毕摩宗教规范的社会功能

毕摩宗教规范是彝族古代社会规范体系的重要组成部分，对于彝族古代社会运行有着特殊重要的地位和作用，具体表现在以下方面：

首先，毕摩宗教规范具有神圣性和至上性，必须严格遵守与执行。在彝族古代社会，毕摩教是彝族人普遍信仰的宗教。毕摩教有以天神为最高神、祖先神为核心的神灵谱系，有专门负责人与鬼神沟通的神职人员——毕摩，为了较好沟通人鬼神，协调处理好人与鬼神之间的关系，毕摩教有丰富的、系统的宗教与经典——毕摩经，有制度化、规范化的宗教仪式和宗教活动。但与基督教、佛教等宗教相比较，毕摩教既没有固定的、专门化、神圣化的宗教活动场所，居所、田间地头、山林、河边、坟地等等都可以成为毕摩教举行特定宗教仪式和宗教活动的场所；毕摩教也没有专门的、制度化、程序化的信徒入教仪式，但彝族人从由毕摩主持出生仪礼开始，毕摩教信仰经由各种宗教仪式、宗教活动，通过毕摩念诵的宗教经文，反复不断地向彝族人进行教育或灌输，毕摩宗教的思想观念实质上成为彝族人日用而不知的价值观、人生观、历史观，左右着彝族人的思想与行为选择，毕摩教规范亦成为彝族人的重要的思想与行为准则，甚至成为彝族人日用而不知的规范。在毕摩宗教规范全面渗透并影响着彝族人的思想观念、言语行为的过程中，实质上也为彝族人的言语行为提供了神圣性和至上性：人们在现实生活生产中的行为准则源于神灵的创制，必须严格遵守和执行；人们在日常生活生产中的所有思想和行为都能够被神灵所知晓，因此不论在何时何地何事中，人们都不能违背相应的行为规范，否则就会受到神灵的惩罚。因此，在彝族古代社会，虽然没有系统完整的成文法律,但社会却能以特有的方式运行发展,这与毕摩宗教规范对彝族人的行为的严格规制是分不开的。

其次,毕摩宗教规范形式上是调整人与鬼神关系,实质调整的是人与人的关系。在毕摩宗教的信仰或思想观念中,人所面对的最重要的关系就是人与鬼神的关系,它直接支配并决定着人的命运,进而影响着社会的运行情况。因此,毕摩宗教最重要的功能就是通过调整人与鬼神的关系,使鬼神能够护佑人,或者不祸害于人,从而使人的生活顺遂、家庭兴旺、愿望成真等。但我们透过宗教这一神秘的外衣,看到的却是现实社会生活中人与人之间的关系,或者说,人与鬼神的关系正是现实生活中人与人关系的折射,调整人与鬼神关系的规范,也是现实生活中调整人与人关系规范的折射。因此,彝族人认为,如果现实生活中人与人的关系不协调、不和谐,可以借助神灵的力量来调整:"昔日无祭祀,官临令不行,吏至不理政。天遣呗耄(毕摩)降,清理此孽障,自此官令行,吏临政事清。"[①] 这里就比较明确地指出了宗教仪式或宗教活动具有协调现实社会的官民关系、促使它们走向和谐有序的功能。实质上,在彝族的思想观念中,毕摩宗教活动可以协调和处理好各种社会关系:"脱帽除头痛,眯眼除渣子,拔掉眼中针,解开脖上绳,打开手上铐,取下身上枷,除去脚上链,祛尽亲朋祸,除去好友邪,还回主人魂。"[②] 在彝族人看来,现实生活中出现的所有问题,包括人与人之间的关系不和谐、不和睦,都是可以诉诸于万能的神灵,可以经由各种类型的宗教仪式得以解决。

最后,毕摩宗教规范使彝族古代社会形成自成一体或者独具特点的社会运行模式。虽然自汉代始,中央王朝就在彝族先民聚居的西南地区建立了郡县制,名义上受中原政权统辖,但事实上,中原政权多

[①] 转引自云南民族事务委员会编《彝族文化大观》,云南民族出版社1999年版,第141页。

[②] 楚雄彝族自治州人民政府编:《彝族毕摩经典译注》(第四卷双柏彝族祛邪经),云南民族出版社2007年版,第81页。

采取羁縻、土官等政策，在元以前的漫长历史过程中，西南地区的运行发展一般都遵从当地少数民族的风俗习惯，因而形成独具特色的运行方式。特别是在彝族聚居的地区，彝族的风俗习惯、行为规范均受到毕摩宗教的影响，形成了"率人以事鬼神"的社会运行规则和运行方式，尤其是凉山地区的彝族，曾被外国传教士和学者们称之为"独立倮倮"，这些都表明在毕摩宗教影响下的彝族社会有着独特的社会运行方式。

第六章 彝族古代理想社会构想

理想社会模式是与实然存在的现实社会相对的概念,它是人们对未来美好社会形态或社会生活的理论构想或观念设计,实则是一种应然的存在——基于人们对于现实社会的不完善、不美好、不圆满等问题的反思与认识而在思想观念中对于美好、完善的未来社会发展的一种向往或追求,是人们在观念中试图超越现实社会发展的智慧结晶。彝族先民不仅在反思和批判人类社会发展问题的基础上,构想了邦安国治这一世俗的理想社会目标,而且还以毕摩宗教的思想观念为基础,构拟了祖界生活这一超越现实社会的终极理想社会模式。不论是世俗的理想社会目标,还是毕摩宗教的终极的理想社会模式,彝族的理想社会构想都是彝族先民试图解决现实社会发展中存在的问题的一种大胆探索与思考,是一种力图超越不完满的现实社会而趋向理想社会的美好愿景,是彝族古代社会思想的重要内容。

第一节 彝族先民对现实社会的反思与批判

人类社会现实的运行发展,既不可能总是处于良性运行的理想状态,也不可能总是处于恶性运行之中。人类社会运行的实际情形可能是在总体良性运行中存在一些局部问题,或者在总体恶性运行中有一些积极的因素,即人类社会的运行不可能是直线式的上升与前进,在其实际的运行发展中,总会有这样那样的问题,使之表现出错综复杂的状态。面对现实社会运行发展中存在的各种问题，或者是彝族古代社会面临的尖锐复杂的矛盾，彝族先民进行了不同程度的分析与揭露、反思与批判，尤其是对彝族在古代社会所经历的频繁迁徙与流动、古代社会发展中面临的物质生活的艰辛与匮乏、现实社会运行发展中存在的不平等现象等问题进行了分析与反思。彝族古代关于理想社会的观念构想就是在分析、反思、批判现实社会问题的基础上提出的。

一 对彝族古代社会频繁迁徙的反思

作为西南地区古老的少数民族，彝族在其漫长的形成与发展历程中，特别是在古代社会，经历了多次大规模的迁徙。综观彝族历史上经历的大迁徙，不论导致迁徙的原因是生产生活方式使然，还是政治、经济或者是家族（支）人口增长变化使然，其共同点都是因为原有地域无法继续承载彝族生存发展的需求，彝族先民为了持续生存发展下去，必须拓展或开垦新的生存发展地域。从此层面看，彝族的迁徙活动是彝族古代社会运行面临问题、彝族先民为了解决这种社会运行问题而采取的措施，它揭示了彝族古代社会运行中存在着生存环境难以满足进一步生存发展需要这一问题的真实存在。面对彝族古代社会运行中存在的如此问题，彝族先民是如何认识的？其态度如何？

彝族文献中有比较丰富的关于彝族迁徙历史的记载，从中可看出彝族先民如何认识和对待本民族迁徙活动的思想观念与态度。无论是彝族早期由于游牧生产生活方式而必须经常性进行的"逐水草而居"的迁徙流动，还是自六祖分支开始的迁徙流动，彝族古代社会的迁徙流动基本都与开辟新的、相对固定的生存发展之地相联系。根据彝族文献记载，在早期的游牧生活中，彝族先民"逐水草而居"，不断从西北的河湟地区向西南地区迁徙；到西南地区后，由于自然环境变化、家族（支）成员不断增长，或者与外族争夺居住地的斗争中失败等原因，彝族先民不得不进行大规模的频繁迁徙流动。彝族传颂久

第六章　彝族古代理想社会构想

远的六祖分支的故事，实则就是彝族进入阶级社会后进行的一次大规模的迁徙流动历史的写照：由于笃慕部落（氏族）不断发展壮大，人口迅速增多，原来的居住地已无法满足部落（氏族）继续发展的需求，于是通过分支的方式让大部分家庭成员离开原居住地去开辟新的家园："吾祖笃慕他，生子来传代，其子长大后，迁徙走四方，寻肥沃土地，书上记的明；"① 笃慕六子自此开始了在西南地区的迁徙流动历史，在西南地区不断开疆拓土，使其后代子孙分布于西南地区的山山水水中："吾祖笃慕他，六子分支传，六路去扩疆，去找好地方。"② 此后，不断迁徙流动就与彝族古代社会相伴相随。《夷僰源流》对彝族的迁徙流动也有着生动的描述："阿克那一代，从那比古地，迁至积夺地。积夺好嘎地，尼能部居住。迁至积夺地，来到自嘎地。过了若干年，又离自嘎地。迁居更好处。居地迁一次，臣民留一批。汶种播大地，六祖得使唤。"③ 这段文字以概括凝练的方式解答了彝族先民为什么迁徙、如何迁徙等问题，它告诉我们：尼能部落的迁徙主要是为日益繁衍兴盛的部落寻找更为宽广、更为优良的生息繁衍场所而发动，伴随着彝族先民的迁徙流动，彝族的居住地域不断变化、人口也不断扩散。

彝族自古就存在发展不平衡问题，表现之一就是同为彝族的不同家支或支系，甚至是兄弟之间，日后的发展状况不一：有实力强大的、也有实力相对较弱的。一般情况下，发展状况良好、相对实力较强的家支或支系，在觊觎其他家支或支系的生息场所时会发动战争、赶走弱者，其结果就是弱者被迫远离原生息繁衍场所而进行迁徙流动去寻找或开拓新的生存发展地域。比如，根据《彝族源流》记载，

---

① 楚雄彝族自治州人民政府编：《彝族毕摩经典译注》（第三十五卷滇彝古史），云南民族出版社 2008 年版，第 254 页。
② 同上书，第 261 页。
③ 楚雄彝族自治州人民政府编：《彝族毕摩经典译注》（第四十卷夷僰源流），云南民族出版社 2008 年版，第 247 页。

彝族支系阿哲部兴起后，以优势兵力打败了侯支系的一个分支费夺阿武氏的后代阿垢阿助，在杀害阿垢阿助后，占领了侯氏支系阿垢阿助世代生息繁衍之地米洪阻姆，阿垢阿助的民众被迫从米洪阻姆向东迁徙（逃跑）到易蒙独洛，这支侯支系又继续迁徙到舍杜大河："侯阿夺一代，夺毕卓二代……阿垢阿助九代，阿垢阿助时代，慕俄勾家，额则陀尼，杀牛议事，倾兵如鸭群，攻米洪阻姆，杀阿垢阿助，侯民众东逃……在易蒙独洛，侯毕摩三支，幼为侯毕列。毕里列一代，毕斗杜二代，斗杜阿娄时代，侯氏迁往北，渡舍杜大河，侯氏成为濮。"[1]这段文字向我们呈现了彝族发展历史中，彝族不同支系之间的战争致使战败支系不得不迁徙的事实，这同时从一个侧面证明彝族的迁徙往往是与特定时期的社会非良性运行相联系的。

彝族在西南地区生存发展的过程中，还面临与其他民族征战、因战败而不得不迁徙、不得不离开原居住地而去寻找新的生息繁衍之地的情形。从多地彝族《指路经》指引祖魂回归的最终目的地是滇池周围，以及南诏以洱海为中心发展的历史看，彝族历史上曾以滇池、洱海为发展中心，但在日后却逐渐远离滇池、洱海地区，彝族迁离此区域应该与汉族等其他民族之间的征战有关。另外，由于政治的原因也曾使得彝族先民进行了几次大规模的迁徙流动。如南诏统治时期发生的乌蛮37部迁徙、清政府的鄂尔泰以武力推行改土归流而迫使彝族大规模迁离滇东北等。

总之，彝族在历史上迁徙流动的原因，几乎都与民族内外部的关系变化直接相关。面对需要进行迁徙流动的情形，彝族先民一方面认识到这是不得不为之的关系到民族生死存亡的社会问题，因此都能以坦然的态度面对，并以相应的迁徙行为应对；另一方面，彝族也是在不断的迁徙流动的过程中，在解决了特定时空中彝族社会非良性运行

---

[1] 楚雄彝族自治州人民政府编：《彝族毕摩经典译注》（第十九卷彝族源流二），云南民族出版社2007年版，第108—109页。

第六章 彝族古代理想社会构想

问题的同时,形成了后来彝族的分布格局,建立了与其他民族之间的关系。正是因为频繁的迁徙流动历史,使彝族对社会的安定有序运行充满了期待与向往。

二 对物质生活匮乏状况的揭露

彝族作为一个起源久远的古老民族,有着悠久的文明,在古代社会,其科学文化与生产技术都达到相当的发展水平。但与同时期中原汉族核心地区的生产力发展水平相比较,彝族的生产力发展相对滞后且发展不平衡。先秦时期,汉族先民正经历奴隶社会向封建社会转变的历史剧变过程中,此时彝族先民生活的滇池周边则正处于青铜冶炼、铸造技术达到一定高度的奴隶社会阶段。例如在楚雄彝族自治州万家坝出土的大量青铜器,据测定应是制造于春秋中期或战国初,及至两汉时滇东北生产有著名的"朱提洗""堂狼洗",这些据认为都与彝族先民有关,这些考古发现表明此时期彝族先民生活居住地区的生产力发展水平普遍落后于中原地区。直到大理国建立,彝族先民居住的滇池、洱海核心区域才进入封建领主制的社会发展阶段,其他区域的彝族先民仍然处于奴隶社会发展阶段,而此时的中原地区已经历封建主义的长期发展并出现了资本主义生产关系的萌芽。与生产力的缓慢发展相对应,彝族古代社会的物质生产与彝族先民对于富足美好生活的向往之间存在较大矛盾,甚至大部分彝族民众更多感受到的是物质生活的艰辛与匮乏。

对物质生活资料匮乏与日常生活艰辛的状况,彝族文献中有不同程度的反映,从中可以看到彝族先民对物质生活匮乏状况的感受与态度,以及他们对于彝族社会为什么会处于物质生活相对匮乏的状况进行的认识与反思。《查诗拉书》是彝族葬礼上由毕摩念诵的经书之一,其中的"诉苦情篇"描述了当听到亲戚家有丧事发生、必须到丧家去奔丧但又无力准备祭丧礼物时的窘迫"苦情":"金房的主妇,家中真穷困。要牛牛又小,要羊羊又嫩。要猪又无猪,要鸡鸡也无,

· 217 ·

要钱又无钱,要酒没半滴。楼房应装粮,房里却无粮;柜应装绸缎,丧幡都没有。嗯——丧者哟!我的好亲戚,家里这般穷,如何看望你?"① 这里所描写的难以准备合适的牛羊猪鸡酒和钱,家里没有粮食、没有做丧幡用的布等"苦情",反映了彝族古代社会一般民众物质生活条件匮乏、生活艰辛的状况。此类境况,在彝族哭嫁歌中也有反映,彝族的哭嫁歌中一般都包含有因家中生活艰辛而出卖姑娘换取家中所需生活条件的控诉,这也可从一个侧面反映出彝族普通百姓窘迫的生活状况。

  彝族古代社会的物质生活匮乏是较普遍且经历时间比较长的社会现象。那么,为什么彝族古代社会的物质生活条件会如此匮乏和艰辛呢?

  首先,彝族在西南地区相对集中分布于自然条件恶劣、不利于生产发展的区域。彝族先民自从西北河湟地区迁徙进入西南地区后,其迁徙流动和社会实践活动基本都在西南地区展开。西南地区的高山峡谷较多,大部分区域都属于山区,坝子或相对平缓的地域占比较少。对于人类的生产生活实践活动而言,坝子或地势平缓的区域有许多便利条件;山区由于山高谷深、地势险峻、交通不便,开展生产生活实践活动有诸多不便,在一些方面往往会抑制生产力的发展。彝族在西南地区的迁徙流动历程中,特别是在与其他民族争夺生存地域的斗争中,被迫逐渐迁离条件较好的平坝地区而向半山腰甚至是山头峡谷寻找生存发展环境,最终形成汉族住坝子、彝族住高山的分布格局。对此种居住分布的格局,彝族史诗《查姆》有生动描述:"一种是他尼,他尼住平坝,一种是聂苏,聂苏住山腰;一种是俄尼,俄尼住山脚;……一种是阿鲁;一种是罗罗;一种是罗婆;一种是车苏,车苏住箐边;一种是山苏,山苏住山头。"② 这段文字中提到的他尼指的

---

  ① 云南省少数民族古籍整理出版规划办公室编:《查诗拉书》,云南民族出版社 1987 年版,第 29—30 页。
  ② 楚雄彝族自治州人民政府编:《彝族毕摩经典译注》(第七十一卷查姆一),云南民族出版社 2010 年版,第 157—158 页。

· 218 ·

第六章 彝族古代理想社会构想

是汉族，聂苏、阿鲁、罗罗、罗婺、车苏、山苏都是指彝族的不同支系。从这段描述中，我们可以清晰地看到汉彝族居住地的不同：汉族居住在自然条件较好的平坝，而彝族则居住在山腰、山头、箐边等，即彝族先民生活居住在自然条件恶劣、不利于生产生活发展的地域，这又在较大程度上抑制了彝族社会生产的发展，加剧了彝族古代社会物质生活匮乏的状况。对此，彝族先民虽然在思想观念中能够坦然接受，却又不得不面对由此带来的生产发展受限和物质生活匮乏的后果。

其次，毕摩宗教信仰需要频繁举行各种类型的宗教祭祀活动，特别是丧葬、指路等大型宗教祭祀活动，这些宗教活动往往耗时、耗财、耗物、耗力，对社会生产发展有一定的消极影响。在彝族古代社会，由于自然条件、社会因素等复杂原因，彝族先民不可避免地会遇到天灾人祸，彝族古代社会运行会面临运行不畅、不顺的问题，如干旱、洪水等自然灾害，以及物质的匮乏与生活的艰辛，甚至还得面对战争等，在面临这些不利、不畅、不顺的社会运行问题时，彝族先民不断寻找应对和解决的方法和途径，希望能够过上风调雨顺、生活富足、吃穿用度不缺的安宁、和谐的生活。如何战胜社会运行发展中的问题、实现社会良性运行美好愿景呢？在彝族古代社会，生产力和科学技术的进步发展还不足于充分回答并解决这些问题，而毕摩宗教为彝族先民描绘了一幅超越社会运行中的不稳定因素、生产生活中的不确定性达至社会平稳有序运行、生产生活安宁顺遂的美好图景，并提出了通过各种祭祀活动祈求神灵护佑以解决社会运行问题的方案。在毕摩宗教的思想观念中，人类社会的一切都是由神灵主宰的，因此要解决社会运行中的问题、实现人们的美好愿望，其最直接、最有效的途径就是经由毕摩主持举行各种类型的宗教祭祀活动，避免鬼怪作祟、祈求神灵护佑，进而解决社会运行中现实面临的问题。因此，在彝族古代社会，率人以事鬼神的现象非常盛行，放下正在进行的各类生产活动或日常生活活动而举行各类型、各层次的宗教祭祀活动的现象非常频繁，这就难免干扰、影响正常的社会生产生活活动。此外，彝族的各种宗教祭祀活动，特别是丧葬和指路等大型宗教祭祀活动，要求参加的人员众多、耗费的时间较长，需要消耗或供祭的财物多样，一些特别的祭祀活动还需要宰杀大量的牛羊等牺牲献祭，甚至在事主家没有合适的牛羊做牺牲时，会以借贷、杀耕牛等方式举行祭祀活动。由此，彝族的种类繁多的祭祀活动，对社会生产生活在一定层面上带来了不利的、消极的影响。本来，彝族先民信仰毕摩教，是期望能够借助神灵的力量以解决现实社会运行中的问题，但在毕摩宗教的现实发展中，却在不断地向彝族民众灌输鬼神的事是最重大的事，一些特定时间和空间中的宗教活动比社会生产生活更重要的思想观念。因此，彝族古代社会既有固定的各种祈神祭祀的活动，也有在具备条件时举行特定的重大宗教活动的习俗，形成有粮有牛羊就祭祖指路的传统习俗，把严格执行各种宗教义务作为人生最重要的义务和责任。在这样的宗教思想观念浸润之下，彝族古代社会在物质生活有一定宽余时就举行大型的宗教祭祀活动，而当宗教活动完成后，往往又进入物质生活匮乏状态，这难免对社会生产生活的正常运行发展造成一些消极影响。

再次，彝族历史上形成的某些风俗习惯对彝族古代社会物质生产具有一定的消极影响。彝族社会特别重视血缘亲族关系，也特别重视家支、家族的声誉或名誉，从此出发，彝族古代社会形成的一些传统习俗，如隆重宴客的习俗，在物质生活相对匮乏的古代，有时会给彝族家庭带来压力、困难；又如打冤家的习俗，也会造成物质财富的消耗，甚至会出现青壮年劳动力的伤亡，这些会给生产生活的正常运行带来不利影响，在某种层面加剧了物质匮乏的状况。

三 对社会不平等现象的反思与批判

彝族古代社会存在的社会分层现象表明，彝族古代社会在男女性别、君臣师匠民等社会阶层、人与鬼神关系等方面都存在不平等现象。彝族先民对于现实中存在的社会不平等现象，一方面不得不接受并面对这一社会事实，在社会生活中根据自己的社会身份、角色要求遵守相应的行为规范，选择实施与自己身份地位相适应的言语行为，以此维护社会的有序运行；另一方面，彝族先民又不同程度地表现出对社会不平等现象的反思与批判，并试图超越社会不平等现象而追求社会的公平、公正与平等。

（一）出嫁日女为大思想——对男女不平等现象的反思与批判

在进入父系氏族社会后，特别是进入奴隶社会后，彝族古代社会逐渐形成男尊女卑的思想观念与制度规范，其表现就是女性在社会生产生活中逐渐被置于从属、附庸的身份与地位，女性对于社会运行发展逐步失去影响力和发言权，甚至在某些方面女性还被认为代表着不干净、不清洁，因而被禁止从事或参加某些尊贵或神圣的活动，如女性不能当毕摩、在毕摩举行指路仪式时女性不能进入祭祀场所、女性不能出现在家支谱牒中、女性没有继承权、女性不能选择或决定自己缔结婚姻的对象等。彝族的哭嫁歌对女性在社会生活中没有地位、没有权力的情形进行了形象生动的描述："大家庭里面，男与女同长。男大有家住，女大没有家。""男儿留下来，成了房主人，父母的家业，儿子来继承。"[①] 这里描述了男性与女性在家庭中不平等的地位、不平等的待遇，所反映出的正是女儿虽与男孩一样都是父母的孩子，但不一样的却是家中的一切财产、家业都是男孩的，女孩在家中既没有地位也没有继承财产的权力，男女不平等的现象由此可见一斑。

在彝族古代社会生活中，男女不平等的现象是比较普遍的，其影响表现在社会运行的各个方面，彝族婚嫁习俗是男女不平等现象的一个缩影。在彝族古代社会发展过程中，当男娶女嫁取代女娶男嫁后，随之而来的是女性权力在婚姻生活中逐渐削弱与男性权力的日渐形

---

① 楚雄彝族自治州人民政府编：《彝族毕摩经典译注》（第四十三卷武定彝族民歌），云南民族出版社2009年版，第67、80页。

成、上升与巩固，以至后来的婚姻关系中，彝族女性不能自主选择自己的结婚对象，甚至出现了彝族社会比较流行的包办买卖婚姻，尤其是生活比较贫困的彝族家庭，往往会以嫁女儿换取减轻家庭生活困难的物质财富，或者直接以嫁女儿给债主抵债："阿爹呀阿妈，整天在商量，商量到房前，商量到屋后，以为要卖田，以为要卖地，不想是卖我，今天才知道，嫁女换酒喝。"① "男方来放债，父母去借债，借债已数年，借债已数月，快到过年月，快到年三十，还债日期到，男子来讨债。用金银还债，他不要金银，他只要姑娘，带来抢亲队，硬把姑娘抢，"② 不管是家中父母把嫁女儿当作类似卖田地等财物，以此换来父亲买酒喝的钱，还是把嫁女儿作为抵债、还债的手段或方式，都反映了女儿在家中没有地位与权力的社会事实，这正是男女不平等的反映和体现！

对于女性平时在家中没有地位、没有权力的现象，彝族先民在一定程度上认识到它的不合理性，因此，彝族古代社会形成了"出嫁日女为大"的思想和哭嫁的习俗，以此表明在特定的时间和空间给予女性抒发自己的感情的机会，而女性往往会借这一机会哭诉男女不平等而带来的女性的悲惨生活，借机控诉男尊女卑的思想与制度规范。正如《彝族毕摩经典译注》在介绍彝族哭嫁歌时所概括的那样：哭嫁歌是彝族女子"利用出嫁之日'女子为大'之机，尽情抒发自己的不幸命运，对男女之间不平等待遇和不合理的婚姻制度，进行公开的指责和抨击，尽情诉说内心的悲痛和怨愤，对包办买卖婚姻制度进行无情的痛斥。"③

（二）君民本一体思想——对等级关系的反思与批判

如前所述，彝族古代社会存在着社会分层，这种社会分层现象必

---

① 楚雄彝族自治州人民政府编：《彝族毕摩经典译注》（第四十三卷武定彝族民歌），云南民族出版社2009年版，第102页。
② 同上书，第121页。
③ 楚雄彝族自治州人民政府编：《彝族毕摩经典译注》（第十三卷罗婺彝族歌谣选），云南民族出版社2007年版，前言第1—2页。

第六章 彝族古代理想社会构想

然导致彝族存在不同层级。而彝族的社会阶层，往往又在父系血缘的基础上，与君臣师匠民的职业分层相结合，并通过根骨观念的强化与浸润，形成非常严格的等级制度。由于彝族古代社会缺乏不同等级之间垂直流动的机制和途径，彝族的等级现象比较稳定而持久，基本与彝族古代社会相始终。虽然彝族古代社会的等级制度如此稳定而持久，且统治阶层为了巩固其身份与地位，以各种方式宣扬和强化等级观念、根骨观念，使等级制度具有了合法性、合理性。但是，彝族先民也对这种看似自然而合理的等级制度进行了反思与批判，其最突出、最集中的表现就是彝族社会一直在宣扬与传承的"君民本一体"的思想，深刻揭露了严苛的等级制度的不合理性。

"君民本一体"思想在彝族文献《训书》第四章"治国论"中有比较集中的概括和反映，根据书中记载，这是东汉光武帝年间的彝族君长勿阿纳和他的两位贤臣根据密阿迭的《治国安邦经》讨论如何治理国家时提出的重要思想之一。在伊佩徒忠义回答勿阿纳如何治国安邦问题时说："君长要万世握权，（要遵循）从前密阿迭的《治国安邦经》去办。经文里讲到：后世的君臣，谁要掌好权令呢，（要坚守）君民本一体的准则。"[①] 在伊佩徒忠义看来，君长追求政权的稳固，追求把政权世代相传，要做到此就必须遵守一定的从政准则。先圣君王密阿迭的《治国安邦经》告诉后世君长，要使政权巩固，就要让百姓听从君长的号令；要让百姓听从君长号令，君长必须坚守"君民本一体"的思想。为什么说君民本来就是一体的呢？伊佩徒忠义是这样解释的："没有仁圣之君，不能理好民事；没有贤良之民，不能守好君基。君主能施春露之恩，民奴就蒙受嘉禾之运。君主譬如人身的元首，民奴则是手足四肢，身首四肢不可分离；若是分离呢，人体就变成残废啦。"[②] 用身体来比喻君长与百姓之间的

---

① 马学良主编：《增订爨文丛刻》（训书），四川民族出版社1986年版，第33页。
② 同上。

关系，君长是元首或头脑，而百姓是手足四肢，就像完整的人的身体既不能缺头脑又不能缺手足四肢一样，一个国家也必须既有掌权发令的君长又有听从和执行君长号令的百姓，没有仁圣的君长就不能治理好国家，没有贤良的百姓就不能守住君长的基业，因此，君长与百姓本来就是一体不可分离的。勿阿纳非常认可这个思想，说道："君长的国土，得靠民奴才治理得好；君长的权令，得靠民奴才执行得通。"[1] 应该说，彝族古代的统治者，在一定程度上认识到：如果在治理国家的过程中，只是讲严格的等级关系，对百姓不讲仁爱、不施恩惠给百姓的话，政权也是难于巩固持久的，所以在执政政权、发号施令的时候，不能只有森严的等级关系，还必须看到"君民本一体"的一面，认识到君长与百姓谁也离不开谁，大家都是一体共生共存的。

《海腮耄启》中的"法家治国"篇，从君与民同为一族的角度试图对森严的等级关系进行调和："君贤国景长，臣贤获重望。高堂君为大，臣民同一族，奴仆排成行，戎兵布天下，发展又繁荣。威荣福禄，如崖壁般稳固，文化知识，教化加深造，君基业吉祥。"[2] 这里的描述表明，虽然在一个国家中，君处于最尊贵、最高的位置，但君与民都是一个民族，国家的繁荣发展不论是对君还是对民都有共同的好处，大家都能享受到国家繁荣昌盛带来的利益，因此，作为同一族的君与民，必须要相互团结友爱，君爱民犹如母鸡保护小鸡一样是必然的、合理的："臣民相团结，天下很平安，民奴仰威信，如母鸡护幼仔，君民相爱戴，互敬又互爱。"[3] 这里虽然认同君、臣、民之间有不平等的关系，君处于高位，平民百姓对待君是要仰视的，要仰视君的威信，但同时却要求君要爱护百姓，要像母鸡护

---

[1] 马学良主编：《增订爨文丛刻》（训书），四川民族出版社1986年版，第33页。
[2] 文道义主编：《海腮耄启》，贵州民族出版社2002年版，第147—148页。
[3] 同上书，第145页。

小鸡一样给予百姓以关心和爱护，要求处于不同社会等级的人们要相互团结、相互敬爱。

如果说，君民本一体思想和君民同为一族的思想，是统治阶级站在如何治理好国家、如何巩固政权的角度对君与民不平等关系的反思与批判，它们认识到君与民是个整体，对于国家治理来说，君离不开民、民也离不开君，君与民有共同的利益；那么，"人人平等"思想则可以看作是被统治阶层或者百姓对不平等阶级关系反思后形成的思想观念。四川的《玛穆特依》看到了君与奴的地位不平等："兹与奴来说，兹是奴运气，奴是兹财富。"① 奴隶只是兹的财富，在兹那里，奴隶不过是他众多财富之一。但是，就是在看似奴隶没有任何权力的凉山地区，却又明确提出了人人都平等的思想："君主高则谦，匠师精则立。君暴奴则苦，夫恶妻则苦，人人都平等。"② 这里明确地提出了人人平等的思想，这正是在等级森严的奴隶社会对不平等阶级关系的反思与批判！

（三）人比天地大的思想——对人神关系不平等的反思与批判

在彝族古代社会，彝族先民普遍信仰毕摩宗教，在他们的思想观念中，人与鬼神的关系决定着所有的社会关系，是人们必须全力处理好的最重要的关系。基于神灵既是创造世间万物包括人的创造者，又是决定和控制一切事物运行发展包括人的生死存亡的主宰者的思想认识，在彝族先民的思想观念中，人与神的关系是不平等的：神高高在上，根据其意志发号施令，人只能匍匐在神的面前，消极被动服从神意的安排与摆布。人神关系的不平等，是毕摩宗教的基本信念，也是毕摩宗教各种仪式活动所遵循的基本准则。人神之间的不平等关系，通过毕摩宗教的各种仪式活动，以及毕摩在宗教仪式活动中反复念诵的经文，已经深深植根于彝族人的思想观念中，甚至成为彝族传统文

---

① 吉格阿加译：《玛穆特依》，云南民族出版社2005年版，第12页。
② 同上。

化的底色和基调，深深影响着彝族古代社会的运行发展，使彝族古代社会形成率人以事鬼神的景象。

但是，在认可并直面人神关系不平等的同时，彝族思想文化中又形成了人与天地同、人比天地大的思想观念，甚至在人类社会形成的早期阶段，曾经历过人神不分、人与神结亲，即人神杂糅的神话传说。因为在毕摩宗教的思想信仰中，天地属于神灵的范畴，是天神策耿兹与地神的简称，所以人与天地同、人比天地大的思想观念和人神杂糅的神话传说，显示出的正是对人神不平等关系的反思与批判。《宇宙人文论》提出人体是仿天生的："在'五行'成为人体雏形之后，就开始有生命会动，仿着天体去发展变化，成完整的人。天上有日月，人就有一对眼睛；天上有风，人就有气；天会雷鸣，人会说话，天有晴明，人有喜乐；天有阴霾，人有心怒，天有云彩，人有衣裳；天有星辰八万四千颗，人有头发八万四千根；天的周围三百六十度，人的骨头三百六十节。这样看来，人本是天生的，是仿天体形成的。"[1] 仿照天形成的人，从天体有什么，人体就有什么的层面看，人与天之间不存在不可逾越的鸿沟，而是可以获得与天一样、甚至是高于天的地位。彝族先民从"天地有万物，智者是人类"[2] 的思想出发，认为世间所有知识都是人创造的，甚至神灵的名都是人取的，从此观之，人比神灵有智慧，人的地位甚至比神灵还要高："问官哪样最为大？官说天地最为大……天名天不开，天名人来开，地名地不开，地名人来开，如果没有书，天地就无名，天地不为大，人比天地大。你说日月大，我说日月大，没有这些书，日月就无名，日月不为大，还是人为大。菩萨多雄伟，庙名不是自己开，庙名人来开，如果没有人，谁来开庙名？庙是人盖的，菩萨是人塑的，寺庙不为大，还

---

[1] 罗国义、陈英翻译：《宇宙人文论》，民族出版社1982年版，第95—96页。
[2] 云南省少数民族古籍整理出版规划办公室编：《赊豆榷濮》，云南民族出版社1987年版，第3页。

是人为大。你说书为大，我说书为大，如果没有人，书从哪里来？书本不为大，还是人为大。"[1] 能够鲜明地提出人因为创造了知识、人是世间万物中最有智慧的存在，因此人比天地神灵还要大的思想观念，是对人神关系不平等的反思与批判。

第二节 世俗理想社会构想

以反思和批判现实社会运行发展中存在的问题和矛盾为基础，进而在思想观念中建构理想社会模式，并试图用理想社会模式引导或影响未来社会运行发展，这是人类所特有的一种精神现象和精神活动。彝族先民在面对现实社会的种种问题与矛盾时，总是期望超越现实社会运行发展中的不足与缺陷，向往君长万世掌权、臣民相互团结、人民生活能够安宁富足的未来美好社会生活图景，最终实现邦安国治的世俗理想社会运行发展目标。那么，世俗社会如何实现理想社会发展目标呢？彝族先民寄希望于在现实的社会运行发展中，通过君、臣、师、匠、民各司其职、各尽其责，各阶层的人都以自己的方式奋斗和努力，特别是寄希望于君长以其贤能治理好国家、推进社会的有序运行，进而努力趋向邦安国治的世俗理想社会目标。

一 世俗理想社会——邦安国治

如前所述，彝族古代社会运行发展面临的突出问题与矛盾就是迁徙频繁、物质生活匮乏、民众生活艰辛、社会不平等现象严重等。彝族先民也非常希望最大限度的克服和解决这些社会问题与矛盾。但彝族古代社会不得不面临的残酷现实却是没有有效解决这些问题与矛盾的现实路径和方法，彝族先民只有在观念世界中首先建构未来社会运

---

[1] 云南省社会科学院楚雄彝族文化研究室编：《彝文文献译丛》第一辑，内部资料，楚雄州印刷厂印，第16—17页。

行发展的理想图景。根据彝族文献关于彝族社会运行发展问题的分析与思考，我们认为，彝族先民所构建的世俗理想社会运行发展目标可以概括为"邦安国治"。

邦安国治一词及其思想源于彝族古代社会传说中最贤能的君长密阿迭传给后世的《治国安邦经》，这部传说中的彝族君王治国理政经典是否真有其事不得而知，但据传说其思想的核心就是阐明君主要如何治理国家、处理政务才可能实现世代掌权的目标，即如何实现邦安国治的理想。其思想理念是彝族后世贤能的君主治国理政的基本准则和基本遵循。据彝族古代文献记载，彝族所向往和追求的邦安国治的社会理想目标，主要内容包括君长如何治理国家、君长如何认识并处理君与臣民之间的关系，以及老百姓的生活愿景是什么等方面的内容。

（一）君长万世掌权

彝族古代社会的政治制度和政治运行情况比较复杂。在出现阶级分化或进入奴隶社会发展的初期阶段，彝族社会逐渐形成了君臣师三位一体的政权结构，在奴隶社会早期一度建立了彝语称为"米"的奴隶社会统一的政治体系；伴随着彝族奴隶社会的发展，彝族的政治体系出现了较复杂的状况，彝族各支系"除南诏（罗纪）奴隶制王国外，均完善了一整套'祖、摩、布'三位一体的奴隶制政治统治，从此，被称为'米'的奴隶制统一政权崩溃，才出现以'祖'为代表为特征、各部都以自己为中心的奴隶制统治局面。对外形成强大的奴隶制地方割据，对内各部各支系各自为政，互不号令，不断发生掠夺土地、财产和人口的奴隶制战争。"[①] 在进入封建社会之后，彝族没有建立起本民族的统一的政治体系，大部分地区依然延续"祖、摩、布"三位一体的政治运行模式。元之后，特别是明清进行改土归流后，彝族地区逐渐进入中央王朝的统一的政治体系中，但凉山彝族

---

① 易谋远：《彝族史要》，社会科学文献出版社2000年版，第565—566页。

第六章　彝族古代理想社会构想

依然停留在奴隶社会发展过程中,并被外界称之为"独立倮倮"。从彝族地区实际的政治运行情况复杂多变、多数时间都是各部各支系各自为政的状况看,彝族古代社会运行发展存在诸多问题与矛盾,特别是政权的稳定性较弱,社会运行受外族外力影响较大,与此相应,彝族古代社会最向往和期待的就是"君长万世掌权",实现社会相对和谐有序的运行发展。《训书》第四章"治国论"中对此进行了阐述:"君长要万世握权,(要遵循)从前密阿迭的《治国安邦经》去办。经文里讲到:后世的君臣,谁要掌好权令呢,(要坚守)君民本一体的准则。"① 虽然这是被后世认为是贤臣代表性人物的伊佩徒忠义在回答其君长勿阿纳如何治理国家的问题时提出的思想观念,但这个思想观念正是彝族古代各位君长所期望和追求的,也是经常被迫迁徙流动的彝族普通民众所期望和追求的,是彝族古代社会最具有代表性的关于未来理想社会的发展目标。

在彝族的多部文献中,我们都可以看到"君长万世掌权"是彝族古代社会统治阶层的美好理想与追求。如《苏巨黎米》关于君主如何巩固自己的政权问题,从正反两方面都有相关思想呈现。从正面看,它提出:"掌权管理各族,发挥各部优势,一旦这样做,扩地盘稳基业,受人民拥护而掌权,开明威望高,没有一个人报怨。"② 这里明确地指出,君长的主要任务就是掌好权、理好政,要不断扩大其统治的地域、稳定其政权。同时,《苏巨黎米》也指出,君主最大的灾难就是政权不稳固,政权不能由自己的后世子孙世代继承而被他人用武力夺去:"第三种灾难:君位虽世袭,让人用武力篡夺,臣位虽世袭,让人用武力夺去,子孙不继承权位,"③ 就是说,如果统治者的权力不能够世代相传,被人用武力抢夺了,那就是灾难。在彝族人

---

① 马学良主编:《增订爨文丛刻》(训书),四川民族出版社1986年版,第33页。
② 王继超主编:《苏巨黎米》,贵州民族出版社1998年版,第78页。
③ 同上书,第37页。

的思想观念中，君长万世掌权、统治权世代承袭是社会运行发展最理想的状态，也是彝族邦安国治理想目标最重要的内容。

(二) 君民关系和谐

自出现阶级分化、进入阶级社会后，彝族古代社会逐步确立并形成了严格的等级制度，这种等级制度既与血缘关系为基础，又与职业分层相结合，还受到彝族社会特有的根骨观念的强化，因此，彝族古代社会的等级制度非常稳定而持久，成为决定、支配彝族古代社会运行发展的根本制度，等级观念成为彝族古代社会最重要、影响最深远的核心的政治思想观念。等级制度和等级观念在彝族古代社会不同层级之间设置了不可逾越的鸿沟，社会不同层级之间关系不平等现象非常普遍，不同阶级、阶层之间关系的紧张甚至是矛盾与冲突就是必然的。正是现实中严格的等级制度和等级观念的存在，建立或形成不同社会阶层之间的和谐关系，特别是在处于最高层级的君与处于较低层级的民（百姓）之间建立和谐的关系，就成为彝族"邦安国治"社会理想目标的重要内容。构建君民之间的和谐关系，既得到统治阶级的重视，也成为百姓追求和向往的理想。

彝族认识到在现实社会运行中，君与民之间之所以出现关系不和谐，实质是因为利益之争："君与民相争，粮谷起纷争，"[1] 同时，也认识到如果君只追求自己利益的满足而不顾民的需求，甚至奴隶主不善待奴隶，君与民、主子与奴隶之间的关系就会紧张甚至发生冲突："兹莫的一生，手执威武杖，头上白冠摇，腰间藏万贯，脚上有响声，背上蝴蝶舞，左边太阳旗，右边月亮幔，恶主骑奴颈，劣奴害其主。"[2] 正是因为现实的社会运行中存在君与民、主子与奴隶之间关系的不和谐、不协调，彝族就对君民、主子与奴隶之间的和谐关系充满了向往与追求，甚至希望能实现人人平等的关系："君暴奴则苦，

---

[1] 吉格阿加译：《玛穆特依》，云南民族出版社2005年版，第3页。
[2] 同上书，第13页。

夫恶妻则苦，人人都平等。"①

从以君为代表的统治阶层的维度来看，在彝族古代社会有重要影响的政治历史人物几乎都认可并向君宣传君要爱戴百姓，才能树立君的统治权威，百姓才会服从君的统治的治国理政思想。正如《海腮耄启》一书所写的："臣民相团结，天下很平安，民奴仰威信，如母鸡护幼仔，君民相爱戴，互敬又互爱。"② 在这段文字中，一方面认可君、臣、民属于不同阶层、处于不同位置，另一方面，其强调和突出的重点却是告诫君要像母鸡爱护小鸡一样的爱护百姓，臣要与百姓团结一致，如果真做到这两点，君民之间形成互敬又互爱的局面，君民之间的关系也就和谐了。

在彝族古代社会的现实政治运行发展过程中，在存在君、臣、民等现实社会分层的前提下，君不可能真正的爱戴百姓，君与民之间也难于实现互敬互爱，彝族先民却一再强调此思想观念，从中可看出君民关系和谐是彝族古代社会影响深远的政治理想。

(三) 百姓生活富足安康

由于自然、历史、社会等多方面的原因，彝族古代社会日常生活物质资料的匮乏与不足，是彝族先民经常要面对的现实问题。《查诗拉书》"诉苦情篇"所描述的穷困家庭的"苦情"："家中真穷困。要牛牛又小，要羊羊又嫩。要猪又无猪，要鸡鸡也无，要钱又无钱，要酒没半滴。楼房应装粮，房里却无粮；柜应装绸缎，丧幡都没有。"③这户人家要什么缺乏什么的"苦情"，在彝族古代社会并不是个别现象。由于彝族古代社会中百姓经常遇到物质生活资料匮乏的困扰，而当时的社会生产力发展水平还难以满足彝族民众对物质生活富足的需求，因此，彝族先民就在思想观念中对未来充裕、富足的物质生活充

---

① 吉格阿加翻译：《玛穆特依》，云南民族出版社2005年版，第15页。
② 文道义主编：《海腮耄启》，贵州民族出版社2002年版，第145页。
③ 云南省少数民族古籍整理出版规划办公室编：《查诗拉书》，云南民族出版社1987年版，第29—30页。

满了向往和憧憬,这种向往和憧憬同时也就成为彝族古代理想社会目标的非常重要的内容。

彝族文献《查姆》从正反两个维度表达出一般民众对未来生活的向往与憧憬。从民众不愿意或者不希望发生的情形是哪些事的维度看,彝族民众不愿意甚至害怕出现的不好的状况是:"为人在世间,不要者有三:不要罪与恶,不要疾和病,不要穷和苦。凡属此三者,没人愿要它。"① 犯罪、疾病、穷苦都是人们不愿意面对的,都是不愿意要的,都是不希望发生的;而与此相对应的就是人们所追求和希望的,那就是健康长寿、儿孙满堂、家畜满圈、粮食满仓、生活富足:"为人在世间,要记十种好:读书耳目陪;当官做吏好;畜多粮多好;儿多女多好;孙多裔多好;牛多马多好;山绵羊多好;猪多狗多好;鸡多鹅多好;谷粮满仓好;长命寿终好;此乃为十好。"② 这段文字以非常朴实的方式表达了彝族民众对于美好生活的愿景。

《苏巨黎米》对这种充裕、富足的理想生活向往进行了生动的描述:"妻儿有酒喝,妻儿有口粮,"③ 希望家中妻儿老小能吃得上饭、喝得上酒是彝族先民第一步的愿望,更进一步的向往和追求则是:"穿华丽的衣,吃的是美味,活至九十九。"④ 彝族民众所向往和追求的是不仅能穿暖还要穿上华丽的衣服,不仅吃得饱还要吃上美味。这些都是彝族民众对于未来美好生活的向往与追求。

对于统治者而言,邦安国治的社会理想目标,也内蕴着要满足百姓的日常生活理想,进而得到百姓的拥护与爱戴的要求;或者说,彝族统治者也认识到政权的稳定、社会的安宁,与百姓的生活富足、富裕是息息相关的。因此,在设计和构想邦安国治的社会理想目标时,

---

① 楚雄州人民政府编:《彝族毕摩经典译注》(第七十二卷查姆),云南民族出版社2010年版,第103页。
② 同上书,第104页。
③ 王继超主编:《苏巨黎米》,贵州民族出版社1998年版,第331页。
④ 同上书,第261—262页。

统治者也把百姓生活的安宁富足作为重要内容："古国三位王，治国民兴盛。""俄部为君时，治国民安康，如日光照映。"① 这里将古时贤能的君主治理国家的业绩与人民兴旺强盛、人民生活安泰康健相联系，透露出统治阶层也意识到治理国家、国家兴盛与百姓生活是否富足和安康息息相关，或者说彝族古代社会的统治者已意识到民众生活安宁富足是邦安国治的重要内容。

二 实现世俗理想社会的路径

在提出或构想了邦安国治的世俗理想社会后，彝族先民进一步探索、思考了如何实现或达成邦安国治的理想社会问题。综观彝族各类文献，彝族先民关于实现世俗理想社会路径的探索和思考比较多，形成了"君贤国景长""君民相爱戴""勤劳能致富"等思想。

（一）君贤国景长

在古代社会，彝族主要在西南地区展开本民族生存发展的实践活动。由于自然、政治、经济、社会、民族等多方面的复杂原因，彝族除在奴隶社会初期形成区域性、相对统一、彝语称之为"米"的政权，以及在唐时建立了以彝族为统治者的南诏国外，彝族古代社会很长时间都处于内部互不统属、对外主要置于中原王朝羁縻政策管辖下的状态，社会运行主要依赖血缘关系为基础建立的家支、家族等彝族特有社会组织维系的状况。与此相应，在奴隶社会时期形成和确立的"君臣师"三位一体思想，以及政教合一的鬼主制度成为彝族奴隶社会时期社会运行的支配和决定力量。随着彝族地区先后进入封建社会，主要是元明清时期，在经历土司制度和改土归流的变迁之后，彝族地区的社会运行逐渐被纳入到中央王朝的统一管理中。在这样的社会运行状况下，彝族先民深刻地认识到社会运行状况与政权的稳定紧

---

① 楚雄州人民政府编：《彝族毕摩经典译注》（第三十五卷滇彝古史），云南民族出版社2008年版，第248、261页。

密联系，因此期盼"君万世掌权"、期盼社会能够稳定运行。那么，如何实现"君万世掌权"的目标呢？在彝族先民的思想观念中，政权稳定与否，关键的力量在于君主的能力与道德水平如何，决定性的因素则在于君主是否贤能。《海腮毪启》一书把君的贤能与其政权的稳固性结合，明确提出了"君贤国景长"的思想："君贤国景长，臣贤获重望。高堂君为大，臣民同一族，奴仆排成行，戎兵布天下，发展又繁荣。威荣福禄，如崖壁般稳固，文化知识，教化加深造，君基业吉祥。"① 君治理下的国家，国家是否繁荣发展、国运是否昌盛、百姓生活是否富足等，都是建立在君的贤能基础上的。这里比较突出和强调君贤这一道德品质与国家的命运前途直接关联。

彝族先民在强调"君贤"这一非常重要的道德品质的同时，也看到一国之君的能力对于政权稳定运行的重要作用。《苏巨黎米》既肯定君长的道德品质对于社会运行的重要影响，也明确提出君长的能力决定着社会运行状况的思想："君长英明，百姓有前程，若君长无能，百姓就背井离乡。君长恶则百姓迁，主子恶则奴仆逃。"② 这就比较明确地指出，百姓能否平稳安定的在某个地方生活，取决于君长是否英明有能力，如果君长无能，不能巩固其政权或基业，百姓就只有不断迁徙流动、背井离乡寻找新的生存发展之地；如果君长不贤良，对待百姓非常凶恶，百姓也只能迁徙逃跑，离开君长凶恶的国家到其他地方生存发展。因此，彝族先民谆谆告诫君长："传统要承袭，天下才太平，对四方民众，要像母亲待子女，这样的结果，百姓就服服帖帖，就受众人拥护。"③ 虽然君处于高位，但必须像母亲对待子女一样爱戴百姓，这样才能使百姓服从与拥护其统治。如果君民之间有矛盾或有成见，也应该要以君的道德品性来解决此类问题："以德感化

---

① 文道义主编：《海腮毪启》，贵州民族出版社2002年版，第147—148页。
② 王继超主编：《苏巨黎米》，贵州民族出版社1998年版，第65页。
③ 同上书，第76页。

愚顽，用诚心化解成见。"①

综上所述，在彝族先民看来，邦安国治这一世俗理想社会并不是空想，君的道德品性与英明能力是实现这一理想社会的重要条件。

(二) 君民相爱戴

在彝族进入阶级社会并确立了君臣师三位一体的社会运行体系后，君民关系成为影响彝族社会运行的最重要的社会关系。在现实的社会运行中，彝族社会严格的等级制度、等级观念又深深影响着彝族的君民关系，进而形成处理君民之间不平等关系的规范要求：要求百姓"要惧怕官吏"，特别是要畏惧处于最高位置的君长。在老百姓的心目当中，君长是一种非常威严且可怕的存在："君长如大虎，被统治的民众，是君长的鱼虾。"② 君民之间的关系不过是老虎与鱼虾之间的不平等且紧张的关系。因此，对于君，百姓不仅要遵循君发布的政令，还要对君"畏惧"："必遵循政令，须深谋远虑；当惧怕官吏。"③

正是基于现实社会中的"要惧怕官吏"的君民紧张关系，彝族古代社会所构拟的世俗社会理想的主要内容之一就是要超越这种紧张关系，希望君民关系和谐。那么，如何实现君民关系的和谐呢？彝族先民提出了"君民相爱戴"这一解决方案。

"君民相爱戴"在《海腮耄启》的"法家治国"篇中有较为明确的表达："君民相爱戴，互敬又互爱，不用在说了。"④ 在彝族众多的文献中，都表达了"君民相爱戴"是实现君民关系和谐的重要路径的思想。《海腮耄启》一书用母鸡与小鸡的关系来比喻君民关系，把高高在上的君比喻为有能力保护、爱护民的母鸡，而处于低位的民则是需要保护的小鸡："权令似金光，臣民相团结，天下很平安，民奴

---

① 王继超主编：《苏巨黎米》，贵州民族出版社1998年版，第78页。
② 同上书，第43页。
③ 朱崇先：《彝族典籍文化》，中央民族大学出版社1994年版，第75页。
④ 文道义主编：《海腮耄启》，贵州民族出版社2002年版，第145页。

仰威信，如母鸡护幼仔，君民相爱戴，互敬又互爱。"① 君如果真能像母鸡爱护小鸡一样，民也能够像小鸡那样崇敬、依赖君，那君民关系还会不和谐吗？《训书》也有类似的思想，但却是从"君民本一体"思想出发，认为君是人的元首（头脑）、民是手足四肢，就像功能健全的人体，头脑与手足四肢是不能分离的一样，君民既然不能相互分离，就必须形成和谐关系，如何形成和谐关系呢？君必须以仁来处理好民事、给民以春露般的恩惠进而得到民的拥护与爱戴，民也必须要以贤良的品性来守住君的基业："没有仁圣之君，不能理好民事；没有贤良之民，不能守好君基。君主能施春露之恩，民奴就蒙受嘉禾之运。君主譬如人身的元首，民奴则是手足四肢，身首四肢不可分离；若是分离呢，人体就变成残废啦。"②《苏巨黎米》是用母亲与子女的关系来比喻君与民的关系，以此要求君必须爱护民。

总之，在彝族先民看来，要真正实现君民关系和谐，主要的路径就是"君民相爱戴"，尤其是君长必须具备贤能和英明的品德："君长贤明，言辞也优美，行为也高尚，好比悦耳的鼓声……一声号令，众人都服从。一人讲话，千人都响应。"③ 君长能够以自己的贤明做到所有号令都让百姓服从、所思所想都有人响应，那就是君民关系和谐的有力证明。

（三）勤俭能致富

在世俗的现实生活中能够实现富足安康的生活理想，能够让彝族民众吃好穿好，过上荣华富贵的生活，这是彝族古代社会邦安国治世俗社会理想目标的主要内容：它既是君长治国理政所向往和追求的理想结果，也是百姓所向往和期盼的美好生活。那么，要如何实现这种美好的社会理想呢？

---

① 文道义主编：《海腮耄启》，贵州民族出版社2002年版，第145页。
② 马学良主编：《增订爨文丛刻》（训书），四川民族出版社1986年版，第33页。
③ 王继超主编：《苏巨黎米》，贵州民族出版社1998年版，第258—259页。

第六章 彝族古代理想社会构想

在彝族先民看来,要实现美好的生活理想,在现实的社会生活中真正过上富足安康的生活,既需要君长以贤德和能力治理国家、需要君与民之间团结和谐,更需要彝族各阶层的人都辛勤劳动。正如《玛穆特依》所概括的那样:"人贵于勤俭,勤俭能致富。"[①] 即在彝族先民看来,生活的富足是可以通过勤劳和节俭来实现的,而且这种勤俭、特别是勤劳,不仅只针对劳动群众说的。在彝族的思想观念中,从君到臣到民的世上所有人,都有各自担负的职责,都需要奉行勤劳能致富的准则。从君所担负的职责层面看,君必须为治理好国家而勤奋努力:"日想治国事,身不离史书,夜想治国事,头枕史书眠。治国的学问,武洛撮最高。"[②] 这是以武洛撮的勤奋努力学习获得治国的学问为例,告诫彝族君长要治理好国家,若要实现邦安国治的理想,必须像武洛撮一样勤奋努力。从百姓所担负的职责层面看,所有的人特别是百姓都需要勤奋努力才能实现荣华富贵:"世间的人们,一人将富有,锄刀不离手,巡走田地边;一人将穷困,无聊闲散逛,房前屋后转。一家要兴旺,锄头肩上扛;一户要穷困,烟斗有三把;一家要衰败,竹笛挟腋下。"[③] 这是《玛穆特依》告诉彝族人必须要勤奋努力才能够致富的道理。在彝族人的思想观念中,甚至在人死后回归祖界时都需要勤奋努力的进行生产劳动:"盘田庄稼汉,勤劳又辛苦,春日忙耕种,秋日收割忙。滴滴汗珠流,才有好收成。粮食收进仓,认真来储存,人人有吃穿,个个心欢畅。"[④] 即通过勤奋劳动获取充足的生活资料,对于彝族人来说是天经地义的事,哪怕一个人死后进入祖界依然需要一如既往的辛勤劳动才能够实现富足安康的理想目标。

---

① 吉格阿加译:《玛穆特依》,云南民族出版社2005年版,第25—26页。
② 文道义主编:《海腮耄启》,贵州民族出版社2002年版,第161页。
③ 吉格阿加译:《玛穆特依》,云南民族出版社2005年版,第25—26页。
④ 云南省少数民族古籍整理出版规划办公室编:《指路经》,云南民族出版社1989年版,第1—2页。

第三节 终极理想社会构想

毕摩宗教在试图解释说明彝族现实社会运行发展中为什么会出现问题，以及现实社会运行发展中的问题该如何借助神灵的力量来解决的同时，还为彝族古代社会构拟了一个终极的理想社会模式——祖界及其幸福生活，并为彝族人描绘了一幅走向终极理想社会、实现永恒幸福美好生活的路径：不死的灵魂经由毕摩通过特定指路仪式回归祖界，实现由今生向祖先灵魂的转变或超升，人的生命因此完成了由有限向无限的超越，人的生活同时实现由有限而艰辛的现实生活向永恒美好的祖界生活的跨越。因此，在毕摩宗教的思想观念中，终极理想社会模式不仅仅是在思想观念中建构起来的，而且是真实存在的，它是人的不死的灵魂的另一个生活世界。

一 终极理想社会——祖界生活

在毕摩宗教信仰中，有一个让彝族人魂牵梦绕的地方，那是在人死后，不死的灵魂即使经历千辛万苦也要千方百计克服各种困难去到的地方，那就是祖界。祖界对于彝族人而言，首先是祖先的发祥地，它是一个真实存在、具体可感的乐土，只是因为彝族人在迁徙发展的过程中逐渐远离了它，但又是一个让彝族人魂牵梦绕、至死都想回去的地方，因此，彝族人在生前无法回去的祖先发祥地，毕摩宗教把它升华为不死的灵魂可以回去也必须回去的神圣而又神秘的地方。经由毕摩宗教的构建，回归祖界就成为彝族人在有生之年就要为之努力、死后需要后辈子孙不惜耗尽钱财也要帮助其完成的最大心愿和最高目标，也是彝族人葬礼中的一个神圣仪式。这是因为毕摩宗教所说的祖界在彝族祖先发祥地的基础上，经由毕摩宗教信仰的神圣化和神秘化，已经与一般的真实社会生活环境有了本质的区别：这里是能够实现人的生命由有限向无限超越、并与先逝的亲人团聚、与先逝的亲人一起过上永恒幸福生活的乐土。实质上，祖界生活就是彝族人心目中没有疾病、没有苦难、没有失败、没有物质匮乏等一切不好或痛苦的事情，只有和谐与富足、美好与幸福的理想社会生活的理想乐土。

（一）生命由有限向无限的超越

毕摩宗教在对人的生命现象进行认识时，首先把人的生命存在分为肉体与灵魂两个方面，认为人的肉体生命是会死亡的，从此观之的人的生命是有限的。认为人终有一死是毕摩宗教的基本思想观念，这也是彝族各地《指路经》首先要阐明的思想。如武定《指路经》这样写道："世上人千万，逝者不止你；有昼必有夜，有生必有死，世人终有亡。"[1] 认为人的生与死，正如有白天就必定会有黑夜一样，世上所有的人都是有生就会有死，没有一个人会有例外。峨山《指路经》还进一步指出人的死亡是不分年龄和老少的，不论是小孩还是老人都会面临死亡："远古的时候，人死是必然……白头发会死，黑发也会死，婴儿也会死，大人也会亡，没有不死的。""凡人无永生，没有人不死。"[2] 其结论就是现实社会中的人是没有永生的，人的死亡是一种必然会发生的现象。罗平《指路经》还特别指出死亡不会因为人的身份、地位、性别等差异而出现区别："不论君或臣，是男或是女，必走阴间径，人人要长眠，寿终人正寝。"[3] 在毕摩宗教的信仰观念中，不论人的贫富贵贱、长幼男女、君臣平民，只要是有血有肉存在的生命个体，最终都不可抗拒和躲避死亡，所有人都必须经历死亡。《裴妥梅妮·苏颇》对此观念进行了高度凝练："万物已产生，月出日西落，春来冬消逝。自古天地分，生死自然理。"[4] 把人

---

[1] 云南省少数民族古籍整理出版规划办公室编：《指路经》，云南民族出版社1989年版，第121页。

[2] 同上书，第98页。

[3] 同上书，第18页。

[4] 云南省少数民族古籍整理出版规划办公室编：《裴妥梅妮·苏颇》，云南民族出版社1988年版，第86页。

的生死和太阳月亮的东升西落、春夏秋冬的交替等自然现象相比拟，认为人的死亡正如这些自然现象一样是有其必然性，这种必然性正是自然界运行发展的道理，这种道理是人类不可抗拒的命运。

在认识到"生死自然理"的基础上，毕摩宗教也认为"生死由天定"，从此层面突出和强调神灵对于人的生命的控制与支配。罗平《指路经》这样描述人的寿命长短由天决定："寿命长和短，人生并不知，只有策耿纪，清楚又明白……长寿和短寿，是由天来定，天神哈阿颇，下凡到人间，人间收阴魂，收魂告亡人，告诉寿命尽。"[①]这里明确指出，每个人都不可能知道自己的寿命的长或短，所有人的生命起始与结束都是由神灵来决定的。《裴妥梅妮·苏嫫》也直接明了的指出人的生死是由天或者神灵安排的："春秋来更迭，生死天安排。"[②] 在神灵面前，人只能被动接受神意的安排，这就是人不可违抗的天命或者命运，人不能抱怨只能接受和面对："寿岁人人有，各有各的份，不到寿终时，即使你想走，阴间不收留。长寿是福份，短寿想延续，要活九十九，违抗天命事，即使力如牛，天神情不留，也要把魂勾。短寿虽可怜，命定既如此，不要有怨言。"[③]

虽然彝族先民认识到"生死自然理"与"生死由天定"，但是，在面对人的生命的这种有限性时，彝族先民又总是试图超越这种有限性而达致无限，企求人类命运能够实现有限向无限的超越。给人们以实现生命的有限向无限超越的希望并试图帮助人们实现生命的这种超越，正是宗教的使命和价值所在，毕摩宗教也不例外。毕摩宗教认为，虽然人的肉体生命是有限的、会死亡的，但是人的灵魂却是不死

---

① 云南省少数民族古籍整理出版规划办公室编：《指路经》，云南民族出版社1989年版，第17—18页。
② 云南省少数民族古籍整理出版规划办公室编：《裴妥梅妮·苏嫫》，云南民族出版社1991年版，第17页。
③ 云南省少数民族古籍整理出版规划办公室编：《指路经》，云南民族出版社1989年版，第19页。

的:"万物都会死,万物都会亡。只有灵魂啊,永久不消失。"① 不死的灵魂经由毕摩主持举行特定宗教仪式后,即成为后代子孙敬拜的神灵——祖先灵魂。在毕摩宗教的思想观念中,不死的灵魂经由特定宗教仪式转变为神灵(祖灵)的过程,实质正是人的生命由有限向无限超越的过程:"在天地之间,无根的不生,人死留灵魂……天君地王商议:祖宗当有灵,赐祖宗以灵……彝人供灵魂,人死留三魂,称'觉'的魂去翁靡,称'偬'的魂守墓地,叫'依'的魂进祖祠……祖宗灵尊贵,祖宗灵珍奇……孝敬仪式大,录生前功德……人死把灵供。说来了却死者愿,说了把死者恭敬。"② 这段文字表明,在彝族毕摩宗教信仰中,人的灵魂是不死的,在人的肉体死亡后,不死的灵魂通过毕摩宗教特有的宗教仪式和行为就上升为神灵——祖灵,成为祖灵后就能够被后代子孙敬奉与祭祀;在毕摩宗教的思想观念中,人有三个灵魂,这三个灵魂在人死亡后分别去往不同的地方,在不同的地方被彝族人所供奉和献祭。人死后由鲜活的生命存在变成被后代子孙供奉献祭的神灵——祖灵,此时人的生命就已经完成了由有限的肉体生命向无限的神灵——祖灵存在方式的转变,人的生命也因此实现了由有限向无限的超越,与此同时,神灵——祖灵生活的时空也发生了转换:时间由生前向死亡转换,空间由阳间向祖界转换。

(二) 与先逝的亲人永恒团聚

彝族各地的《指路经》所描绘的祖界,是彝族祖先不死的灵魂团聚的美好乐土。在毕摩宗教看来,人的死亡既是分离更是团聚:一方面,死亡意味着死者不得不与在阳间——现实世界中生活的后代子孙分离,这是生与死之间的分离,即生离死别,不论是生者和死者都必须共同面对这一状况;另一方面,死者的灵魂是不会死亡的,不死的

---

① 云南省少数民族古籍整理出版规划办公室编:《裴妥梅妮·苏颇》,云南民族出版社1988年版,第136页。
② 贵州省毕节地区彝文翻译组编:《摩史苏》,贵州民族出版社2001年版,第159—165页。

灵魂通过特定的仪式与规程，最终又可以回归祖界，当他或她回归祖界后，却又可以和先逝的祖先们在祖界团聚，从此层面看，死亡又意味着团聚，只不过是与先逝的祖先们在祖界的团聚："到莫木古尔，莫木古尔呢，你父在等你，已在屋前后，来回转三次。你母在等你，已在寨前后，来回转三次。你哥在等你，你姐在等你。你若再不去，他们心慊慊……你父在此住，父前子好玩，母前女好过。从此以后呢，你就在此住。"[1] 在毕摩宗教的思想观念中，人的肉体死亡后不死的灵魂要去的地方，正是所有此前已先逝的祖先不死的灵魂在那里团聚的地方，当死者的灵魂经历千辛万苦终于回归祖界时，他会发现，祖界已经有很多他的亲人在那里等候了。在那里，亡者的父母正在焦急的等待，只要亡者去到那里，就能实现与家人亲戚的团聚，之后就和大家在一起过上和谐幸福的生活："君着缎彩衣，靠东向西坐。臣穿绢帛服，靠西向东坐。师执大铜鼓，朝北靠南坐。亡魂的亲朋，个个在那里。岳父坐中央，女婿在下面。家族人丁众，坐如春笋立。外戚团团围，个个互行礼。祖和贤孙坐，父与孝子坐，母与淑女坐，父与惠妻坐。"[2] 这是一派类似阳间的生活世界、但却没有阳间的苦难与烦恼，只有和谐安详、井然有序的全新的生活世界。

总之，亡灵回归祖界，在成为祖灵享有神灵的待遇被敬供与祭祀的同时，意味着死者与先逝的亲人们的汇合与团聚，此后，已作为神灵存在的灵魂，再也不会面临死亡，再也不会和已经团聚的亲戚朋友们再次分离，这种团聚是永恒的、永远不会终结的。

（三）幸福万年长

亡灵回归的祖界，虽然是彝族祖先的发祥地，但它与现实的社会生活生产环境截然不同，它是承载着彝族人一切美好愿望与追求的乐

---

[1] 果吉·宁哈、岭福详主编：《彝文〈指路经〉译集》，中央民族学院出版社1993年版，第639页。

[2] 同上书，第604页。

第六章 彝族古代理想社会构想

土，这片乐土具有了人们所能够想象的一切美好与快乐。祖界的环境已超越了一切不好的因素："不阴也不晴，不冷也不热，松柏长青，百花不败，鹤雁飞鸣。"① 祖界的气候宜人，各种生物生机勃勃、一派祥和，是令人向往的美好之境，是未来美好生活的乐土。在祖界是未来美好生活的乐土这一思想认识上，彝族各地的《指路经》基本都是一致的。罗平《指路经》是这样描绘祖界的："山青水又秀，在那好地方，不像在尘世，一切无烦恼，为你安新居，让你好安息，长期住下来。"② 祖界不仅是山清水秀的好地方，更重要的是在祖界没有一切烦恼、没有让人不高兴的事情，人们可以在此永恒居住；历代亡灵都先后汇聚到祖界后，可以在那里获得永恒的美好幸福生活："阴魂四方来，共与先祖聚，那里好地方，幸福万年长。"③

在毕摩宗教的思想观念中，祖界不仅是个美好、美丽的地方，是个适宜各种粮食作物生长、鱼儿兽类生息的好地方："莫木古尔呢，是个好地方。屋前的草秆，也能结稻谷，稻谷金灿灿。屋后海克草，也能结荞子，荞粒金灿灿。此地又有水，水中鱼儿跃。此地又有山，山中兽成群。山上又有崖，崖上挂蜂蜜。莫木古尔呢，坝上好种稻，坡上好撒荞，坪上好放牧，山上好打猎，崖上好采蜜。"④ 这样的好地方，物种丰富多样、粮食丰产、动物兴旺，能够最大限度满足生活中的所有物质需求，因而与物质匮乏、生活艰辛的现实世界有了明显的界限与区别，也为彝族先民向往与追求的彼岸世界美好幸福生活奠定了坚实的物质基础。

总之，在毕摩宗教看来，亡灵通过毕摩指路顺利回到祖界完成向

---

① 楚雄彝族自治州政府编：《彝族毕摩经典译注》（第十二卷罗婺彝族指路经），云南民族出版社2007年，前言第2页。
② 云南省少数民族古籍整理出版规划办公室编：《指路经》，云南民族出版社1989年版，第66页。
③ 同上书，第32页。
④ 果吉·宁哈、岭福详主编：《彝文〈指路经〉译集》，中央民族学院出版社1993年版，第639页。

祖灵（神灵）的超越后，就可以和先逝的祖先们在祖界共同过上永恒幸福美好的生活，至此，人的终极理想目标也就圆满实现了。彝族毕摩宗教正是通过对祖界理想生活世界的建构，使彝族以祖先崇拜为核心的毕摩宗教信仰有了可以依托的空间——祖界；而祖界在毕摩宗教的思想观念中，既是一种具体可感的存在——它是彝族祖先的发祥地，是彝族先民曾经居住过的代表美好与幸福的地方；同时，祖界又是一种超越的存在——必须是在人死后通过特定的宗教仪式和程序，以及毕摩的指路才能到达的彼岸世界，从此层面看的祖界，又具有了神秘性和神圣性。正是经过毕摩宗教对祖界的这种神秘化和神圣化，使得彝族的终极理想社会模式有了可以依托的空间形式，祖界因此成为彝族人所向往和追求的生活世界，祖界生活成为彝族人所向往和追求的理想生活。

二 实现终极理想社会的路径——亡魂归祖

毕摩宗教为彝族人构建的祖界生活，承载着所有彝族人所能想象到的美好幸福生活愿景。那么，人能不能最终到达祖界呢？人又要如何才能到达祖界呢？在毕摩宗教的信仰中，只有在人死后其亡魂经过特定的宗教仪式与规程，通过毕摩的指导与引领，才能顺利实现回归祖界的目标，即亡魂归祖是彝族人走向终极理想社会——祖界的根本路径，除此别无他途。

（一）祖界是亡魂理想的归宿

毕摩宗教把人的存在区分为肉体与灵魂两个方面，认为肉体与灵魂既相结合又会分离，当灵魂永久离开肉体则意味着人的死亡；死亡就是灵魂永久离开了肉体、导致肉体的消逝与灭亡："人生魂来附，人死魂先去。"[①] 当灵魂永久离开肉体后，人的肉体生命就此终结，

[①] 云南省少数民族古籍整理出版规划办公室编：《裴妥梅妮·苏颇》，云南民族出版社1988年版，第134页。

第六章　彝族古代理想社会构想

这是人的生命的有限性的真实体现；但人的灵魂却是永远都不会死的，它将永世长存："人人要长眠，寿终人正寝，魂魄要离身，虽然身亡故，人魂却长存。"① 这里明确地指出，虽然人的肉体死亡了，但是人的灵魂却不会随着肉体生命的消亡而消逝，它将永世长存，这是人的生命的无限性的表征形式。《裴妥梅妮》更是直接指明灵魂是永远不会死亡或消失的："万物都会死，万物都会亡。只有灵魂啊，永久不消失。"② 世间的万事万物最终都会死亡或消失，但只有灵魂能够永世长存、不会消亡。

既然人的肉体会死亡和消逝而灵魂不会死亡，那么，人的肉体死亡消逝之后该如何安顿或处置永世不死的灵魂呢？或者说，永世长存的灵魂在与肉体分离后将去往何处？毕摩宗教为不死的灵魂构建的理想归宿就是祖界以及祖界生活。各地《指路经》的主旨就是告诉彝族人亡魂理想的归宿就是回到祖界、与先逝的祖先们团聚，在亡魂顺利回归祖界成为祖灵——祖先神后，就与先逝的祖先神一起共同幸福生活："亡魂归先祖，归到先祖地"，"今世你离别，徐朔把你招，灵魂归先祖，今入阴世间。骑上你的马，拉着你的牛，赶着你的羊，去找六祖先，去见祖先魂。"③ 这段话表明，在毕摩宗教的思想观念中，亡魂归祖既是亡魂回到祖先曾经居住过的地方——祖界，同时也实现了与先逝的祖先团聚，进而归到祖灵的行列——祖先神的行列中。那亡魂又是什么时候去往祖界、归入到祖灵的行列中呢？在彝族人看来，当人死亡的时候也就是回归祖界的时候："生命树枯时，即归祖灵日。"④ 当人死亡之时，也就开始了回归祖界、成为祖先神的旅程。

---

① 云南省少数民族古籍整理出版规划办公室编：《指路经》，云南民族出版社1989年版，第18页。

② 云南省少数民族古籍整理出版规划办公室编：《裴妥梅妮·苏颇》，云南民族出版社1988年版，第136页。

③ 云南省少数民族古籍整理出版规划办公室编：《指路经》，云南民族出版社1989年版，第53页。

④ 文成瑞主编：《乌蒙彝族指路书》，云南民族出版社2002年版，第10页。

在毕摩宗教的思想观念中，虽然认为人死亡之时就是回归祖界之日，但是，这并不意味着所有的亡魂都可以回归到祖界成为被后世子孙供奉和敬拜的神灵。因为在毕摩宗教信仰中，亡魂回归祖界是有条件限制的：只有在成年之时按彝族礼俗成家并生育有儿子，而且是正常死亡的彝族人，不死的灵魂才可以通过其儿子为他（她）举行宗教仪式、经由毕摩成功指路后顺利回归祖界成为祖灵；那些没有生育儿子、或者非正常死亡的人，是不可以或者不能够顺利回归祖界成为祖灵的。那些不具备回归祖界条件的亡魂，一般就会成为在田间地头、江河山林间四处游荡、没有固定居所、得不到后代子孙供奉的孤魂野鬼。这些孤魂野鬼由于得不到献祭、没有固定居所，因此到处以人为敌、为害人间。而为害人的鬼魂，往往又会被人们所嫌弃、厌恶或恐惧，当彝族人感受到它们的威胁时，一般都会请毕摩施行驱赶鬼魂的宗教仪式，把它们驱赶或迫使它们逃离而不敢再为害于人。在彝族人看来，人最悲惨的莫过于在死后不能回归祖界成为祖先神，而是变成了孤魂野鬼四处游荡，甚至被不断驱赶。这是从反面告诉人们，回归祖界是亡魂最理想、最美好的归宿。

（二）毕摩为亡魂指路

在毕摩宗教的信仰中，虽然亡魂归祖是永世不会死亡的灵魂最理想、最美好的归宿，进而也是彝族人终其一生所期盼和追求的终极理想目标。但是，毕摩宗教却认为，亡魂归祖不可能自发实现，或者说，亡魂是不可能凭借一己之力自己就回归祖界的，因为回归祖界之路艰辛而又漫长，且充满各种关口和障碍，要克服这些回归祖界的困难和障碍，既要由后世子孙为其举行规定的宗教仪式，提供回归祖界的物质支持，又要由有能力和经验的毕摩为其准确指路、并协助其克服各种困难和障碍，亡魂才能凭借多方面的支持顺利回到祖界。

亡魂回归祖界的艰辛与不易，是彝族各地《指路经》反复告诉亡魂及其后代子孙的一个基本观念。以罗平《指路经》为例，它指出亡魂回归祖界的路途既漫长、遥远，又布满各种关口和障碍，如果不

第六章 彝族古代理想社会构想

为亡魂提供各种帮助和支持，祖界纵然有多美丽、多美好，亡魂即使具备了回归祖界的条件，也是不可能顺利回归祖界的。罗平《指路经》对回归祖界路途的遥远和漫长进行了描述："在你安葬地，前有该伯山，该伯路遥远，亡魂往前行，有桥通那里。到了该伯山，山前宽又敞，萨阿罗木坝，走出罗木坝，抵达阿着底，沿途辛苦了，那儿暂小憩。"[1] 本来已经走过了一程又一程、翻过了一山又一山，但是离祖界却还非常遥远，还要经过中间戈伯山、陆波地、亥裴德山、额尺大箐沟、日些海、俄自寨、俄妮宿等数十座山山水水，亡魂走累了休息一下再接着继续往前走。更困难的是，在经过这一程又一程、翻过一山又一山的路途中，会遇到各种艰难险阻，每个艰难险阻都是对于亡魂回归祖界的考验与挑战："一是蟒蛇关，蟒蛇头高扬，舌头往外伸；还有雾露关，大雾在弥漫，眼前看不清，骑在马背上，可过雾露关；过了这一关，大熊把路挡，闯过这一关，进入阴间门。"[2] 如此看来，亡魂回归祖界之路确实充满了艰辛与不易，如果没有后代子孙为其举行祭祀仪式，帮忙亡魂处理好各种利害关系，为亡魂献牲、献药、除秽、洗魂，甚至创造条件协助毕摩降妖除魔等，那是难于想象亡魂将如何回归祖界的。正是基于这样的认识，毕摩宗教认为，彝族人对父母的孝顺，可以通过为父母举办什么样的丧葬仪式得到检验，毕摩宗教同时把子女为父母举行隆重的丧葬仪式作为彝族子女最大的宗教义务与责任，要求彝族人必须严格遵守并履行这种宗教义务。正是在这种宗教观念影响、浸润之下，彝族人形成了哪怕举债都要为去世的父母举办隆重盛大的葬礼的思想观念和行为方式。

子女为去世的父母举行隆重的葬礼，首要的是为父母献祭种类多样丰富的各种钱财和物品，因为在毕摩宗教的思想观念中，刚死亡的

---

[1] 云南省少数民族古籍整理出版规划办公室编：《指路经》，云南民族出版社1989年版，第66页。

[2] 同上书，第70页。

人的灵魂是没有任何能力获得所需要的钱财和物品的，必须依靠后世子女的供奉与献祭，如果子女不孝敬、不供奉各种祭品给刚死亡的父母的灵魂享用，亡魂就会寸步难行，更不要说回归祖界了："不把亡魂祭，亡魂路旁转，归路全迷茫。超度一二三，三天不算长，毕摩念经忙，祭物样样有，牺牲不能少，美酒斟满杯，禽兽画中有，钱纸一摞摞，图案纸中留，火燃钱纸飞，随你归阴间。盘缠不用愁，所有的供品，阳间不要留，全部你带走。"① 为亡魂准备充足的钱财与物品，是彝族举行丧葬仪式的任务之一。

　　毕摩宗教认为，在子女为其死亡的父母举行隆重的丧葬仪式时，最重要的还是要请有能力、有水平的毕摩为父母亡魂回归祖界指路，由毕摩教育和指引父母亡魂如何走上正确的回归祖界的路途，同时还要帮助亡魂降妖除魔、克服各种困难与障碍，指导和帮助亡魂顺利回归祖界。毕摩宗教的《指路经》，其目的和主旨正是教育和指导亡魂回归祖界。毕摩为亡魂指路助其回归祖界，核心就是教育和指导亡魂，从此出发，毕摩教认为毕摩的指路仪式实质上是在教育亡魂，而亡魂听取毕摩念诵经文指引其回归祖界的过程，也就是亡魂学习如何回归祖界的过程，彝族人因此把毕摩的指路仪式称之为亡魂的学习活动："人生在世上，一生学三次：小时所知事，都是父母教；年青所知事，全靠伙伴教；老来还得学，恒荣呗来教。在我教你前，叫声逝者呀！仔细听我言，牢牢记心间。"② 这里所说的恒荣呗就是指知识丰富、指路水平高的毕摩；"老来还得学"中所说的"老"是彝族人对死亡的一种比较隐晦的说法，其内涵就是指人死后如何回归祖界还得向毕摩学习才知道。在毕摩宗教的思想观念中，如果毕摩不通过念诵经文的方式告诉亡魂，他的祖先居住地在哪里，他该走什么样的路

---

①　云南省少数民族古籍整理出版规划办公室编：《指路经》，云南民族出版社1989年版，第12页。
②　同上书，第110页。

第六章 彝族古代理想社会构想

线,那亡魂是不可能知道祖界在哪里,更不可能找到回归祖界的道路:"祖先居住地,不讲你不知,若不告诉你,亡魂要迷路。"① 通过后代子孙为其举行的丧葬仪式及仪式中毕摩按规定的内容和程序为其指路后,亡魂最终才能克服种种困难、历尽种种艰辛、冲破重重关卡而到达祖界。当亡魂顺利回归祖界之时,亡魂也就正式成为祖灵或者祖先神,从此以后,就能在此与先逝的祖先们一起过上彝族人心目中美好而幸福的生活,这种美好幸福的生活是永远都不会消逝的。

当亡魂通过各种关卡和考验,顺利回归祖界后,就能过上毕摩教所构想的理想幸福生活,回归祖界因而也就是毕摩教为彝族人所设计的实现终极理想社会构想的唯一路径。

---

① 云南省少数民族古籍整理出版规划办公室编:《指路经》,云南民族出版社1989年版,第21页。

结束语　彝族古代社会思想的特点与启示

彝族古代社会思想作为彝族先民对于人类社会共同生活及其问题进行反思而形成的观点、理论和思想，以及关于未来理想社会的构想，是彝族在西南地区特殊的地理环境和历史境遇，以及相应的经济社会发展和文化传统中孕育、形成和发展的，必然有着与其他民族的社会思想不同的鲜明特点。彝族古代社会思想丰富的内涵与鲜明的特点，对于中国社会思想史学科的建设发展特别是对于拓展中国社会思想史的研究视域、研究领域有着十分重要的启示意义；彝族古代社会思想亦是我国边疆民族地区和谐民族关系建设和民族地区社会治理的重要思想资源。

一　彝族古代社会思想的基本特点

（一）毕摩宗教思想观念是彝族古代社会思想的底色

毕摩宗教源于彝族先民以自然崇拜、图腾崇拜、灵魂崇拜为核心的原生宗教，不论是在它处于萌芽时期还是形成之后，都是彝族先民普遍信仰的宗教。毕摩宗教在彝族传统思想文化中有着特殊的地位：以古彝文为载体、系统概括反映毕摩宗教思想信仰形成的毕摩文化是彝族的主体文化，毕摩宗教信仰及其思想观念是彝族传统思想的主体和核心，因此，毕摩宗教对于彝族社会尤其是彝族的思想观念的影响是全面而深刻的。作为彝族传统思想文化的有机组成部分的彝族古代

结束语 彝族古代社会思想的特点与启示

社会思想亦深受毕摩宗教思想与信仰的全面影响与浸润，或者说，在彝族古代社会思想的各方面都有着毕摩宗教思想观念的影响、深深打上毕摩宗教的烙印。事实上，从彝族社会起源思想的神创说开始，到彝族的社会演化变迁思想、社会分层与社会流动思想、社会控制思想、社会规范思想、理想社会构想等，都受到毕摩宗教思想观念的影响，特别是毕摩宗教的鬼神信仰和祖先崇拜思想，全面渗透到彝族古代社会思想中，使彝族古代社会思想的主要内容中都有鬼神信仰和祖先崇拜的影子，甚至有些社会思想直接来源于毕摩宗教信仰，如毕摩宗教所构拟的祖界及祖界生活，直接成为彝族古代社会的终极理想社会构想。我们据此认为，彝族古代社会思想最鲜明的特点就是毕摩教的思想观念是彝族古代社会思想的基调与底色，这正是彝族古代社会思想与其他民族社会思想相区别和形成差异的主要原因。

（二）血缘关系、人与鬼神关系是彝族古代社会思想的主线

"个人与社会关系这一与社会学结下了'不解之缘'的命题，或者说社会学的元命题和基本问题，也被中国历代思想家所认识、所关注。"[1] 即在中国社会学界，一般认可个人与社会的关系问题是社会学所研究的元问题或基本问题。个人与社会的关系问题，也是彝族古代社会思想所关心和关注的基本问题和核心问题。但是，由于毕摩宗教思想观念的影响与浸润，彝族古代社会的个人与社会关系问题却表现出其特殊性：一方面，血缘关系是彝族先民认识个人与社会关系的标准；另一方面，人与鬼神的关系是彝族古代社会思想最重视、最核心的关系，也是把彝族古代社会思想贯穿起来的一根红线，以致形成彝族古代社会思想中的"率人以事鬼神"的现象和观念。

首先，彝族古代社会中个人与社会的关系是以父系血缘关系为纽带建构起来的；彝族先民对个人与社会关系的认识和定位是以父系血

---

[1] 郑杭生、江立华主编：《中国社会思想史新编》，中国人民大学出版社2010年版，第6页。

缘关系为基点展开的。如彝族古代社会的君臣师匠民的职业分层是与父系血缘关系紧密联系的，彝族先民认为一个人日后可以从事什么职业，一般是由自己的父辈从事什么职业决定的；又如彝族社会特有的根骨观念、父子连名制度都是与彝族社会的血缘关系相联系的，甚至彝族古代社会的社会流动思想、社会控制思想、社会规范思想、理想社会的构建等，都与血缘关系紧密相连。

其次，人与鬼神的关系是彝族先民所认识的各类社会关系的核心和主线。纵观彝族古代社会思想，从社会的起源、社会的变迁发展，到社会问题何以产生、如何解决等进行的分析与思考，都是从人与鬼神的关系层面来认识和分析，认为人与鬼神的关系如何决定着社会运行的状况如何。而在人与鬼神的关系中，毕摩宗教一般又认为鬼神是主导的、决定性的方面，即社会运行状况是由鬼神的喜好与意志所决定的，因此，在彝族先民的思想观念中，要使社会良性运行、和谐稳定，促使社会运行符合人们的愿望和目标，就要想方设法取悦于鬼神，使鬼神能够顺应并实现人的愿望和目标。毕摩宗教所构建的种类繁多的宗教仪式和祭祀活动，其实质就是要取悦鬼神、协调人与鬼神的关系，进而实现人们关于社会良性运行和和谐发展的愿望和目标。由于毕摩宗教相信万物有灵、人的灵魂不死且能够通过特定宗教仪式上升为神灵，面对如此多的鬼神，唯有相应的宗教仪式或活动才能较好取悦它们，所以彝族社会形成了"率人以事鬼神"的现象和思想观念。

总之，血缘关系、人与鬼神的关系是认识和理解彝族古代社会思想的主线和钥匙，我们如果试图离开血缘关系、人与鬼神的关系来分析和认识彝族古代社会思想，那是难以想象的。

(三) 演化发展是彝族古代社会思想的基本观念

在反思人类社会及其运行问题时，彝族先民既认识到人类社会不是从来就有的，还认识到人类社会产生和形成后不是一成不变、永远如此的，他们认为人类社会曾经历从无到有发生、由简单向复杂演化

结束语 彝族古代社会思想的特点与启示

发展的过程。这种思想观念我们把它称之为彝族先民关于人类社会演化发展的思想观念。

首先，彝族先民持有发生的观念，认为人类社会经历了从无到有发生的漫长历史过程。人类社会是不是从来就有的？人类社会从哪里来？即人类社会的起源问题是彝族先民在探索和反思人类社会共同生活问题过程中首先提出并试图思考、解答的问题。对此，彝族先民从其根源意识和寻根思维出发，认为人类社会不是从来就有的，而是经历了一个十分漫长的从无到有发生的过程。彝族创世史诗中关于人、人类社会起源的神话故事或传说，不论是创世史诗中的神创说、龙虎化生说、阿赫希尼摩孕生说，还是后来毕摩文献中所提出的"万物影子生""气是事物的总根子"等思想观念，实质都是彝族先民试图解释和说明人类社会如何发生，人类社会从哪里来等问题。也就是说，认为人类社会有其发生、形成的特殊的历史过程，是彝族创世史诗中具有共同性、一致性的思想观念。

纵观彝族古代社会思想，我们可以看到关于人类社会的起源问题是彝族先民探索与反思社会运行与发展问题的逻辑起点，人类社会从无到有发生的思想观念是彝族较早形成的古代社会思想观念之一。

其次，彝族先民持有演化发展的思想观念，认为人类社会经历了由野蛮到文明的演化发展过程。如前所述，各地彝族创世史诗中都有一个关于人类社会经由不知礼节规范、不懂祭祀和崇拜鬼神的野蛮蒙昧时期。云南地区把人类社会由蒙昧野蛮时期向文明社会演化发展的漫长历史过程划分成由"独眼睛时代"到"直眼睛时代"、再到"横眼睛时代"几个阶段，只有到了"横眼睛时代"，人类才真正懂得立典章兴祭奠，即认识到人类社会不同于动物世界，必须有各种典章制度、规矩规范引导和约束人的行为，人类社会的运行秩序就是在其演化发展过程中逐渐建立起来的。或者说，在彝族先民看来，当人们制定出系统、完备的各种规章制度，人们能够依礼行事时，人类社会也就由野蛮时代进入到文明时期、文明社会。这种演化发展的思想，也

· 253 ·

是彝族早期社会思想的重要内容之一。

再次,彝族先民持有进化的思想观念,认为人类社会经历了从低级形态向高级形态的发展变迁。彝族先民认为,当人类社会经过漫长复杂的演化发展过程后,人类社会发展变迁的脚步并未停止,而是继续不断地发展变迁,促使人类社会形态不断变革或变化。彝族文献中较为普遍的记载了彝族古代社会最早经历的是从男不知娶女不知嫁的阶段,后来发展为男嫁女娶阶段,后来又发展演变为女嫁男娶的阶段,这一阶段的早期,也就是父系氏族社会时期。据彝族文献记载,到父系氏族社会的晚期,即原始社会走向衰落、奴隶社会开始孕育的阶段,形成了君臣师三位一体的政权结构形式。总之,彝族先民自古就持有人类社会不断进化发展、不同社会形态更替发展的思想观念,且将这种思想观念一直贯穿始终。

二 彝族古代社会思想的当代启示

本书通过对彝族创世史诗、毕摩经典文献等资料的收集、梳理和诠释,尝试揭示彝族先民对于人类社会起源、人类社会演化发展、社会分层与社会流动、社会控制、社会规范、理想社会等问题的认识与观念,努力呈现或展现彝族古代社会思想的概貌。彝族先民虽然没有形成关于社会思想的专门的、系统的理论著作,却有着非常丰富、特色鲜明的社会思想。这些社会思想既是彝族先民探索和反思人类社会运行发展问题的智慧结晶,反过来又在某些方面不同程度的影响着或引导着彝族的社会运行发展;乃至可以为我国当今的和谐民族关系建设和边疆民族地区社会治理提供思想资源。

(一)彝族古代社会思想研究对于中国社会思想史学科建设具有重要启示意义

彝族这个古老的民族在西南地区迁徙发展、生产生活实践展开的过程中,从探索和反思天地万物、人和人类社会的起源或发生问题开始,系统思考探索了人类社会的演化发展问题、社会分层与社会流动问题、社会控制问题、社会规范问题、理想社会问题等等，形成了独具特色、内容丰富的社会思想。从中我们可以看到，彝族先民所探索和反思的社会运行发展问题，既有与汉族所关心、思考、研究的问题相一致的地方，如都关心人与社会的关系问题、社会控制问题、社会流动问题、理想社会问题等等，但彝族在面对与汉族相同或相似的社会问题时，从其思维方式、分析问题的视角到形成的观念、理论都有着与汉族截然不同的地方。以人与社会的关系问题为例，彝族特别重视血缘关系、人与鬼神的关系，由于受到毕摩宗教信仰的浸润，彝族往往把现实社会中的人与人的关系转换为人与鬼神的关系，其敬畏或崇拜的神灵主要是源于血缘关系的祖先神，由此形成"率人以事鬼神"的观念，认为个人必须匍匐在鬼神的面前、听从鬼神的号令；而在汉族那里，以儒家思想为例，在人与社会的关系方面，特别重视群己关系，认为群体利益高于个人利益，个人必须服从群体，儒家还非常重视现实社会中的各种关系，对于人与鬼神的关系形成的是"敬鬼神而远之"的思想。即同样是人与社会的关系、人与鬼神的关系，彝族和汉族之间存在巨大差异。其实在其他社会思想方面，彝族与汉族之间也表现出了较多的差异与不同。

彝族与汉族之间现实存在的社会思想的差异与不同，启示我们必须要思考以下问题：少数民族有没有属于本民族的社会思想？如果有，汉族之外的各少数民族社会思想的概念系统和理论体系是什么？是不是所有少数民族都有社会思想？要科学客观公正回答这些中国社会思想史学科的理论问题，必须对各少数民族社会思想进行系统深入研究，揭示各少数民族社会思想的理论系统、思想内容及其特点。我国有55个少数民族，如果我们能把这些少数民族有没有社会思想、有什么样的社会思想等理论问题研究清楚了，并以此为基础撰写包含中国各民族社会思想在内的全面、完整的中国社会思想及其发展历史那必将迎来中国社会思想史的繁荣与发展。

从此角度观之，彝族古代社会思想研究的理论意义，就在于启示我们：少数民族社会思想是中国社会思想研究中未开垦的处女地，如果能把中国社会思想的研究延伸到少数民族社会思想研究领域，则可以极大地拓展中国社会思想史的研究视野与研究领域，这必将极大的促进中国社会思想史学科的建设与发展，同时也必将促进对于各民族传统思想文化研究的深入。

（二）彝族古代社会思想对于边疆民族地区和谐民族关系建设具有重要启示意义

彝族迁徙发展的西南地区，历史上就是我国多个民族在此迁徙发展的区域。这一方面形成了西南地区各民族在政治、经济、文化等方面普遍存在的交汇与交流，形成各民族之间既有冲突与纷争，又有交错、交流乃至交融，进而形成西南地区各民族各具特点又你中有我、我中有你的多民族、多文化的民族关系格局；另一方面，这种多民族、多文化的状况，又为各民族带来了现实的社会运行发展问题：本民族如何与他民族在同一时代、同一地域、甚至是同一地理空间中交往交流？费孝通先生提出的中华民族多元一体关系理论，为我们认识和理解彝族生存发展的西南地区的民族关系提供了理论工具。西南地区亦是中国多元一体民族关系的一个缩影，同时，彝族在西南地区多元一体民族关系格局形成过程中是一个十分重要的民族。我们以云南为例，"云南现今 26 个世居民族，有着复杂而密切的相互关系，经漫长的历史发展，形成本地区以汉族、彝族、白族为核心的'多元一体'关系，并且作为一个整体融入中华民族'多元一体'结构（格局）。"[①] 彝族作为在西南地区多元民族关系格局中一个非常重要的少数民族，如何认识和处理与汉族、白族等其他民族之间的关系？彝族何以能够在西南地区多元复杂的民族关系格局中取得自己的一席之地？对上述这些问题的认识与处理，既是彝族在其发展过程中需要直

---

① 张刚、伍雄武：《云南民族关系的历史与经验》，社会科学文献出版社 2014 年版，第 262 页。

结束语 彝族古代社会思想的特点与启示

面的问题，也是彝族古代社会思想的重要思想内容。如彝族关于各民族同源共根的思想观念，对于彝族认识和处理与其他民族之间的关系有重要影响；彝族的根骨观念对于跨族际婚姻关系、重孝贵和思想对于民族交往交流交融关系的构建有重要影响等。也就是说，彝族古代社会思想既是在其认识、处理与其他民族关系的过程中形成的，又现实地影响着彝族与其他民族之间的关系。因此，我们认为彝族古代社会思想不仅对古代西南边疆地区民族关系有重要影响，而且也是当今构建边疆民族地区和谐民族关系的重要思想资源，对于我们构建新时代中国特色社会主义和谐民族关系有重要的启示意义。

至于作为西南地区古老的、人口较多的少数民族，彝族自古形成的社会思想，能不能成为当今时代构建西南地区和谐民族关系、促进西南地区民族团结的思想资源？彝族古代社会思想如何推进和促进西南地区和谐民族关系的构建？这些问题都需要我们进行专题性的深入探讨、分析与研究，这也将是我们今后进一步研究彝族社会思想的一个重点领域、重点问题。

参考文献

一 彝文翻译文献

毕节地区民族事务委员会编：《西南彝志》第五、六卷，贵州民族出版社1992年版。

毕节地区民族事务委员会编：《彝族源流》第五至八卷，贵州民族出版社1991年版。

毕节地区彝文翻译组翻译：《彝族源流》第二十四至二十七卷，贵州民族出版社1998年版。

毕节地区彝文翻译组翻译：《彝族源流》第二十一至二十三卷，贵州民族出版社1997年版。

毕节地区彝文翻译组翻译：《彝族源流》第九至十二卷，贵州民族出版社1992年版。

毕节地区彝文翻译组翻译：《彝族源流》第十七至二十卷，贵州民族出版社1994年版。

毕节地区彝文翻译组翻译：《彝族源流》第十三至十六卷，贵州民族出版社1993年版。

毕节地区彝文翻译组翻译：《彝族源流》第一至四卷，贵州民族出版社1989年版。

毕节地区彝文翻译组译，毕节地区民族宗教事务局编：《西南彝志》第九、十卷，贵州民族出版社1998年版。

毕节地区彝文翻译组译，毕节地区民族宗教事务局编：《西南彝志》

第十一、十二卷，贵州民族出版社2000年版。

陈长友主编：《西南彝志》第七、八卷，贵州民族出版社1994年版。

陈长友主编：《西南彝志》第三、四卷，贵州民族出版社1991年版。

陈朝贤主编，龙正清译：《彝族创世志——艺文志》，四川民族出版社1991年版。

楚雄彝族自治州人民政府编：《彝族毕摩经典译注》（第七十二卷查姆二），云南民族出版社2010年版。

楚雄彝族自治州人民政府编：《彝族毕摩经典译注》（第七十一卷查姆一），云南民族出版社2010年版。

楚雄彝族自治州人民政府编：《彝族毕摩经典译注》（第三卷双柏彝族火把节祭经），云南民族出版社2007年版。

楚雄彝族自治州人民政府编：《彝族毕摩经典译注》（第三十一卷双柏彝族丧葬祭经），云南民族出版社2008年版。

楚雄彝族自治州人民政府编：《彝族毕摩经典译注》（第十八卷彝族源流），云南民族出版社2007年版。

楚雄彝族自治州人民政府编：《彝族毕摩经典译注》（第十九卷彝族源流二），云南民族出版社2007年版。

楚雄彝族自治州人民政府编：《彝族毕摩经典译注》（第四卷双柏彝族祛邪经），云南民族出版社2007年版。

楚雄彝族自治州人民政府编：《彝族毕摩经典译注》（第四十卷夷㪚源流），云南民族出版社2008年版。

楚雄彝族自治州人民政府编：《彝族毕摩经典译注》（第四十七卷彝族物源神话），云南民族出版社2009年版。

楚雄彝族自治州人民政府编：《彝族毕摩经典译注》（第四十三卷武定彝族民歌），云南民族出版社2009年版。

楚雄彝族自治州人民政府编：《彝族毕摩经典译注》第一卷，云南民族出版社2007年版。

楚雄彝族自治州人民政府编：《彝族毕摩经典译注》（第三十五卷滇

彝古史），云南民族出版社 2008 年版。

楚雄彝族自治州人民政府编：《彝族毕摩经典译注》（第一〇二卷梅葛·姚安彝族口碑文献），云南民族出版社 2012 年版。

楚雄彝族自治州人民政府编：《彝族毕摩经典译注》（第十三卷罗婺彝族歌谣选），云南民族出版社 2007 年版。

楚雄州文联编：《彝族史诗选·查姆卷》，云南人民出版社 2001 年版。

楚雄州文联编：《彝族史诗选·梅葛卷》，云南人民出版社 2001 年版。

丁文江编：《爨文丛刻》，贵州大学出版社 2014 年版。

贵州省毕节地区彝文翻译组、贵州省毕节地区民族宗教事务局编：《摩史苏》，贵州民族出版社 2001 年版。

贵州省毕节地区彝文翻译组译：《物始纪略》第一集，四川民族出版社 1990 年版。

贵州省民族研究所毕节地区彝文翻译组：《西南彝志选》，贵州人民出版社 1982 年版。

果吉·宁哈、岭福祥主编：《彝文〈指路经〉译集》，中央民族学院出版社 1993 年版。

红河哈尼族彝族自治州民族研究所编：《彝族礼法经》，云南民族出版社 1997 年版。

黄汉国、黄正祥、高廷芳等演唱翻译：《铜鼓王》（彝族英雄史诗），云南人民出版社 1991 年版。

黄建民、罗希吾戈翻译：《普兹楠兹——彝族祭祀词》，云南民族出版社 1986 年版。

吉格阿加译：《玛穆特依》，云南民族出版社 2005 年版。

《勒俄特依》，见《凉山彝文资料选译》第一集，内部资料，1978 年版。

李成智等采录翻译：《彝族民间谚语》，云南民族出版社 1992 年版。

罗国义、陈英翻译：《宇宙人文论》，民族出版社1982年版。

马学良主编：《增订爨文丛刻》（训书），四川民族出版社1986年版。

普学旺译：《彝族爱情叙事长诗》，天津古籍出版社1991年版。

沙马拉毅主编：《彝族古代文论精选》，民族出版社2010年版。

韶明祝译：《诺沤曲姐》，贵州民族出版社2002年版。

石连顺翻译整理：《指路经》（彝族阿细人祭祀词），云南民族出版社2005年版。

王继超、张和平编著：《赛特阿育》，贵州民族出版社1995年版。

王继超主编：《苏巨黎米》，贵州民族出版社1998年版。

王运权等编译修订：《西南彝志》第一、二卷，贵州民族出版社2004年版。

王子国整理翻译：《土鲁窦吉》，贵州民族出版社1998年版。

文成瑞主编：《乌蒙彝族指路书》，云南民族出版社2002年版。

文道义主编：《海腮耄启》，贵州民族出版社2002年版。

杨凤江译注：《彝族氏族部落史》，云南人民出版社1992年版。

玉溪市民族宗教事务局编：《吾查们查》，云南民族出版社1999年版。

云南省民间文学集成编辑办公室编：《云南彝族歌谣集成》，云南民族出版社1986年版。

云南省少数民族古籍整理出版规划办公室编：《裴妥梅妮·苏颇》，云南民族出版社1988年版。

云南省少数民族古籍整理出版规划办公室编：《赊豆榷濮》，云南民族出版社1987年版。

云南省少数民族古籍整理出版规划办公室编：《夷僰榷濮》，云南民族出版社1986年版。

云南省少数民族古籍整理出版规划办公室编：《指路经》，云南民族出版社1989年版。

云南省少数民族古籍整理出版规划办公室编：《裴妥梅妮·苏嫫》，

云南民族出版社1991年版。

云南省少数民族古籍整理出版规划办公室编：《查诗拉书》，云南民族出版社1987年版。

云南省少数民族古籍整理出版规划办公室编：《尼苏夺节》，云南民族出版社1985年版。

云南省迪庆藏族自治州民族事务委员会编：《居次勒俄》，云南民族出版社1993年版。

云南省民族民间文学红河调查队搜集翻译整理：《阿细的先基》，云南人民出版社1959年版。

云南省曲靖地区少数民族古籍办公室编：《尼迷诗》（彝族创世史诗），云南民族出版社1989年版。

云南省少数民族古籍整理出版规划办公室编：《洪水泛滥》，云南民族出版社1987年版。

云南省少数民族古籍整理出版规划办公室编：《彝族创世史·阿赫希尼摩》，云南民族出版社1990年版。

云南省少数民族古籍整理出版规划办公室编：《尼补木司——彝族祭奠词》，云南民族出版社1991年版。

云南省社会科学院楚雄彝族文化研究室编：《彝文文献译丛》第一辑，内部资料，1982年印。

朱琚元编：《彝文石刻译选》，云南民族出版社1998年版。

二　其他论著

巴莫阿依等编：《国外学者彝学研究文集》，云南教育出版社2000年版。

巴莫阿依嫫等编著：《彝族风俗志》，中央民族学院出版社1992年版。

巴莫阿依：《彝人的信仰世界》，广西人民出版社2004年版。

常汉林：《阿细迁徙史》，民族出版社2003年版。

陈瑛主编：《中国伦理思想史》，湖南教育出版社2004年4月。

费孝通主编：《中华民族多元一体格局》，中央民族大学出版社1999年版。

郭成伟主编：《社会控制：以礼为主导的综合治理》，中国政法大学出版社2008年版。

郭家骥：《云南民族关系调查研究》，中国社会科学文献出版社2010年版。

胡庆钧：《凉山彝族奴隶制社会形态》，中国社会科学出版社1985年版。

吉克·尔达·则伙口述，吉克·则伙·史伙记录，刘尧汉整理：《我在神鬼之间——一个彝族祭司的自述》，云南人民出版社1990年版。

李春玲、吕鹏：《社会分层理论》，中国社会科学出版社2008年版。

李列：《民族想象与学术选择——彝族研究现代学术的建立》，人民出版社2006年版。

李强：《当代中国社会分层：测量与分析》，北京师范大学出版社2015年版。

李绍明等：《彝族》，民族出版社1996年版。

李禹阶：《道德理性与社会控制》，中国文联出版社2004年版。

梁晓声：《中国社会各阶层分析》，文化艺术出版社2014年版。

林耀华：《凉山彝家的巨变》，商务印书馆1999年版。

林耀华：《凉山彝家》，云南人民出版社2003年版。

刘俊哲：《凉山彝族传统道德的基本特征》，《西南民族学院学报》1998年2月。

龙正清：《彝族历史文化研究文集》，贵州民族出版社2006年版。

卢春樱：《试论彝族传统禁忌文化》，《贵州民族》1999年第4期。

陆学艺主编：《当代中国社会阶层研究报告》，社会科学文献出版社2002年版。

陆学艺主编：《当代中国社会流动》，社会科学文献出版社2004

年版。

马学良：《云南彝族礼俗研究文集》，四川民族出版社 1983 年版。

孟慧英：《彝族毕摩文化研究》，民族出版社 2003 年版。

欧阳恩良主编：《近代中国社会流动与社会控制》，社会科学文献出版社 2010 年版。

沙玛·加甲主编：《彝族人物录》，内蒙古教育出版社 1997 年版。

施治生、徐建新主编：《古代国家的等级制度》，中国社会科学出版社 2015 年版。

孙本文：《社会学原理》，商务印书馆 1935 年版。

唐凯麟等：《成人与成圣——儒家伦理道德精粹》，湖南大学出版社 1999 年版。

王处辉主编：《中国社会思想史》，中国人民大学出版社 2009 年版。

王明东：《彝族传统社会法律制度研究》，云南民族出版社 2001 年版。

王天玺、张鑫昌主编：《中国彝族通史》，云南人民出版社 2012 年版。

王泽应：《自然与道德——道家伦理道德精粹》，湖南大学出版社 1999 年版。

魏治臻编：《彝族史料集》，四川民族出版社 1989 年版。

伍雄武等：《彝族哲学思想史》，民族出版社 1998 年版。

杨志明等：《边疆社会非正式控制研究——种基于民族伦理控制的扩展分析》，中国社会科学文献出版社 2016 年版。

易谋远：《彝族史要》，社会科学文献出版社 2000 年版。

云南民族事务委员会编：《彝族文化大观》，云南民族出版社 1999 年版。

张纯德：《彝学研究文集》，云南民族出版社 1994 年版。

张刚、伍雄武：《云南民族关系的历史与经验》，社会科学文献出版社 2014 年版。

张怀承：《无我与涅槃——佛教伦理道德精粹》，湖南大学出版社 1999 年版。

郑杭生等主编：《中国社会思想史新编》，中国人民大学出版社 2010 年版。

中央民族学院彝文文献编译室编：《彝文文献研究》，中央民族学院出版社 1993 年版。

周怡等：《社会分层的理论逻辑》，中国人民大学出版社 2016 年版。

朱崇先：《彝族典籍文化》，中央民族大学出版社 1994 年版。

左玉堂、陶学良编：《毕摩文化论》，云南人民出版社 1993 年版。

［法］列维·布留尔：《原始思维》，商务印书馆 1981 年版。

［美］E. A. 罗斯：《社会控制》，华夏出版社 1989 年版。

［美］斯蒂文·郝瑞：《田野中的族群关系与民族认同——中国西南彝族社区考察研究》，巴莫阿依等译，广西人民出版社 2000 年版。

［美］詹姆斯·克里斯：《社会控制》，电子工业出版社 2012 年版。

［英］爱德华·泰勒：《原始文化》，广西师范大学出版社 2005 年版。

［英］马丁·因尼斯：《解读社会控制——越轨行为、犯罪与社会秩序》，中国人民公安大学出版社 2009 年版。